墨香财经学术文库

"十二五"辽宁省重点图书出版规划项目

U0656871

The Research of Emerging Industries

Development and Industrial
Structure Adjustment in E11

"新兴11国"新兴产业发展
与产业结构调整研究

谷方杰 ◎ 著

东北财经大学出版社　　大连
Dongbei University of Finance & Economics Press

图书在版编目（CIP）数据

"新兴11国"新兴产业发展与产业结构调整研究 / 谷方杰著. 一大连：东北财经
大学出版社，2020.11
（墨香财经学术文库）
ISBN 978-7-5654-4038-0

Ⅰ. 新⋯ Ⅱ. 谷⋯ Ⅲ. ①新兴产业－产业发展－研究－世界 ②新兴产业－产业
结构调整－研究－世界 Ⅳ. F269.1

中国版本图书馆CIP数据核字（2020）第230904号

东北财经大学出版社出版发行

大连市黑石礁尖山街217号 邮政编码 116025

网　　址：http：//www.dufep.cn

读者信箱：dufep @ dufe.edu.cn

大连永盛印业有限公司印刷

幅面尺寸：170mm×240mm 字数：200千字 印张：13.25 插页：1
2020年11月第1版　　　2020年11月第1次印刷
责任编辑：李　彬　　　责任校对：合　力
封面设计：冀贵收　　　版式设计：钟福建
定价：48.00元

序

　　"新兴11国"是拉动世界经济复苏和增长的重要引擎，在世界经济发展中发挥着越来越重要的作用。从这个角度看，谷方杰博士《"新兴11国"新兴产业发展与产业结构调整研究》的书稿选题是有较大现实意义的。面对2008年国际金融危机对全球经济造成的重创，全球多数国家纷纷转变经济增长方式、发展新兴产业和调整产业结构以确保经济的可持续增长，以"金砖五国"为代表的新兴经济体在这一进程中的作用凸显。而保持经济持续增长，满足产业长期发展的需要，培育并发展新兴产业，也成为"新兴11国"实现产业结构调整与升级的共同目标。

　　谷方杰博士基于产业结构演变理论、产业结构调整理论、产业分工理论和竞争优势理论，以"新兴11国"这一迅速崛起的"特殊群体"为研究对象，从"新兴11国"新兴产业发展和产业结构调整及其带动经济增长和经济发展的视角展开较为深入的分析研究。从内容上看，首先，围绕"新兴11国"经济与产业发展状况，重点对包括节能环保产业、新一代信息技术产业、生物产业、高端装备制造业、新能源产业、新材料产业、新能源汽车产业和文化创意产业八大类新兴产业的培育和发展状况进行综合分析；其次，从"新兴11国"的新兴产业发展和产业结构决定贸易结构，而贸易结构的调整也会促使产业结构变化的互动视角，较为详细地分析了"新兴11国"产业结构调整与贸易结构和国际贸易发展问题；最后，基于中国新兴产业发展的实际，并借鉴其他新兴经济体新兴产业发展与结构调整的成功经验，提出了推动中国战略性新兴产业发展的政策措施。

　　本书是谷方杰博士在其博士学位论文的基础上修改而成的。全书采用理论联系实际的研究方法，重点分析了"新兴11国"新兴产业发展与产业结构调整问题，具有一定的创新性，凝结着谷方杰博士的全部心血与不懈努力。作为谷方杰的博士生导师，对本书的出版感到由衷的高兴和欣慰。本书的出版既是对谷方杰博士阶段性科研成果的总结，更是她今后学术研究道路的一个新起点。谷方杰博士今后的科研道路还很长，希望她能够再接再厉，进一步提高理论素养，将求知治学与学以致用更好地结合起来，以积极的工作姿态和严谨的科研精神投入到科学研究之中，为探索中国战略性新兴产业发展和产业结构调整问题做出新的贡献。

　　我相信，本书的出版对中国战略性新兴产业发展的研究会大有裨益。同时也应看到，"新兴11国"新兴产业发展与产业结构调整是一个涉及面很广的复杂问题，本书的研究不可能涉及所有的相关问题，也还存在一些不足之处，希望作者今后继续深入研究，奉献更多有深度的研究成果。最后，作为谷方杰的导师，对本书的出版特表祝贺！

　　是为序。

郭连成

2020年10月

前言

　　"新兴11国"，指的是"G20"中的11个新兴经济体，即阿根廷、巴西、中国、印度、印度尼西亚、韩国、墨西哥、俄罗斯、沙特阿拉伯、南非和土耳其（以下简称"新兴11国"）。"新兴11国"作为一个迅速崛起的"特殊群体"，其快速的经济增长与发展是有目共睹的，为世界经济发展注入了鲜活的能量与生命力。"新兴11国"已成为经济全球化重要的、不可或缺的参与者，其作用不容小觑。可以说，如果没有"新兴11国"的积极参与，经济全球化根本无法实现，就只能成为"经济半球化"。"新兴11国"无论体量大小还是经济强弱，在其崛起过程中首先要破解的通常是产业发展与产业结构调整这一难题。特别是生产全球化进程中，"新兴11国"的产业发展与产业结构调整，将对各国乃至全球产业发展与演进产生深远影响，不仅有利于资源的合理利用，而且还能够提供更多的就业机会，提升国际竞争力，使产业合理布局、协调发展。就中国而言，借鉴"新兴11国"其他国家的发展经验，对提高中国产业的综合实力和抗风险能力有重要的现实意义，这也是本书研究的目的所在。

　　虽然"新兴11国"这一概念出现的时间并不长，但受到了各国政府及学者的广泛关注，对其产业发展与结构调整从产业组织学、规制经济学、国际贸易学等多学科加以研究。关于产业发展的相关理论正处于不断发展与完善之中，各国也积极参与产业结构调整的实践，而且许多国家将产业结构调整作为占领世界经济制高点的重要手段。近年来，虽然国内外对"新兴11国"经济的研究较多，但对其产业结构调整理论与实践的研究还不够深入也并不全面，尚存不足。因此，本书在研究"新兴11国"经济与产业发展的基础上，通过运用与产业结构调整和升级相关的理论来进一步丰富这些理论，并提出包括推动科技创新、推进体制改革、加大扶持力度、促进国际合作在内的具体措施。通过本书的研究，能够在一定程度上加深人们对"新兴11国"产业发展及其结构调整的认知，为推动中国产业发展和探索一条符合中国基本国情的产业结构调整道路提供一定的理论依据。

　　此外，产业结构调整将重塑"新兴11国"未来的经济结构与增长模式，尤其是对于中国而言，不仅能够促进中国长期可持续发展，而且还对中国的社会经济发展、环境保护以及国际地位提升产生了积极作用。中国人口众多，人均资源相对较少，加上正处于工业化发展阶段，生态环境受到严重威胁并日趋恶化，中国担负着改善民生和保护资源环境的双重任务。合理有效的产业结构调整不仅能够实现经济的可持续发展，为中国创造更多的就业机会，还能更好地满足人民不断增长的物质需求和文化需求。因此，本书在分析"新兴11国"新兴产业发展和产业结构调整政策措施的基础上，提出了中国产业结构调整与升级的可行性建议，具有现实意义。

作　者

2020 年 10 月

目录

1 绪论

1.1 选题背景

2008 年的国际金融危机席卷全球，世界各国经济纷纷亮起了红灯，许多国家面临严重的经济衰退，大量企业破产倒闭，失业率的骤然上升，使得全球经济都陷入萎靡不振的僵局。尽管各国都承受着国际金融危机带来的巨大经济压力，但从历史经验来看，每一次的经济危机都是经济崛起的转折点，如同绵绵细雨，孕育着科技革命的种子，尤其是高新技术的崭露头角与重大突破，使之形成了新的产业与经济增长点，2008 年的国际金融危机也不例外，为世界各国实现重大科技进步带来了新机遇。目前，世界已经进入一个史无前例的科技创新与产业创新的时代。发达国家作为引领全球经济的主导力量，无论在产业发展还是结构调整方面都领先于"新兴 11 国"，为这些后起之秀做出榜样，发挥了带头作用。为了提振本国经济以及应对此次危机带来的沉重打击，许多发达国家通过制订新兴产业发展计划来实现产业结构调整，尤其是加大了对高新技术产业的投入。美国政府计划在2020年前投资1 500亿美元用来资助太阳能、风能以及其他可再生能源方面的研究；英国政府创立了英国创新投资基金，其投资额高达1.5亿英镑，希望能够以此来带动私人资本，为新兴企业与正处在成长期的高新技术企业提供风险资本；2009年，日本政府在补充的预算中增加了2 700亿日元基金的投入，并计划在3~5年内用30亿~150亿日元来资助单项研究项目。随着全球经济竞争格局发生重要变化，"新兴11国"纷纷意识到传统的产业发展方式无法满足全球新的产业结构发展需求，产业结构调整对经济增长具有拉动作用。在此背景下，为了实现经济的可持续发展并尽量缩小与发达国家间的差距，"新兴11国"纷纷模仿发达国家的做法，开始寻求新的经济增长方式并采取一切能够实现产业结构升级的举措，旨在维护经济的可持续增长。

改革开放以来，中国取得了举世瞩目的伟大成就，不仅建立起了全面的物质生产体系，使得人民的生活质量与社会发展水平明显提高，而且中国经济多年持续高速增长，使其全面地融入世界经济体系中并提高了国际地位。但与此同时，中国也存在结构性矛盾长期积累，农业基础相对薄弱，工业大而不强，服务业的发展比较滞后，经济缺乏持续增长动力等一系列问题。不仅如此，制造业依旧是中国目前进行国际产业转移的主导产业，而且还高度集中在技术水平低、劳动密集度高的传统产业，制约了经济的高速持续发展。作为世界最大的发展中国家和"新兴11国"中的发展典型，中国正处于经济转轨与工业化进程的关键阶段。在这一阶段，产业结构不合理将对中国经济竞争力产生严重的制约作用，尤其是国际金融危机给中国带来了结构调整与出口增速放缓的双重压力。因此，如何调整产业结构以及实现产业结构的优化升级，成为摆在中国面前的一项长期而艰巨的任务。在此背景下，为了顺应世界发展潮流以及在国际竞争中占有一席之地，时任国务院总理的温家宝于2009年9月主持召开了战略性新兴产业发展的座谈会，邀请了40多位院士、教授、专家以及相关负责人，就七大产业的发展进行了深入探讨。随后，在公布的会议报告中，这七个产业被正式描述为战略性新兴产业并多次在政府报告中被提及。基于此，中国政府采取积极推进科技兴国的发展战略，通过颁布相应的政策法规为战略性新兴产业的发展指明方向，并由此拉开战略性新兴产业实质性发展的序幕。

综上所述，调整产业结构并实现产业结构的优化升级，大力发展新兴产业，成为新形势下"新兴11国"面对的首要任务。

1.2　选题意义

"新兴11国"作为一个迅速崛起的"特殊群体"，其快速的经济增长与发展是有目共睹的，为世界经济发展注入了鲜活的能量与生命力。"新兴11国"已成为经济全球化重要的、不可或缺的参与者，其作用不容小觑。可以说，如果没有"新兴11国"的积极参与，经济全球化根本无法实现，就只能成为"经济半球化"。"新兴11国"无论体量大小还是经济强弱，在其崛起过程中，首先要破解的通常是产业发展与产业结构调整这一难题。特别是生产全球化进程中"新兴11国"的产业发展与产业结构调整，将对各国乃至全球产业发展与演进产生深远影响，不仅有利于资源的合理利用，而且还能够提供更多的就业机会，提升国际竞争力，使产业合理布局、协调发展。就中国而言，借鉴"新兴11国"其他国家的发展经验，对提高中国产业的综合实力和抗风险能力有重要的现实意义。

1.2.1　选题的理论意义

虽然"新兴11国"这一概念出现的时间并不长，但受到了各国政府及学者的广泛关注，对其产业发展与结构调整从产业组织学、规制经济学、国际贸易学等多学科加以研究。关于产业发展的相关理论正处于不断发展与完善之中，各国也积极参与产业结构调整的实践，而且许多国家将产业结构调整作为占领世界经济制高点的重要手段。近年来，虽然国内外对"新兴11国"经济的研究较多，但对其产业结构调整理论与实践的研究还不够深入也并不全面，尚存不足。因此，本书在研究"新兴11国"经济与产业发展的基础上，通过运用与产业结构调整和升级相关的理论来进一步丰富这些理论，并提出包括推动科技创新、推进体制改革、加大扶持力度、促进国际合作在内的具体措施。通过本书的研究，能够在一定程度上加深人们对"新兴 11 国"产业发展及结构调整的认知，为推动中国产业发展和探索一条符合中国基本国情的产业结构调整道路提供一定的理论依据。

1.2.2　选题的现实意义

产业结构调整将重塑"新兴 11 国"未来的经济结构与增长模式，这对促进中国长期可持续发展，对中国的社会经济发展、环境保护以及国际地位提升具有十分重要的现实意义。中国人口众多，人均资源相对较少，加上正处于工业化发展阶段，生态环境受到严重威胁并日趋恶化，中国担负着改善民生和保护资源环境的双重任务。合理有效的产业结构调整不仅能够实现经济的可持续发展，为中国创造更多的就业机会，还能更好地满足人民不断增长的物质需求和文化需求。因此，本书在分析"新兴 11 国"新兴产业发展和产业结构调整政策措施的基础上，提出的中国产业结构调整与升级的可行性建议，具有现实意义。

1.3　国内外研究现状

通过产业结构调整来带动经济增长成为"新兴 11 国"经济发展的主旋律。因而"新兴 11 国"产业发展及其结构调整受到广泛关注，国内外的相关研究也在不断深入。本书对"新兴 11 国"产业发展与产业结构调整的研究现状进行了梳理。

1.3.1　国外研究现状

（1）产业结构与经济增长

在传统的产业结构理论中指出，农业是一国经济的基础，工业是一国经济的支柱，而服务业的发展水平是衡量一国经济是否兴旺发达的重要指标。Chenery et al.认为，产业结构是否合理决定了一国经济是否能够可持续发展，经济发展又带动了产业结构的转变。而产业结构的合理性不仅是衡量发达国家与发展中国家经济差别的一个重要指标，还是后发国家加快经济发展步伐的本质要求[①]。库兹涅茨也发现，在对一个国家的国民收入进行度量时，必须要从产业结构的角度出发去衡量，而且生产方式决定了产业结构[②]。Rostow认为，产业结构的变化是一个主导产业部门依次更替，同时经济增长伴随着技术创新吸收的过程[③]。Pasinetti曾指出，不同产业的需求扩张程度与生产率增长速度通常也是不同的，产业结构的演变只要能够适应需求变化并对技术进行更有效的利用就可以促进经济的增长[④]。Sachs在对中国与俄罗斯的产业结构进行比较后发现，中国产业结构的迅速转型升级成为中国经济快速增长的重要驱动力[⑤]。现代经济发展规律也充分验证了学者们的这些观点，除了依靠资本、劳动力以及其他要素之外，经济增长更主要的是依靠产业结构的优化调整，这就为产业结构变化促进新兴大国的经济增长奠定了理论基础，提供了理论借鉴。

此外，钱纳里对51个国家产业结构的相关经验数据进行了分析，其中就包括"新兴11国"中的中国、巴西、墨西哥、土耳其等国。研究发现，当这些国家的经济规模出现变化时，农业与服务业的变化最小，而作为第二产业的工业增长最大。他还发现这一工业化模式促进了资源的最优配置[⑥]。大多数的新兴产业属于第二产业中的制造业，而服务业的发展尤其是生产性服务业的发展要依靠制造业。Goe指出，服务业厂商之所以能够依托其"毗邻"的制造业厂商获得大量收益，是由于制造业为服务业提供了赖以生存的市场空间[⑦]。Rowthorn和Ramaswamy[⑧]、Guerrieri和Meliciani[⑨]等人也都认为服务业的发展必须要依赖于制造业，不仅是因为制造业是生产性服务业的重要需求部门，还

① CHENERY，ROBINSON，SYRQUIN.Industrialization and growth：a comparative Study［M］．New York：Oxford University Press，1986.
② 库兹涅茨.各国的经济增长：总产值和生产结构［M］．常勋，等译．北京：商务印书馆，1985：4-5.
③ ROSTOW，The stages of economic growth：a non-communist manifesto［M］．Cambridge：Cambridge University Press，1962.
④ PASINETTI.Structural change and economic growth：a theoretical essay on the dynamics of the wealth of nations［J］．Journal of Economic Literature，1982，20（4）：1564-1566.
⑤ SACHS，JEFFREY，WOO.Structural factors in the economic reforms of China，eastern europe and the former Soviet Union［J］．Economic Policy，1994，18（1）：102-145.
⑥ 钱纳里，鲁宾逊，赛尔奎因.工业化和经济增长的比较研究［M］．吴奇，王松宝，等译．上海：上海三联书店，1985：3-5.
⑦ GOE R. Factors associated with the development of nonmetroplitan growth nodes in producer service［J］．Rural Sociology，1990，67（3）：416-441.
⑧ ROWTHORN，RAMASWAMY. Growth，trade and deindustrialisation［J］．IMF Staff Papers，1999，46（1）：18-41.
⑨ GUERRIERI，MELICIANI. International competitiveness in producer services［C］．Social Science Electronic Publishing，2004（10）.

因为如果缺少了制造业，社会对服务业的需求便会大幅降低。印度总理辛格曾在《印度制造业国家战略》颁布时发表了意味深长的演讲，他认为，印度制造业的蓬勃发展对于吸纳劳动力以及保持经济的可持续发展是不可或缺的。2006年1月，在印度财政部部长奇丹巴拉姆访问日本时也表明了印度政府大力发展制造业的决心。印度吸引外资的目的是进行产业结构调整，2006年在印度引进的外资中，有2/3流入制造业，而并非服务业。

对如何选择重点产业来发展，国外学者也进行了相应的研究。Trajtenberg在分析比较优势理论后指出，任何国家都应当遵循"两利相权取其重，两弊相权取其轻"的原则，进口比较劣势产品，出口比较优势产品，并通过国际贸易的方式进行交换，而没必要生产所有商品。根据这一理论，各国都应该充分发展那些具备潜力、对国民经济具有重要意义并能够凸显比较优势的产业，进而形成具有本土优势的产业结构[①]。Alberto Melo对巴西2003年年底出台的"产业、技术与对外贸易政策"进行了研究，发现应当重点选择那些有利于创新与技术扩散的产业部门进行基础与应用研究，主要包括对软件、半导体的生产制造，通过设立技术基金，协调创新活动，创立公共研究中心来促进产业的发展[②]。

（2）新兴产业发展与产业结构调整

①软件产业

20世纪90年代以来，信息技术产业成为国民经济中的新兴产业，不仅带动了一国其他相关产业的快速发展，还引领着一国整体经济的高速发展，尤其是近年来，印度服务业的飞速发展使印度的软件产业成为学术界热议的话题之一。Yafu指出，印度是个"身披破衬衫的健壮小伙"，认为启动印度经济起飞的四把钥匙分别是海归人才、数理头脑、年轻劳力以及英文优势，而且推动印度经济增长的主要动力来源于其信息技术（IT）产业[③]。Athreye根据印度政府的政策演变，将软件产业的

① TRAJTENBERG. Product innovations, price indices and the measurement of economic performance. Nber Working Paper, No3261, 1990.
② MELO. Industrial policy in Latin America and the Caribbean at the turn of the century [J]. Ssrn Electronic Journal, 2001 (9).
③ YAFU. One of BRIC—India. an athletic guy who wearing a break shirt [J]. Outside CHINA, 2008, (5): 86-87.

演进大致分为四个发展阶段：前期发展阶段（1984年以前）、放松管制阶段（1985—1991）、政府积极支持阶段（1992—1999）、行业合并阶段（2000年至今）[①]。

国外学者普遍认为印度的软件服务外包产业对社会经济产生积极的影响。如Kumar和Joseph指出，印度IT部门的发展不仅为国内创造了就业机会，还有助于增加出口和GDP。不仅如此，软件服务业的发展还对提高印度服务的品牌价值、扭转人才外流、吸引FDI等方面产生有利影响[②]。

Bhatnagar通过实证分析方法，从国内产值、软件及服务出口值方面对1996—2005年印度软件外包业的发展情况进行了介绍与分析，结果表明，印度IT产业的份额在GDP中的比例不断增加，软件的出口市场不断扩大，产业价值链也不断转向上游。与此同时，产业发展出现国内基础设施匮乏，出口市场过度依赖欧美国家等问题。他还认为，在一个可预见的未来，印度能够保持其在软件服务外包行业的领先地位[③]。这一观点在2008年的金融危机时期得到了印证。由于金融危机过后全球经济复苏疲乏，印度经济增长也出现放缓，但其信息技术与业务流程外包产业（IT-BPO）的发展却保持了良好态势。

根据国外学者的研究，影响印度软件服务产业发展的因素是多方面的。Khomiakova认为，建设软件科技园能够促进印度软件产业的发展[④]，Thilagaraj和Nattar通过对2001—2008年印度软件产业的IT服务、软件产品与工程服务等内容的出口业绩以及就业情况进行分析后认为，全球化对印度软件行业的发展产生深远影响；全球的电信业、生产性服务业、零售业、金融保险等垂直行业的发展成为印度IT产业发展的驱动力；而且印度国内大批熟练掌握英语的技术专家及人才是印度未来软

① ATHREYE. The Indian software industry and its evolving service capability [J]. Industrial and Corporate Change, 2005: 1-26.
② KUMAR, JOSEPH. Export of software and business process outsourcing from developing countries: lessons from the Indian experience [J]. Asia-pacific Trade and Investment Review, 2005, 1, (1): 91-110.
③ CHANDRA Technology, Adaptation, and Exports: How Some Developing Country Got It Right [J]. World Bank Publications, 2008 (3).
④ KHOMIAKOVA, Information technology clusters in India [J]. Transition Studies Review, 2007, (14): 355-378.

件外包业持续成功的重要保障[①]。鉴于此，一些印度软件企业在吸纳外来人才的同时还对本企业的员工进行培训。西方学者 Anklesaria Aiyar 认为，印度高新技术企业对员工进行的培训并非为了他们自己，更多的是为了整个产业的发展，这也是印度高新技术产业成功的秘诀[②]。

此外，虽然印度在软件产业取得了显著成就，但产业结构调整也并非易事。Humphrey 和 Schmitz 运用价值链治理与产业升级理论对印度软件产业的价值链进行了分析，大致将价值链分为俘获型、层级性、网络交织型以及市场导向型四种。从产业升级调整的难易程度来看，他们发现，处在俘获型价值链低端的生产商是四种类型中实现产业结构升级难度最大的。而由于处在网络交织型价值链中的生产商拥有着价值含量较高的关键核心技术，同时市场导向型价值链的生产商对卖方的依赖很小，因此这两种生产商向产业高端环节升级的难度较小[③]。

另外，一些学者认为，俄罗斯在 IT 服务外包方面也获得了长足的进步，甚至出现了跳跃式发展。但由于受到传统体制的限制，俄罗斯在服务外包项目的交付时间及管理效率等方面与一些欧美国家尚存差距，而且服务供应商的规模与种类也存在较大差别。从选择合适的服务外包承接地需要考虑的因素来说，根据 neoIT 咨询机构创办人兼主席 Atul Vashistha 的选择标准，他认为俄罗斯承接软件服务外包业务最大的优势在于拥有一大批的高素质人力资本。但就服务成熟度而言，俄罗斯的劣势则体现在多国语言服务能力不高方面。《俄罗斯软件开发与软件出口 2011 年度调查》显示，在 2010 年俄罗斯 IT 公司中能够熟练掌握英语的研发人员比例达到 68%，比 2008 年和 2009 年增加了 3%。尽管这一比例在增加，但俄罗斯依旧不属于高英语知识水平国家。

进入 21 世纪以来，巴西技术密集型产业的发展取得了长足的进步，IT 产业的发展进入到强国行列，软件与服务业成为 IT 重要的发展领域之一。José Eduardo De Lucca 分析了巴西软件产业的出口情况，虽然巴

① THILAGARAJ, NATTAR. IT industry performance and future [J]. Market Survey, 2010, (12): 32 -35.
② ANKLESARIA. Training: the secret of india's high-tech success [EB/OL]. http://swaminomics.org/, 2010-04-25.
③ HUMPHREY, SCHMITZ. Governance and Upgrading: Linking Industrial Cluster and Global Value Chain [R]. Institute of Development Studies working paper, 2000.

西软件产业出口额并不大，但也保持了持续增长态势。2001—2003 年，巴西的软件出口一直维持在 1 亿美元左右，而 2004—2005 年则出现了较高的增长，其中 2005 年软件的出口额达到 1.774 亿美元，与 2003 年相比增长了 77.4%。他认为这主要是由于巴西政府采取了企业认证标准与鼓励提高软件质量措施以及工业外贸税收优惠政策[①]。Genard Burity 则对巴西软件产业的销售情况作了统计分析。他指出，2004—2006 年巴西软件产业的销售收入分别为 59.8 亿美元、74.1 亿美元和 90.9 亿美元，其中 2005 年和 2006 年保持了连续的高速增长，增长率分别达到了 23.91% 和 22.6%。在 2006 年的产业销售额中，生产领域的收入为 32.6 亿美元，增长率为 19.8%，而服务领域的收入为 58.3 亿美元，增长率为 24.3%，其中服务业占总收入的比重为 64.1%，而且增长速度比软件产业高出 4.5 个百分点，这一份额还呈现出继续扩大的趋势[②]。

②生物产业

国外学者对生物产业的研究主要集中在对印度、南非、韩国、巴西等国的生物技术领域。印度政府已将生物产业作为继软件产业之后的又一战略性产业，建立了相关研究机构并投入生物技术的研发。总体来看，印度生物产业具有重视国际市场开拓、分工体系明确、生物技术与信息技术交叉渗透以及风险投资促进生物技术产业化等特点，而巨大的投资空间、较好的研究基础、丰富的生物资源以及政府政策支持，成为印度生物技术高速发展的主要因素[③]。但 Mark J. Ahn 等人发现，专利法的不完善、企业战略转移能力不足，以及公私合作效果欠佳等因素使 Eli Lilly 公司、Hoechst 公司以及拜耳公司等国际大牌生物技术公司丧失了在印度进行生产与经营活动的信心[④]。Cloete 等人分别从植物生物技术、人类健康生物技术、动物健康生物技术以及工业生物技术方面对南非生物产业进行研究。尽管南非的生物技术立法体系相对印度而言比较

① JOSÉ EDUARDO DE LUCCA. Localisation in Brazil [J]. Localisation Focus, 2005, (3).
② BURITY. Information Technology Services in the Brazilian Market [R]. U.S. Commercial Services, 2006, (8).
③ THORSTEINSDÓTTIR, QUACH, DAAR, et al. Indian Biotechnology——rapidly Evolving and Industry led [J]. Nature Biotechnology, 2004: DC31–DC36.
④ AHN, HAJELA, AKBAR. High Technology in Emerging Markets: Building Biotechnology Clusters, Capabilities and Competitiveness in India [J]. Asia–Pacific Journal of Business Administration, 2012, (1).

完善,但生物技术专利的拥有量却落后于韩国、印度、中国及巴西等新兴国家[1]。Sang Yup Lee指出,韩国生物技术产业发展的重点领域分别是生物化学、生物环境、生物制药、生物能源与环境、生物食品、生物电子、生物工程以及生物监测与信息等[2]。Jeong-Ro Yoon等人总结出韩国生物产业发展模式特点,他们认为,政府的资金与政策支持、多部门分工合作、人才培养、建立成果转化体系以及建立国际合作体系是产业发展的关键[3]。在科技创新方面,Luiz Antonio Barreto de Castro认为,政府部门与公共机构是推动巴西生物产业发展的主力军[4]。

③新能源产业

对于新能源这一新兴产业,国外学者的研究领域主要包括风电、生物柴油以及产业合作等方面。Daniel Chavez对墨西哥太阳能光伏产业与风电产业的发展现状进行了描述,他指出,从2010年至今,太阳能光伏产业领域的开发商急剧增加,从起初的46家增加到目前的600多家,而且预计在2018年年底,墨西哥的光伏装机容量会达到130多万千瓦。尽管这一新兴产业的发展存在挑战,但新能源项目的开发与发展潜力要远大于其所面临的风险。他还指出,对于投资者而言,最保险的方法是同拥有墨西哥相关产业经验的顾问与开发商合作来降低投资风险[5]。另据世界风能协会2012年的相关数据报告显示,中国新增风电装机容量在全球的占比达到43%,居于榜首,而印度的风电装机容量也排进了全球前五名[6]。此外,Amaro Olimpio Pereira Jr等人对巴西新能源及新能源汽车产业发展较快的因素进行分析后认为,因地制宜、行政干预手段以及推动使用生物燃料的新能源汽车产业发展是成功的关键因素[7]。

① CLOETE, NEL, JACQUES.Biotechnology in South Africa [J]. Trends in Biotechnology, 2006, (12): 557-562.
② SANG YUP LEE. Editorial: Biotechnology in Korea——the Next Generation Growth Engine [J]. Biotechnology Journal, 2008, (5): 562-563.
③ JEONG-RO YOON, SUNG KYUM CHO, KYU WON JUNG.The Challenges of Governing Biotechnology in Korea [J]. East Asian Science, Technology and Society, 2010, (2): 335-348.
④ LUIZ ANTONIO BARRETO DE CASTRO.Brazilian Biotechnology Network——the Challenge to Innovate in Biotechnology in Brazil [J]. BMC Proceedings, 2014, (4).
⑤ DANIEL CHAVEZ. Mexico Renewable Energy Development Prospect [J]. Wind Energy, 2015, (9): 38-39.
⑥ WWEA.World Wind Energy Report 2011 [R]. Bonn: WWEA, 2012.
⑦ AMARO OLIMPIO PEREIRA JR, RICARDO CUNHA DA COSTA, CLÁUDIA DO VALE COSTA, et al. Perspectives for the expansion of new renewable energy sources in brazil [J]. Renewable and Sustainable Energy Reviews, 2013: 49-59.

学者们也对能源领域的产业合作展开了研究。例如，Frederic Wehrey，Theodore W. Karasik 和 Alireza Nader 从印度与沙特阿拉伯政治关系的角度分析了两国的能源合作问题。他们认为，沙特阿拉伯是海合会组织的主导力量，占有举足轻重的地位。从地缘政治战略来看，印度与沙特阿拉伯间的合作促进了海合会组织的发展，尤其是在能源方面的合作，对于沙特阿拉伯而言不仅满足了石油出口需求，削弱西方国家石油出口的竞争力，还能通过能源合作向印度学习到其他产业如IT、医疗服务、通信等产业的先进技术，推动产业结构的优化与升级，实现产业的多元化发展①。

④节能环保产业

国外学者主要对韩国节能环保产业进行研究，这是因为韩国政府意识到研发国际领先的环境治理技术以及探索资源回收再利用新模式，能够奠定韩国在全球的绿色发展领先地位。Chung Jang-Sup. 指出，20世纪90年代，为加强能源管理，实现能源计划，韩国政府成立了能源管理公司（KEMCO），并采取了一系列有效措施，主要包括：加强对节能环保工作的领导、加强节能立法、制订节能计划、采取优惠政策以及加强节能宣传等，使得韩国能源利用效率不断提高。不仅如此，2002年10月，韩国环境产业协会与包括印度尼西亚、中国在内的各国环保产业协会讨论了环保产业发展问题，并与中国环保产业协会签订开展环保交流活动的协议书，积极推动与亚洲国家间节能环保产业的技术合作②。

此外，Woo-Nam Leea 等人指出，为了促进产业结构调整，韩国政府加大对节能环保产业的支持力度。据统计，2009—2013年共投资107.4万亿韩元发展绿色经济。韩国还十分重视环境技术的发展，并先后实施了 Eco-Technopia 21 计划、环境创新计划、清洁技术以及绿色融合技术等项目。其中，韩国政府计划对环境创新计划投资2万亿韩元，对清洁技术投资1 400亿韩元，对绿色融合技术投资240亿韩元。不仅

---

① WEHREY, KARASIK, NADER et al. saudi-iranian relations since the fall of saddam: rivalry, cooperation, and implications for U.S.policy [R]. RAND Report, 2009.
② CHUNG JANG-SUP. KEMCO leads Korea's energy conservation efforts [J]. Business Korea, 2002, (1): 39.

如此，韩国政府为节能环保先进技术提供100亿韩元的信贷支持，同时还为中小企业环保先进技术的研发建立了100亿韩元的基金[①]。

⑤新材料产业

纳米材料是国外学者研究新材料产业的重点领域，主要集中在对俄罗斯、韩国及印度的纳米技术与战略计划方面的研究。Anatoli Korkin等人认为，俄罗斯总统普京已将纳米科技作为重振俄罗斯经济的先导，并在喀山市建立了首个纳米技术中心，为创新型企业提供咨询、融资、鉴定及租赁专业技术与设备服务，有效减少了纳米技术在发展初期所消耗的资金与时间。2012年，俄政府制定了2030年俄罗斯材料科学及新型材料应用于企业的发展战略，并在此基础上推出俄罗斯材料科学国家专项计划，旨在对传统材料产业进行转型升级。目前，俄罗斯纳米技术已应用到机械工程、电子学、医药行业以及生物技术等多个领域[②]。

Yong-Gil Lee等人研究了韩国纳米技术。韩国政府颁布了《国家纳米技术路线图》，主要包括对重点产业的选择、纳米技术的未来展望以及核心技术研发方向与投资战略。韩国充分考虑到其所面临的生产方式变化、人口老龄化加速、进出口增长率及未来投资逐渐钝化等问题，力图将经济结构转变为通过民间消费增长带动经济增长的方式，加快新兴产业登场，实现产业结构调整[③]。

此外，印度政府也出台了纳米科技发展计划、智能材料国家计划、纳米生物计划、纳米科学和技术计划以及新千年印度技术领先计划等。但由于印度缺乏对纳米科技发展管理体系的有效协调，对纳米技术发展产生了一定消极影响。作为印度政府主要科技项目的协调者，印度科技部的协调工作并未将纳米科技风险管制包括在内，而且协调机构也没有组织相关利益部门形成统一的跨部门纳米技术监管机构，这使得印度在

① WOO-NAM L, HYEONG-JUNG K, JONG-BAE P, et al. Development of investment strategies of energy efficiency programs in Korea [J]. Journal of International Council on Electrical Engineering, 2013, (1): 38-44.

② KORKIN, PREDRAG., YURI, et al. Nano and giga challenges in electronics photonics and renewable energy (NGC2011) Moscow-Zelenograd, Russia [J]. Nanoscale Research Letters, 2012, (1): 326.

③ YONG-GIL LEE, YONG-IL SONG. Selecting the key research areas in nano-technology field using technology cluster analysis: a case study based on national R&D programs in South Korea [J]. Technovation, 2007, (1): 57-64.

纳米技术发展过程中产生的困惑始终未能得到有效解决[①]。

（3）影响新兴产业发展与结构调整的因素

①科技革命

从本质上说，技术是经济社会发展的根本动力，科技创新是推动新旧产业变更交替的驱动力。著名演化经济学家 Perez 曾指出，从 18 世纪末开始，世界经济共经历过五次"洗牌"，而且每一次都是以技术革命为先导，催生出一批新兴产业，从而引发了技术经济范式的转变[②]。Krugman 通过建立"南北贸易模型"，发现科技革命是推进新兴产业发展与演变的关键[③]。佩雷斯认为，在科技革命的导入期，新产品、新技术以及新产业都具有爆发式增长的特征，形成了新的技术经济范式[④]。Freeman 等人研究发现，新兴产业的结构调整应当将该产业的技术经济范式考虑进来，通过一个或者几个主导技术群来建立不同的产业技术基础，新兴产业的技术基础会随着主导技术群的改变而改变，从而使经济发展模式发生变化，促使新兴产业的结构调整[⑤]。美国经济学家弗农认为，产品经过"新产品开发—国内市场形成—出口—资本与技术出口—进口—更新的产品开发"这一顺序的不断循环，就能够带动工业结构从劳动资源密集型向技术密集型演进，从而实现产业结构的调整与升级[⑥]。例如，在工业化的进口替代阶段，一些国家实施的产业政策也同样将科技发展纳入其中，主要体现在鼓励企业研发与设立科研机构等方面。

②金融支持

新兴产业的发展不仅需要科技革命的推动，更需要相关政策的引导与扶持。在此过程中，金融支持起到了不可或缺的作用。国外学者的研究认为，一个国家的金融体系发育程度与这一国家的产业发展情

① SARMA, ANAND.Status of nano science and technology in india [J]. Proceedings of the National Academy of Sciences, India Section B: Biological Sciences, 2012, (1): 99–126.
② PEREZ C.Technological revolutions and financial capital: the dynamics of bubbles and golden ages [M]. London: Edward Elgar Publishing Ltd, 2012.
③ KRUGMAN P. A model of innovation, technology transfer and the world distribution of income [J]. Journal of Political Economy, 1979 (2): 253–266.
④ 佩雷斯 C.技术革命与金融资本: 泡沫与黄金时代的动力学 [M]. 田方萌, 胡叶青, 刘然, 等译.北京: 中国人民大学出版社, 2007.
⑤ FREEMAN, PEREZ. Structural crisis of adjustment, business cycles and investment behavior, in: dosi et al. technical change and economic theory [M]. London: Frances Pinter, 1988: 38–66.
⑥ VERNON.International investment and international trade in the product cycle quarterly [J]. Journal of Economics, 1966, (2): 190–207.

况存在正相关关系，Mata和Machado认为，金融行业能够对具备不同技术创新特质的产业产生影响[1]。Yang等人也持同样观点，他们指出，经济发展无法脱离新兴产业，而新兴产业的发展又无法摆脱金融支持，而且不同的金融支持结构对新兴产业的发展效率产生直接影响[2]。例如，巴西联邦创新金融机构为以技术创新为主要目标的商业方案提供了全面的信贷支持，除了研发以外，支持内容还包括了机械技术基础设施的采购与安装、项目设计以及技术贸易与培训等。巴西通过发展银行，还为能源、电信以及运输等多个新兴产业提供较为优惠的信贷政策。有些学者认为，尽管在20世纪90年代印度产业政策对产业发展的干预力度较小，但印度政府持续向特定产业部门提供的税收优惠与贷款政策，对协调投资活动以及这些产业部门的发展起到了根本性的作用[3]。

③产业转移

产业转移有利于"新兴11国"进行产业结构调整。在"新兴11国"中，绝大多数国家依旧属于发展中国家，而发达国家向发展中国家的产业转移，在一定程度上对发展中国家的产业结构调整起到助推作用。阿根廷著名经济学家劳尔·普雷维什（Raul Prebisch）以发展中国家为研究视角对产业转移进行了考察，他发现，产业转移的根本原因是出于发展的压力而被迫实施的进口替代策略，正是基于这一情况，发达国家才推开了向发展中国家进行产业转移的大门。他还强调了发展中国家这种被迫性的产业转入需求对于产业结构调整具有重要作用[4]，而且发达国家将逐渐丧失了比较优势的产业（夕阳产业）转移到发展中国家后，这一产业便成为了发展中国家的比较优势产业（朝阳产业，又叫"新兴产业"）[5]。

①　MATA, MACHADO. Firm start-up size: a conditional quantile approach [J]. European Economic Review, 1996, 40, (6): 1305-1323.

②　LIUYONQ, YANG, SHEN, et al. The financial structure and high-tech industries development in China [J]. Jdcta, 2010 (4).

③　MAIO. Industrial policies: historical experiences and empirical evidence [R]. Macerata University Working Papers, 2008, (48): 36.

④　PREBISCH. Commercial policy in the underdeveloped countries [J]. American Economic Review, 1959: 251.

⑤　KOJIMA. A macro-economic approach to foreign direct investment [J]. Hitotsubashi Journal of Economics, 1973, 14 (6): 1-21.

④金融危机

此外，金融危机也对新兴产业的发展产生重要影响。如果说科技革命是新兴产业发展的一次契机，那么，金融危机也为新兴产业的发展带来了机遇和动力。发展新兴产业是各国促进产业结构调整的新思路。Gourinchas 在对金融危机和虚拟经济进行研究后指出，金融危机成为促进新兴产业发展的重要突破口[①]。

1.3.2 国内研究现状

（1）产业结构与经济增长

中国学者对产业结构调整与经济增长有较为深入的研究。崔恒虎分析了"金砖四国"2000 年三次产业的感应力系数与影响力系数，研究发现"金砖四国"的经济发展对第一产业即农业的依赖程度较高，而第二产业即工业已成为"金砖四国"国民经济的主导性产业，并且受其他产业的影响较深。就中国而言，第三产业即服务业的发展水平依旧较低[②]。欧阳峣等人也以"金砖四国"为研究对象，通过建立经济模型并利用 1992—2009 年的数据进行研究。结果表明，不同时期的产业结构调整对经济增长的贡献各不相同，并且这四个国家都表现出明显的周期性[③]。

一些学者还就"金砖国家"中的单个国家展开研究。例如，苏泽玉通过 1912—1987 年数据分析了南非产业结构变化及其特点，发现虽然农业在国民经济中的比重呈现出下降趋势，但依旧对经济产生重要影响；第二产业中的制造业成为南非主要的经济支柱，尤其是采矿业起了重要作用，成为国民经济的重要部门；南非的第三产业则一直保持着较快发展，商业、金融业等部门也都成为南非重要的经济支柱[④]。

曹宗平通过测算巴西三大产业的增长率、贡献率以及 GDP 的增长率，发现第一产业对巴西经济增长的作用整体较低；尽管第二产业对经

---

① GOURINCHAS. From world banker to world venture capitalist: US external adjustment and exorbitant privilege [R]. NBER Working Paper, No.11653. August, 2005.
② 崔恒虎. 我国服务业内部结构优化研究 [D]. 南京：南京大学，2011：29-33.
③ 欧阳峣，生延超，易先忠. 新兴大国产业结构变迁对经济增长贡献的演变 [J]. 湘潭大学学报（哲学社会科学版），2013（5）：37-42.
④ 苏泽玉. 南非的产业结构变化与调整——兼论我国的对策 [J]. 西亚非洲，1993（5）：51-57.

济增长的带动作用一直处于较低的水平，但仍比第一产业明显；而第三产业则呈现出较快的发展态势，并对国民经济产生了日益强化的支柱作用。尽管如此，随着产业结构的不断调整，三大产业在巴西的国民经济增长中扮演了不同的重要角色[1]。

葛新元等人以中国为例，通过对1952—1997年经济增长的分析，发现1952—1975年产业结构调整对经济增长的贡献率为19%，而1979—1997年这一比率下降到9.8%[2]。刘伟等人做了进一步的研究，结果表明，随着市场化程度的不断提高，产业结构调整对经济增长的贡献趋势不断下降[3]。无独有偶，高更和与李小建（2006）[4]还有郑若谷等（2010）[5]也都得出了与之类似的结论。虽然在他们的研究中并未涉及产业结构调整对经济增长贡献的变化趋势，但他们一致认为产业结构调整对经济增长的贡献依旧较大，并且应当引起足够的重视。

（2）产业结构调整

国内学者从不同角度并结合新兴产业的特点分析产业结构调整问题。赵西君认为，产业结构调整应当从技术进步、竞争力等角度出发[6]。李江、和金生认为，产业结构调整应当遵循产业关联准则与比较优势准则，以产业结构优化的根本目的为出发点，对发展水平、发展潜力及贡献标准予以关注[7]。此外，一些学者还从新兴产业的特点出发，提出了自己关于产业结构调整的观点与看法。吴传清、周勇认为，产业结构调整应当建立在一定的"根基"之上，经过结构调整后的产业应当具备一定的产业链、有一定产业化能力以及能够在短期内实现规模化发展[8]。而李朴民则认为，要充分考虑已有的产业结构特点与自身现有的经济基

① 曹宗平. 巴西城市化"超前"与产业和就业结构"滞后"间失衡性研究 [J]. 求索, 2014 (9): 52-53.
② 葛新元，王大辉，袁强，等. 中国经济结构变化对经济增长的贡献的计量分析 [J]. 北京师范大学学报（自然科学版），2000 (1): 43-48.
③ 刘伟，李绍荣. 产业结构与经济增长 [J]. 中国工业经济, 2002 (5): 14-20.
④ 高更和，李小建. 产业结构变动对区域经济增长贡献的空间分析 [J]. 经济地理, 2006 (2): 270-273.
⑤ 郑若谷，于春晖，余典范. 转型期中国经济增长的产业结构和制度效应 [J]. 中国工业经济, 2010 (2): 58-67.
⑥ 赵西君. 区域战略性新兴产业选择研究：以北京市昌平区为例 [J]. 中国能源, 2011 (5): 29-32.
⑦ 李江，和金生. 区域产业结构优化与战略性产业选择的新方法 [J]. 现代财经, 2008 (8): 70-73.
⑧ 吴传清，周勇. 培育和发展战略性新兴产业的路径和制度安排 [J]. 理论参考, 2010 (11): 12-13.

础来进行产业结构调整，而且应当对那些在本地区最具基础、最有优势条件以及能够率先突破的产业进行优先调整①。

俄罗斯的产业结构一直是老大难。自苏联解体以后，俄罗斯联邦政府一直未能解决遗留的产业结构问题。由于国家财政的主要收入来源于石油和天然气等能源的出口，导致长期以来产业结构失衡。经济转型后，俄罗斯的产业结构也发生了变化。郭连成等人分析认为，俄罗斯三次产业的变动趋势正朝着与全球产业结构变化趋势相同的第三、第二、第一产业的"高服务化"和高级化方向发展。此外，他们还发现发展高新技术产业这一创新型经济模式成为推动产业结构"软化"与高科技化的重要措施，而服务业的快速发展也成为了产业"高服务化"的助推剂②。孙莹认为，由于俄罗斯的发展模式是基于经济危机与经济转型的背景，因此其产业结构的变化并不是十分合理。若想真正达到产业结构调整的目的，就必须进行全面的结构调整，将资源密集型产业逐步发展成为技术密集型产业，尤其是一些高科技产业③。

此外，一些学者对印度的产业结构进行了分析。自20世纪90年代以来，印度通过不断对产业结构进行调整，逐步形成了稳定第一产业，发展第二、第三产业的自我更新道路。蔡业新、田贵贤通过对印度三次产业发展现状的研究发现，由于受到气候变化等因素的影响，印度第一产业增长幅度较大，并且直接影响到宏观经济的波动；第二产业发展迅速，并已建立相对完善的工业体系；第三产业取得了蓬勃发展，具备高英语语言水平及良好教育背景的人才，在软件开发等领域的迅速发展直接推动了旅游业和金融产业的快速发展。因此，印度产业结构并不是按照"一、二、三"的演进规律进行转换与升级，而是沿着"一、三、二"的发展轨迹，最终逐渐形成了"三、一、二"的产业结构发展格局。但是，在印度的产业结构中也存在一系列的问题，如农业发展出现短板、第三产业吸纳过剩劳动力的能力欠缺、产业间的就业关联效应薄弱、人

① 李朴民. 如何培育战略性新兴产业 [J]. 科学技术产业，2010（3）：60.
② 郭连成，杨宏，王鑫. 全球产业结构变动与俄罗斯产业结构调整和产业发展 [J]. 俄罗斯中亚东欧研究，2012（6）：36-43.
③ 孙莹. 对俄罗斯产业的结构分析 [J]. 佳木斯职业学院学报，2015（7）：463-464.

才严重外流等①。

一些学者认为，许多发展中国家正处于工业化进程的起步与腾飞阶段，而产业结构调整的主要领域是制造业，但其内涵却在不断变化。从附加值来看，产业由低附加值（例如纺织业）向高附加值产业（例如集成电路制造业）调整；从资源密集度来看，由早期的劳动密集型产业向资本密集型产业过渡，再向知识、技术密集型产业调整。徐东林指出，产业结构调整具体表现为首先由纺织等劳动密集型产业开始逐渐转向冶金、钢铁等资本密集型产业，再朝着通信、电子等技术密集型产业方向调整。徐恩华认为，巴西工业化实现了"初级产品出口—进口替代—出口导向—政策改革"这一战略转型，而产业结构也经历了"初级产品—重工业—轻工业—高新技术产业"的升级②。

黄娅娜认为，韩国在20世纪60至70年代的工业化起步阶段则采取了优先发展轻纺工业与重工业等产业政策，也随之带来了政府过度干预、企业缺乏创新动力、市场格局垄断、高耗能高污染产业过度发展等一系列问题。在20世纪80至90年代，韩国加大了产业结构调整与升级的力度③。

（3）新兴产业发展与产业结构调整

国内学者对"新兴11国"新兴产业发展的研究由来已久。随着经济全球化与技术现代化的不断推进，"新兴11国"在信息技术与软件、生物技术、新能源、航空航天等产业领域的发展已卓有成效。

①信息与软件产业

历经几十年的努力，巴西在信息技术与软件产业方面取得了令人瞩目的成就，而且实行的外向型经济开放政策成为发展高技术产业的重要国策④。王凯通过分析1991—2001年巴西软件产业的企业规模、企业收入、企业投入产出比，以及从事产品研发与服务的人员情况等，对巴西软件产业的发展进行了详细描述，发现软件产业是巴西保持经济增长、

---

① 蔡业新，田贵贤. 印度产业结构调整及对我国的启示 [J]. 山东纺织经济，2013 (6)：13-14.
② 徐恩华. 巴西产业发展及其对徐州产业发展的借鉴 [J]. 徐州建筑职业技术学院学报，2009 (3)：94-96.
③ 黄娅娜. 韩国促进产业转型升级的经验及其启示 [J]. 经济研究参考，2015 (20)：83-87.
④ 柯徒勤. 巴西的高技术产业及其发展政策 [J]. 国外科技政策与管理，1989 (5)：55-63.

维持社会发展以及提供就业机会的主要动力之一。政府也因此对这一新兴产业给予了高度重视并通过技术创新、建立软件行业协会、引导软件企业走国际化道路等方式来促进产业的结构调整①。

王守贞等人认为，印度高技术产业的发展具有重点突出、在国民经济中的比例持续增加、产业份额在全球不断扩大、技术竞争力明显提高、自主创新能力不断增强等特点。与巴西类似，这些都离不开政府的大力支持、良好的微观经济环境以及高质量的人才培育体系②。信息产业与产业信息化是印度产业发展与产业结构调整的重要方向。徐菲认为，在后金融危机时代，印度的信息技术产业将朝着市场规模化、市场多元化、服务高端化、产业融合化的方向发展。从印度信息技术的产业结构来看，"软重硬轻"是主要特点也是发展趋势，产业结构调整升级也势在必行。随着印度软件企业的经验不断丰富，能力不断提高，产业也逐渐向高技术领域扩展，从而实现产业价值链的升级③。

一些学者认为，尽管印度信息技术产业在国民经济中的地位不断上升，但由于对软件服务外包出口业务的严重依赖，再加上电子制造能力相对薄弱，使得印度在信息安全领域和产业结构方面存在重大隐患。不仅如此，印度在软件产业方面还极度依赖向美国和欧洲市场的出口，而且其软件产业发展的实质只是大量的劳务输出，并非发展具有核心竞争力的高科技信息产业技术。因此，王忠指出，印度政府采取了加强基础设施建设、推进电子政务服务、构筑电子器件设计制造体系等政策措施来实现产业结构的调整④。

在软件产业方面，黄烨菁等人从价值链的视角总结出以外包为基础的印度IT产业的国际价值链发展态势，认为印度外向型的IT产业发展模式对国际社会价值链的分工和创新组织形式构成了助推力。但由于产业关联、国内市场发展以及基础设施建设等诸多因素使得国内缺乏专业

① 王凯. 巴西软件产业发展迅速 [J]. 全球科技经济瞭望，2002（2）：44-46.
② 王守贞，石海峰，施卫华. 印度高科技产业发展评析 [J]. 改革与开放，2010（11）：24-26.
③ 徐菲. 后危机时代印度信息技术产业发展新动向 [J]. 南亚研究季刊，2015（1）：46-49.
④ 王忠. 印度电子信息产业政策研究 [J]. 亚太经济，2013（4）：69-73.

的产业内价值链分工，对产业的长期发展造成威胁①。林肃娅、梁田还从法律保护的角度对印度软件产业的发展进行了研究，他们认为，法律制度的建立基本上经历了萌芽、形成以及发展三个阶段，主要包括《著作权法案》、《专利权法案》和《信息技术法》及其对这些法律的修改。这些法律普遍具有循序渐进、配套完善、与时俱进等特点，而且对软件产业发展的保护收获了不错的效果②。

石磊通过比较中国和印度信息技术产业发展的基本条件、教育支出、通信设施、出口能力、国际竞争力、产业政策、发展优势，认为与印度相比，中国信息技术产业的发展存在差距和不足，并从软件出口、人才培养、政策制定等方面得到产业结构调整的启示③。吴广印对印度、巴西和中国的软件产业发展情况进行对比分析后认为，中国软件产业存在企业规模小、人才外流严重、资金投入不足等问题，对此他提出了制定软件产业发展政策、鼓励软件企业出口、加大对软件企业的保护与支持力度等建议④。

进入20世纪60年代，西方发达国家的经济开始迅速增长，纷纷步入产业结构调整阶段，而此时正是韩国高技术产业发展的萌芽阶段。李淑华、崔基哲认为，韩国信息产业发展的主要阶段分为20世纪60年代至70年代的技术引进培育阶段；20世纪80年代早期至90年代中期的发展创新阶段；20世纪90年代后期至今的成熟阶段。目前韩国的信息技术产业已处于全球领先地位，这与韩国政府高度重视以及积极扶持信息技术产业、重视与公民的实时沟通、软化投资结构、推出行之有效的产业创新发展战略是密不可分的⑤。吴玉督在对美国、日本、韩国、印度四国的信息产业的发展经验进行总结时提出，韩国的发展经验主要包括制定信息产业发展规划、制定产业技术政策、建设国家信息技术研发创新体系、巨资支持重点项目的开发与建设，而印度的发展经验则体现在

---

① 黄烨菁，权衡，黎晓寅. 印度IT服务外包产业的可持续发展：产业价值链为视角的分析 [J]. 世界经济研究，2014（5）：81-86.
② 林肃娅，梁田. 促进我国软件产业发展的相关制度研究：以印度软件产业发展的法律保护为鉴 [J]. 西南民族大学学报（人文社科版），2014（12）：99-103.
③ 石磊. 中印信息产业的发展前景窥探 [J]. 商情，2014（36）：185-186.
④ 吴广印. 从印度、巴西软件业看中国软件产业的发展 [J]. 中国信息导报，2000（11）：40-46.
⑤ 李淑华，崔基哲. 论韩国信息产业发展中的政府推进作用 [J]. 延边大学学报（社会科学版），2014（3）：20-25.

软件研发战略以及人才开发等方面①。

世界银行认为，从投资的角度看，俄罗斯的信息和通信技术产业在金砖国家中被看作是发展前景最好的，主要是因为俄罗斯拥有大量的人才资源与高新技术，而且俄罗斯政府始终高度重视信息和通信技术产业的发展，并将这一产业的发展作为创新型经济的五大发展方向之一。据统计，2011年俄罗斯信息与通信技术产业的总体规模同比增长了8.6%，突破20 870亿卢布。其中，信息技术市场的总规模达到6 490亿卢布，与2010年相比增长了14.6%，而通信服务市场的总规模达到14 380亿卢布，与2010年相比增长了6.1%②。为了发展信息技术产业，俄罗斯制定了《俄罗斯联邦2014—2020年信息技术产业发展战略和2025年前景展望》。这一战略的实施从两方面凸显出产业结构调整的意义。一方面，将信息技术产品的进口总额增加到11亿美元，这将有助于推广信息技术产业、提高劳动生产效率、优化俄罗斯整体投资环境；另一方面，战略的实施使俄罗斯高新技术产业工作岗位的数量从2012年的30万提高到2020年的70万，而服务总值从2 700亿卢布提高到6 200亿卢布，这将有利于提高国家的防卫能力、提高信息安全程度、抵御全球信息安全威胁。

但俄罗斯信息技术产业的发展也存在一定的问题。张丽娟认为，主要问题一是由于本土软件与硬件生产并未得到应有的发展，因此其技术与生产力水平要远低于国际标准；二是由于产业中的服务供应商与设备制造商所占有的国际市场份额较低，再加上缺少国际知名度高的大型企业，使得俄罗斯信息技术产业的国际竞争力较低；三是人才短缺问题亟待解决；四是俄罗斯的信息技术企业离岸率较高。张丽娟还分别从专业人才技能的培养、产业发展环境、信息技术研发以及基础设施建设方面阐述了俄罗斯产业结构调整的举措③。张冬杨认为，除上述问题外，还存在地区发展不平衡、区域差别较大以及盗版软件猖獗、知识产权保护力度薄弱等问题，并提出了从战略规划、财政支持、税收优惠、法律保障等方面对产业结构进行调整的举措④。

① 吴玉督. 国外信息产业发展经验研究 [J]. 宏观经济管理，2014（5）：88-90.
② 中国贸促会电子信息行业分会. 2012年俄罗斯ICT产业发展前景向好 [J]. 进出口经理人，2012（2）：30.
③ 张丽娟. 俄罗斯发布信息技术产业发展路线图 [J]. 科学中国人，2014（8）：34-36.
④ 张冬杨. 俄罗斯信息技术产业现状及发展趋势 [J]. 欧亚经济，2015（2）：68-82.

②生物技术产业

一些学者对中国与印度生物技术产业的发展进行了比较分析，他们认为，与印度相比，中国生物技术产业的发展在某些方面处于领先地位，无论是农作物种子品质还是生物技术，中国都领先于印度。但从生物技术产业的总体发展水平来看，中国与印度存在一定差距。其具体表现为：其一，中国缺乏系统的、有组织且分工明确的体系与发展战略；其二，中国生物技术的产业化水平相对较低；其三，中国缺乏不同高技术产业间的相互交叉与渗透；其四，中国对国际市场的开拓以及国际合作还有待加强①。

③新能源产业

由于目前中国新能源产业的发展速度与水平均落后于同属"金砖国家"的印度和巴西，因此赵刚等人分别从政府支持、能源多元化、国际合作、科研成果的经济可行性等方面提出了产业结构调整的建议②。余洋、谢晶仁则以乙醇燃料为主要研究对象，阐述了巴西新能源产业发展的基本情况。统计发现，巴西的甘蔗加工厂多达300家，乙醇的产量在2012年已突破170亿升，相当于8 400万桶石油，并且其出口量也接近40亿升。他们认为，这是巴西在生物质能计划、法律监管以及金融支持等方面进行产业结构调整的结果。他们也提出了中国进行产业结构调整的建议③。

目前印度的太阳能产业已进入大规模发展期，2010年印度政策制定者曾表示，印度对太阳能的使用量大约在140兆瓦特，到2020年对太阳能的使用将大幅提高到2万兆瓦特的水平。谢晶仁、郑小鸣不仅研究了印度新能源产业的基本发展目标，而且还分析了印度促进产业结构调整的措施，归纳起来主要有：逐步取消能源价格管制；加大管理结构调整力度；开放能源勘探市场；建立国家能源储备机制；扩大太阳能利用规模；拓展多方位的能源外交；开展对外能源合作④。

① BIOONNEWS.中国与印度生物技术产业发展比较 [J]. 青海科技，2015（4）：92-93.
② 赵刚，林源园，程建润. 巴西大力发展新能源产业的做法与启示 [J]. 高科技与产业化，2010（1）：22-23.
③ 余洋，谢晶仁. 巴西新能源产业发展及对我国的启示 [J]. 农业工程技术（新能源产业），2012（6）：16-19.
④ 谢晶仁，郑小鸣. 印度新能源发展的现状和做法及其对中国的启示 [J]. 农业工程技术（新能源产业），2013（10）：12-15.

④节能环保产业

在节能环保产业领域，贾宁、丁士能对韩国节能环保产业的发展现状以及促进产业结构调整的措施进行了研究，发现韩国在节能环保产业方面拥有巨大市场，自 2005 年以来，共计拥有 3 万余家企业以及 18.5 万名员工，产业的年平均增长率更是达到了 23.1%。其中，污水处理占比最大，其次是废弃物管理与空气污染控制，而且这些环保产品主要出口中国、中东以及东南亚等国家。在促进产业发展及产业结构调整方面，韩国更是拥有丰富的成功经验，首先，战略的制定与实施以及倡导新模式为韩国环保产业发展提供了契机；其次，绿色消费与公众的环保意识助推了环保产业的发展；最后，政府对中小企业的资金扶持成为环保产业结构调整的重点[①]。

⑤其他新兴产业

郑冬冬认为，中国的 LED、平板电脑、智能手机、智能电网、数字电视、新能源汽车、个人医疗电子、云计算、LTE 通信等十大新兴产业为市场注入了推动需求增长的因素。[②]

金砖国家的数字内容产业相比发达国家起步较晚，而且技术也落后于发达国家，但由于近年来政府的高度重视，这些国家都希望凭借新兴产业这一弯道超车，使得金砖五国的数字内容产业迅速发展，大大缩短了与发达国家的距离。董鸿英认为，金砖五国在数字内容产业的发展各具特色与优势，如中国是全球最大的新兴市场；而巴西则是南美洲最大的数字内容产业市场；俄罗斯虽然在这一产业的起步较晚却具备相当大的潜力；南非主要凭借移动技术来推动产业发展；印度则兼具技术、文化和用户等优势[③]。

林跃勤用"八字简言"总结了金砖国家新兴产业的发展历程、成功经验以及产业未来的选择方向与发展路径：俄罗斯的"口是行非，有花无果"说明俄罗斯在新兴产业发展方面并未取得太大成就，只是在能源这一传统支柱产业的发展拥有一定成就。俄罗斯政府提出的高新技术产

① 贾宁，丁士能. 日本、韩国环保产业发展经验对中国的借鉴 [J]. 中国环境管理，2014（6）：49-52.
② 郑冬冬. 2012 年十大新兴产业为半导体市场注入增长因素 [J]. 半导体信息，2012（1）：33-34.
③ 董鸿英. 金砖国家数字内容产业发展概况 [J]. 文化产业导刊，2014（7）：27-29.

业部门发展规划尚处于酝酿或打基础阶段，而且进展并不显著，对经济增长的贡献也微乎其微。印度是"花开五朵，一枝独大"，"五朵"分别是软件、医药、电子、服务外包和汽车产业，而"一枝"则是指印度的软件业。对于巴西而言，"禀赋独特，路径清晰"是主要特点，根据自身的资源禀赋优势，环保汽车以及新能源产业成为巴西最具核心竞争力的新兴产业，并受到了政府与信贷部门的大力支持。总体而言，随着国际市场需求的不断扩张，与发达国家相比，金砖国家新兴产业的进展是有限的，而且依附性的发展特点比较突出，产业结构低端化也成为金砖国家崛起的软肋①。

（4）影响新兴产业发展与结构调整的因素

①科技革命

国内学者认为，科技革命是影响新兴产业发展最为关键的因素之一。朱瑞博提出，在全球产业重构中，产业整合战略应当抓住科技革命的契机并顺应科技导向。只有这样，新兴产业才能得以建立与发展②。贾根良认为，技术泡沫是科技革命发展到白炽阶段的市场自然反应，是新兴产业所面临的转折点，如果能够顺利度过这一转折点，那么，新兴产业将得到足够重视与充分挖掘，产业发展水平也将提升到一个崭新的高度③。

②金融支持

国内学者对金融与产业发展问题关注较早，郑婧渊通过研究金融对新兴产业的作用与地位，提出金融支持是推动新兴产业快速发展的基本条件④。不仅如此，金融支持能够促进产业的结构调整与升级。例如，张文云和徐润萍通过对中国珠江三角洲的研究，认为珠三角相对完善的金融支持体系与资金保证对促进资源优化配置与珠三角的产业结构调整与优化升级发挥了关键性的作用⑤。

① 林跃勤. 金砖四国"新"光几何？[J]. 北大商业评论，2011（1）.
② 朱瑞博. 全球产业重构与中国产业整合战略 [J]. 改革，2004（4）：73-79.
③ 贾根良. 评佩蕾斯的技术革命、金融危机与制度大转型 [J]. 经济理论与经济管理，2009（2）：5-11.
④ 郑婧渊. 我国高科技产业发展的金融支持研究 [J]. 科学管理研究，2009（5）：101-103.
⑤ 张文云，徐润萍. 2004珠三角经济发展、产业结构升级与金融支持的效应分析 [J]. 南方金融，2004（6）：22-25.

③外商直接投资（FDI）

有研究显示，FDI是影响一国产业结构发生变化的重要因素之一。郑东升和鲍洋利用1996—2010年的数据运用实证检验的方法，研究了金砖国家引进FDI对三次产业结构演变产生的影响。研究结果表明：FDI对第一产业结构变化的影响不大；对于第二产业结构变化的影响各国之间的差异较大：FDI的流入减少了印度与南非第二产业的比重，却增加了巴西与中国第二产业的比重，而对俄罗斯却未产生显著影响；FDI对第三产业的结构变化表现出最为显著的影响，除了巴西第三产业的比重有所减少外，其他金砖国家均显示出了不同程度的增加①。

付景新、夏京文研究了巴西与韩国利用外资进行产业结构调整问题。由于巴西是一个发展中大国，而且拥有广阔的国内市场，其利用外资的回旋余地相对较大，但同时也产生了较多的结构调整的矛盾，从而增加了利用外资来促进产业结构升级的困难。巴西实践表明，发展中大国如果仅凭广阔的国内市场来长期实施进口替代策略，并非明智之举②。

支宏娟通过计量模型，分别对中国和印度利用FDI对产业结构产生的影响进行了实证检验。研究结果表明，FDI促进了中印两国的产业结构调整与升级，而且对第二产业的拉动作用最为明显，第三产业的快速发展也是得益于外资的显著带动作用。相比之下，中国利用FDI调整产业结构的效果要比印度明显，但两国FDI对产业结构调整与升级的效应却十分有限③。

总体而言，国内外学者的研究表明，发展中国家产业结构的演变具有规律性及相似之处，即农业在国民经济中的地位不断下降；工业中的制造业部门发展迅速并成为工业发展的重要支撑点；在服务业不断崛起的过程中，高新技术产业开始迅速发展。

① 郑东升，鲍洋. "金砖国家"引进FDI产业结构效应比较研究 [J]. 东北财经大学学报，2013（4）：54-59.
② 付景新，夏京文. 对韩国与巴西利用外资调整产业结构的对比分析 [J]. 工业技术经济，2002（4）：70-72.
③ 支宏娟. 中印利用FDI优化产业结构的实证研究 [J]. 投资与合作，2014（1）：6.

1.4 研究方法与结构安排

1.4.1 研究方法

本书试图通过以下方法来研究"新兴11国"产业发展与产业结构调整升级问题。一是理论与实际相结合的分析方法。一方面，对新兴产业发展及其结构调整的相关文献进行系统的梳理，为研究"新兴11国"产业与经济发展以及中国的产业选择提供系统的理论支持；另一方面，对"新兴11国"产业发展与结构升级进行经验研究，分析"新兴11国"新兴产业的发展过程。二是归纳总结法。科学的研究方法并不是全面考察研究对象，而是在对有限的对象进行科学的、抽象的考察之后，归纳总结出一般性规律。本书选取亚洲金融危机后作为拉动全球经济增长引擎的"新兴11国"为研究对象，归纳总结"新兴11国"三次产业结构变化的一般性规律，并提出了"新兴11国"由传统产业向新兴产业转型升级的具体措施。三是比较分析法。本书通过比较"新兴11国"的产业发展情况，并重点比较中国与其他新兴经济体在产业竞争力方面的优劣势，为今后中国发展优势产业以及培养潜力产业提供有益启示。本书对"新兴11国"的产业发展与产业结构调整进行了比较分析与全面考察，这些国家的成功经验能够为中国新兴产业发展与结构调整提供有益的借鉴。

1.4.2 结构安排

本书首先对产业结构与经济增长、"新兴11国"产业发展与产业结构调整，以及影响新兴产业发展与结构调整的因素等方面的中外文献和相关理论进行了系统梳理。其次对近几年"新兴11国"经济发展状况以及三次产业发展及变化情况进行分析，并对影响产业结构演变的因素加以论述；对近几年"新兴11国"的新兴产业发展及产业结构调整与升级政策措施加以评析；在借鉴其他新兴经济体产业发展成功经验的基础上，提出了促进中国战略性新兴产业发展的政策措施。最后是本书的结论。根据以上思路，本书的结构安排如下：

第 1 章为绪论，主要包括本书的选题背景、选题意义、国内外研究现状、研究方法与结构安排、本书的创新点与不足之处。其中，在国内外研究现状中，主要对产业结构与经济增长、新兴产业发展与产业结构调整、影响新兴产业发展与结构调整的因素等方面做了系统的梳理。

第 2 章是有关新兴产业发展与产业结构调整的相关理论。本章分别对产业结构变化理论、产业结构调整理论、产业分工理论以及竞争优势理论进行系统梳理，为研究"新兴 11 国"产业发展与产业结构调整提供系统的理论支持。

第 3 章论述了"新兴 11 国"经济与产业发展状况。首先，从经济增速与经济增量两方面分析了"新兴 11 国"近年来的经济发展状况；从内部因素、外部挑战、竞争因素和金融风险方面探讨了影响"新兴 11 国"经济发展的制约因素。其次，从发展速度与发展水平方面分析了"新兴 11 国"三次产业的发展状况。在对三次产业结构进行比较的基础上指出了"新兴 11 国"的产业结构变化规律，并就"新兴 11 国"的就业结构情况做了进一步分析。本书还从内部因素与外部因素两方面对影响产业结构演进的因素进行分析。其中，内部因素主要包括需求因素与供给因素，而外部因素主要包括经济体制类型、经济发展战略模式、产业政策、国民收入分配政策、财税金融政策、国际贸易与国际投资。

第 4 章重点分析了"新兴 11 国"新兴产业发展与结构升级问题。首先对"新兴 11 国"的节能环保产业、新一代信息技术产业、生物产业、高端装备制造业、新能源产业、新材料产业、新能源汽车产业的发展现状进行分析；其次，从"新兴 11 国"战略计划、研发投入、财政支持、国际合作、法律保障等方面，阐述了"新兴 11 国"实现新兴产业发展与结构升级的政策措施。

第 5 章重点分析了"新兴 11 国"产业结构调整与国际贸易的关系。从产品结构与贸易结构方面分析了产业结构调整与国际贸易结构的变化；从新兴产业、服务贸易以及技术贸易方面分析了产业结构调整与国际贸易的发展趋势。

第 6 章分析了中国战略性新兴产业发展与结构升级问题。首先，对中国战略性新兴产业的发展重点与发展目标进行了归纳总结；其次，对战略性新兴产业在发展过程中的制约因素进行分析，认为中国发展战略性新兴产业将受到自然资源、政策与服务体系、技术创新、产业化能力、就业与人才等因素的制约；最后，对"新兴11国"产业发展成功经验进行归纳和总结，对中国今后推动战略性新兴产业发展提出了相应的政策措施。

第7章为本书的结论。笔者认为随着全球产业结构调整的深化，"新兴11国"纷纷进入产业结构调整的快速发展期。其中，发展新兴产业成为"新兴11国"加快产业结构调整、转变经济发展方式的必经之路和必然选择。但由于各国国情不同尤其是经济发展水平的不同，新兴产业的发展也存在较大差异。为使新兴产业持续快速发展，"新兴11国"须采取相应的政策措施和推进策略。从发展趋势看，"新兴11国"新兴产业将会朝着绿色环保化、技术融合化、产业高端化、区域集聚化、发展国际化的方向发展，而且产业发展与合作前景令人期待。

1.5 创新点与不足之处

1.5.1 创新点

本书的创新之处在于：

第一，基于前人对"新兴11国"单个国家的研究成果，将"新兴11国"的产业发展和产业结构调整作为一个整体加以深入分析；同时提出了"新兴11国"各自的优势产业并总结了促进新兴产业发展与结构升级的政策措施，这对中国今后开展产业合作以及产业结构调整具有借鉴意义。

第二，结合对"新兴11国"产业发展和产业结构调整问题的分析，重点探讨了中国战略性新兴产业的发展重点、发展目标、制约因素，以及促进战略性新兴产业发展的政策措施；提出了中国产业结构调整和新兴产业发展的具体建议。

1.5.2　不足之处

国内外学术界对"新兴11国"的广泛关注是近些年的事，对"新兴11国"产业发展和产业结构调整的研究就更少，并未形成一个完整的理论体系，因而在文献查找以及资料搜集上存在一定的难度。此外，由于研究能力以及数据等方面的限制，未能对"新兴11国"产业发展与产业结构调整进行定量分析。这在今后还有待进一步充实和完善。

2　相关理论综述

　　产业结构与国家经济发展是怎样的关系；在不同的经济发展阶段，产业结构的变化是否存在一定的规律性；每个产业在国民经济中的地位变化反映出何种经济意义；什么因素导致了产业结构的变化，等等，诸如此类的问题一直以来都是经济学家们积极追求并探究的科学问题与关注焦点。以下理论形成了产业发展与结构调整的理论基础。

2.1　产业结构变化理论

2.1.1　配第–克拉克定理

　　威廉·配第（17世纪）首次指出，在不同的发展阶段，一国的国民收入水平也不同[①]。他还发现，在荷兰，大多数人从事制造业与商业，人均国民收入要高于欧洲大陆的其他国家，这种现象在英国也比较普遍。比如，在当时，农民的收入比船员的收入低很多。由

---

　　① 方甲. 产业结构问题研究［M］. 北京：中国人民大学出版社，1997：27.

此他指出，这种发生在产业间的收入差异，会促使劳动力由低收入产业逐渐转向高收入产业。配第这一重大发现，为后来英国经济学家柯林·克拉克（M.A. Colin Clark，1951）发现产业结构的变化规律奠定基础。

柯林·克拉克从配第的结论中受到启发，根据费希尔对三次产业的划分，他不仅对劳动力在三次产业间的转换规律进行了分析总结，还对产业结构变化和国民收入间的关系展开研究[①]。他对一些发达国家的劳动力转移情况进行了实证检验，结果表明：随着经济的持续发展以及人均国民收入水平的不断提高，劳动力起初会先由农业向工业转移，随后再由工业向着商业与服务业转移；从三次产业的劳动力分布情况可以得知，第一产业劳动力所占比重持续下降，而第二、第三产业劳动力所占比重则呈现出不断上升的趋势，克拉克认为，这一规律在世界所有国家的经济发展过程中具有普遍性。后来许多经济学家也纷纷证实了配第-克拉克定理。

2.1.2　霍夫曼定理

工业是促进一国经济发展的主要部门，发达国家之所以经济发展迅速都是依靠工业化进程。因此，经济发展的过程也可被称作"工业化"的过程。德国经济学家霍夫曼（Hoffmann，W.）开创了产业内部行业结构变动规律的研究先河。他1931年出版了《工业化的阶段和类型》一书，通过对18个国家在1880—1929年的工业化进程进行实证分析，开创性地研究了这些国家工业化进程中的产业结构演变问题，对资本资料工业净产值以及制造业中消费资料工业净产值之间的比重和关系进行分析，得出"霍夫曼比例"。通过分析发现，这一比例随着工业化进程的演进是不断下降的，这就是著名的"霍夫曼定理"，这一理论被称为"工业化经验法则"。在霍夫曼的研究中，他认为在工业化过程中，工业重心逐渐由消费资料工业向资本资料工业转移，各个工业部门的动态过程不尽相同，因此产生了工业部门之间特定的

---

① 苏东水. 产业经济学 [M]. 北京：高等教育出版社，2000：237.

结构类型，以及与之相对应的工业化发展阶段。根据工业化进程中所表现出的共同趋势与阶段性特征，可以将工业化过程具体分成四个发展阶段，见表2-1[①]：

表2-1　　　　　　　　　　　　霍夫曼的工业化阶段

工业化阶段	霍夫曼系数	对应国家
第一阶段	4~6	巴西、智利、印度、新西兰
第二阶段	1.5~3.5	日本、荷兰、丹麦、南非、加拿大、匈牙利、澳大利亚
第三阶段	0.5~1.5	英国、瑞士、美国、法国、德国、比利时、瑞典
第四阶段	1以下	

霍夫曼指出，在工业化的第一阶段中，消费品工业占据了主导地位；在工业化的第二阶段中，资本品工业的发展要快于消费品工业的发展，但就生产规模来看，后者较大；在工业化的第三阶段中，资本品工业继续发展，生产规模与消费品工业大致相当；在工业化的第四阶段中，资本品工业则占据了主导地位，此时的生产规模要大于消费品工业，这标志着工业化的基本实现。

2.1.3　库兹涅茨人均收入影响论

在库兹涅茨所著的《各国的经济增长》一书中，从国民收入与劳动力的角度对产业结构的变化规律进行了分析研究。他认为：伴随着国民经济的发展，区域内第一产业带来的国民收入与劳动力在全部国民收入与整体劳动力中所占的比重不断下降；在进入工业化阶段以后，第二产业的这两个比重都有所提高，而且国民收入的增速要快于劳动力增速。进入工业化阶段后期，第二产业的这两个比重出现了不同程度的下降；第三产业的这两个比重均呈现出上升态势，其中在工业化前、中阶段，劳动力的上升速度要快于国民收入的上升速度（见表2-2）。

---

① 张平，王树华. 产业结构理论与政策［M］. 武汉：武汉大学出版社，2009：28-29.

表2-2　生产部门在国内生产（1958年生产基准点价值）中的份额　　单位：%

人均GDP（美元）	主要部门			I部门		S部门	
	A	I	S	制造业	建筑业	商业	政府及其他服务业
70	48.4	20.6	31.0	9.3	4.1	12.7	13.5
150	36.8	26.3	36.9	13.6	4.2	13.8	15.6
300	26.4	33.0	40.6	18.2	5.0	14.6	17.2
500	18.7	40.9	40.4	23.4	6.1	13.6	18.1
1 000	11.7	48.4	39.9	29.6	6.6	13.4	18.5

由表2-2可见，在库兹涅茨的部门划分中，工业部门只包括了制造业、建筑业，而服务业部门只包括商业、政府及其他服务业等。这些部门在国内生产总值所占的份额趋势具有共同特点，即农业部门所占份额明显下降，工业部门所占份额明显上升，而服务业部门所占份额的上升幅度并不大，而且还不是始终如一的上升。

此外，库兹涅茨还以人均GDP为基准，总结了劳动力结构和总产值之间的变化规律，指明了产业结构调整的大致方向。他认为GDP结构发生变化的规律是：在人均GDP较低的国家中，其非农业部门的份额上升得比较迅速，但是，其内部结构转换比较平稳；而在人均GDP相对较高的国家中，不论非农业部门还是细分部门，其结构转换都十分显著。与此同时，他还发现了劳动力结构变化的一般规律：随着人均GDP的增长，农业部门劳动力所占份额明显下降，而工业以及服务业部门所占份额却持续上升；工业与服务业的劳动力比重在高收入国家中的上升速度更快，而且总产值结构与劳动力结构变动保持一致，见表2-3[①]：

表2-3　1958年人均GDP基准水平计算的劳动力生产部门份额　　单位：%

人均GDP（美元）	主要部门			I部门		S部门	
	A	I	S	制造业	建筑业	商业	政府及其他服务业
70	80.5	9.6	9.9	5.5	1.3	4.5	5.4
150	63.3	17.0	19.7	9.3	3.2	7.6	12.1
300	46.1	26.8	27.1	15.5	5.4	10.3	16.8
500	31.4	36.0	32.6	21.4	7.1	12.5	20.1
1 000	17.0	45.6	37.4	27.9	8.4	15.5	21.9

---

① 库兹涅茨. 各国的经济增长：总产值和生产结构［M］. 常勋，等译. 北京：商务印书馆，1985：126.

由表2-3可知，农业在劳动力中占有的份额骤降，而工业占有的份额则总体呈现出上升的趋势，并且这一份额或高于服务业的份额，或低于服务业的份额，或大体相同。而工业和服务业部门份额的逐渐上升，与农业下降的大部分份额相抵。如果说在经济增长的过程中，总产值结构变化呈现的是"工业化"特点，那么劳动力结构的变化则呈现的是部分"工业化"与部分"服务化"特点。库兹涅茨以配第和克拉克的研究成果为基础，以人均国内生产总值为标准，研究了经济增长过程中产业结构的转变。他发现，人均国民收入发生变化能够使产业结构发生改变，这就是库兹涅茨人均收入影响论，该理论是对配第-克拉克定理的补充。

2.1.4　钱纳里"标准结构"理论

钱纳里（H.B.Chenery，1970，1980）为了深入研究产业结构变化的一般规律，并且使之具有普遍性的对照意义，研究领域也涉及第二次世界大战之后以工业化为主要目标的发展中国家，尤其是新兴工业化国家。通过多种形式来进行研究，在全面深入地分析了结构转变以及影响结构转变的诸多因素之后，探究了经济增长过程中出现的产业结构变动问题，总结了经济发展和产业结构变动存在一种"标准模式"，并且还指出人均GDP在100美元~1 000美元区间内的产业结构变动过程，如图2-1所示：

占GDP份额（%）

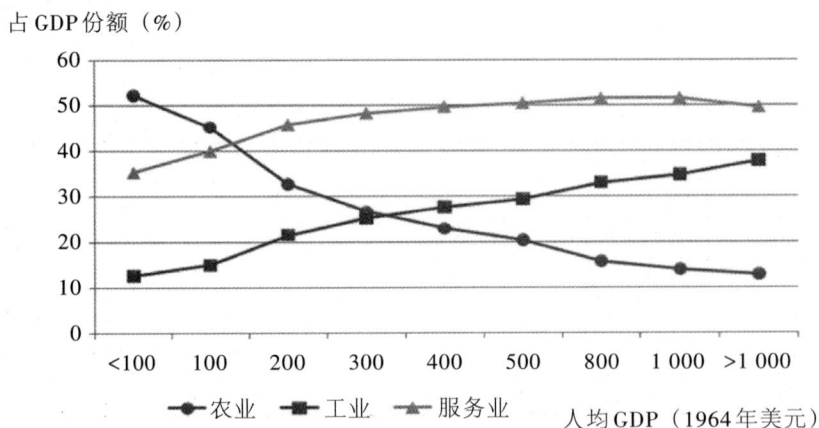

图2-1　三大产业占GDP份额的变化

钱纳里等人认为，从国内生产总值的部门结构来看，初级产业生产份额出现下降主要通过制造业以及社会基础设施份额的上升来弥补，并且制造业所弥补的份额占据主要部分，而按照不变价计算的服务业份额并没有太大变化。所以，附加值结构的部门转移主要存在于农业和工业之间。但在就业结构发生变化时，在就业结构发生变化的大多数时期内，农业方面的劳动力转移却出现了滞后现象，而工业部门就业的上升速度远远低于农业就业的下降速度。因此，就业结构的转移通常发生在农业与服务业之间，如图2-2所示：

占就业总人口份额（%）

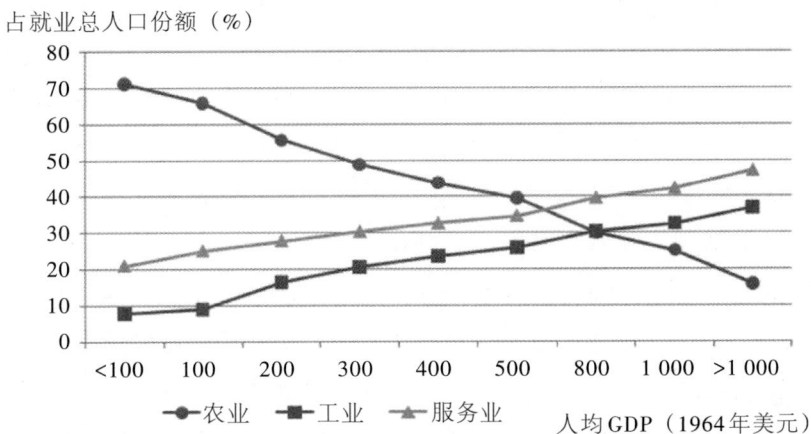

图2-2　三大产业占就业总人口份额的变化

图2-1和图2-2相结合就是钱纳里推出的产业结构变化标准模式。由于这一模式主要来自1950—1970年世界大部分国家经济结构变化的统计经验资料，所以也可以称作经济结构转变的多国模式，这对描述人均GDP与产业结构变化间的关系以及产业结构的变动趋势具有更大价值①。钱纳里建立多国模式，通过投入产出模型等分析工具对六个阶段中各个产业的总需求状况及构成情况进行了模拟，指出无论哪个国家和地区，其经济发展都不可避免地会经过这六个阶段，而且每个阶段的产业特征各不相同。他还从需求的角度出发，对不同收入水平下的各个产业部门的增长因素进行了分析。钱纳里还进一步指出，虽然标准模式是

_____

① 钱纳里，赛尔奎因.发展的型式：1950—1970 [M].李新华，译.北京：经济科学出版社，1988：32.

产业结构变动的一般情形和参考尺度，但这并不意味着所有情况都会遵循这一模式。由于现实中的初始条件、发展战略以及产业结构变化具有多样性，所以有时并不符合一般模式，而且这种情况在发展中国家尤为突出。

与此同时，钱纳里等人还通过计量经济模型对均衡分析方法加以运用，展开多种形式的比较研究，对以工业为主导的第二次世界大战后的发展中国家的发展经历进行了考察，在对结构转变及其影响因素进行全面而深入分析的基础上，揭示了各个国家结构变动与经济发展的不同点，他认为可能是由于在全球范围内产业体系要素存在趋同现象，才会导致经济增长出现共性。要使经济能够获得全面发展，就需要平衡并转换全要素之间的相关关系。他指出，造成第二次世界大战后发展中国家结构转换出现差异的原因有很多，主要包括人口规模、收入水平、发展目标、资源禀赋、政府政策以及国际环境等，而经济增长的中心要素则是产业结构调整、就业结构转换以及城市化进程。

此外，在钱纳里研究发展中国家的结构转换与经济增长的关系时，他发现二者的紧密联系不仅体现在收入水平会决定经济结构状况，还体现在经济结构的转变尤其是在非均衡条件下（如调整滞后、要素市场分割等）的经济结构转变，能够促进经济的持续增长。发展中国家的结构转换对经济增长的意义与潜力要比发达国家重要得多，这就说明与发达国家相比，资源转移与资源重新配置是发展中国家更重要的经济增长因素，这是由于在发展中国家的要素市场中，非均衡现象更加突出，而且结构变换的余地也更大[①]。

2.2 产业结构调整理论

2.2.1 刘易斯"二元结构"理论

"二元结构"理论的创立及其理论模型的发展，是由1979年诺贝尔

---

① 钱纳里，等. 工业化和经济增长的比较研究 [M]. 吴奇，王松宝，译. 上海：上海人民出版社，1989：73-90.

经济学奖获得者美国经济学家威廉·阿瑟·刘易斯（Lewis，W.A.）提出的。他发表了《劳动力无限供给下的经济发展》，此文对"二元结构"理论进行了系统阐述。刘易斯认为：在发展中国家，传统的农业部门与现代的工业部门共同组成了二元经济结构。在一定条件下，传统农业部门的边际生产率一般都为零或近乎为零，劳动者以最低的工资标准水平奉献劳动力，但由于现代化工业部门的边际生产率要远远比农业剩余劳动力的工资要高，因此农业中的劳动力对工业生产提供了无限供给。部门间的劳动生产率差异直接导致了工资差异，使农业剩余劳动力逐渐向现代的工业部门转移。现代工业的不断壮大促使了资本家利润的再投资，使得资本量也越来越大，而从传统农业部门吸纳的剩余劳动力也越来越多。这种劳动力的转移，促进了农村劳动力边际生产率的提高，但工业劳动力的边际生产率却不断下降，直到这两个产业的劳动力边际生产率相等时才停止，此时的农业与工业已从二元经济结构转变成一元经济结构，与此同时也过渡到了刘易斯提出的现代经济增长阶段。

20世纪60年代，费景汉与拉尼斯对"二元结构"理论模型进行了改进，改进后的刘易斯-费-拉尼斯模型能够更精准地体现出二元经济发展过程与内在联系。这两人将二元经济结构的变化大致分为三个阶段：在第一阶段，与刘易斯模式相类似，即农业部门的劳动边际生产率为零或近乎为零，而且劳动力的供给弹性可以无限变大。在第二阶段，农业部门中边际生产率低于平均产量的劳动力会被工业部门吸收，这一情况使得农业部门逐渐出现萎缩现象，所以农业为工业创造的生产剩余也越来越少。农产品供应不足，导致工农业产品之间的贸易条件对农业有利，而且农业劳动力的减少不仅使农业劳动生产率提高，而且还使农业部门工资增加。在第三阶段，对二元经济结构的重塑已基本完成，农业实现了从传统向现代的转变，此时的经济也形成了二元向一元的转化。

刘易斯提出的"二元结构"理论是揭示发展中国家存在二元经济结构差异的首个理论，为探索各国经济发展模式开辟了独特的思路与视角，并且它还将经济增长与剩余劳动力进行有机结合，这与发达国家曾走过的工业化发展道路相一致，由此可见，"二元结构"理论是建立在历史实践经验基础之上的，为当今发展中国家的战略制定提供借鉴①。

2.2.2 罗斯托主导产业理论

美国经济学家罗斯托（Rostow，W.W.）在其撰写的《经济增长过程》以及《经济成长阶段》等书中，首次提出了经济成长阶段理论、主导产业理论以及扩散效应理论。他指出，无论在哪个特定时期，经济持续增长是主导产业迅速壮大的结果。主导产业主要是指那些能够吸纳先进技术并具有较高的需求收入价格弹性，同时能够对其他产业部门起到辐射带动作用的新兴产业。其主要特点是：具有较大的市场需求与潜力；具有高创新率；具有较高的（潜在）增长速度；具有很强的扩散效应。

罗斯托在1971年出版的《政治与成长阶段》一书中，从经济发展史的视角，将人类社会划分成六个阶段，也就是传统社会阶段、起飞创造前提阶段、起飞阶段、向成熟推进阶段、高额大众消费阶段以及追求生活质量阶段，这六个阶段构成了经济成长的六阶段理论。在每个发展阶段中，都存在主导产业部门（见表2-4），而经济阶段的更迭则以主导产业的演进为标志。

表2-4　　　　　　　　　经济成长阶段及主导产业部门

经济成长阶段	主导产业部门
传统社会阶段	农业
起飞创造前提阶段	工业（如食品、水泥等）
起飞阶段	非耐用消费品工业（如纺织业等）
向成熟推进阶段	重型工业、制造业（如钢铁工业等）
高额大众消费阶段	耐用消费品工业（如汽车工业等）
追求生活质量阶段	服务业、建筑业（如保健、旅游等）

罗斯托的观点认为，在经济成长的六个阶段中，起飞创造前提阶段、起飞阶段以及向成熟推进阶段是最关键的三个阶段，并且一国要想

① 刘志彪，安国良，王国生.现代产业经济分析 [M]. 南京：南京大学出版社，2001：105.

实现经济起飞，必须具备一定的条件：第一个基本条件是应当具备10%以上的资本积累率；第二个基本条件是正确选择并扶持能够带来劳动经济增长的主导产业；第三个基本条件是需要有一个政治、体制等给予相应配合的适当的社会环境。

　　罗斯托提出的主导产业扩散效应理论主要是通过主导产业部门的有序交替变更来对经济成长阶段进行划分。从其对经济成长阶段的划分中可以看出，每个经济成长阶段都会有一个或几个与之相适应的、引领经济发展的主导产业部门。罗斯托指出，主导产业部门主要是利用投入与产出的关系来促进经济增长，而且不能随意改变转换的顺序。在罗斯托的主导产业理论中指出，任何一个国家的经济发展都应当以本国的经济实际发展情况为基础，而不能超过经济成长发展的阶段，只能选择适合这一成长阶段的主导产业部门来发展，并由低级阶段逐渐迈向高级阶段[①]。

2.3　产业分工理论

　　自亚当·斯密提出了绝对优势理论以来，便引发了各个时期经济学家们对产业分工的思考，他们各抒己见，发展出了各自不同的分工理论。早期的理论大多将劳动者与消费者合二为一进行分析，将这二者作为一个整体来对分工结果进行讨论，以这种方式进行分析的理论被称为"古典分工理论"。后来，许多学者将劳动者与消费者进行了有效区分，一些经济学家通过利用生产者的利润最大化函数来得出供给函数，同时利用消费者效用最大化的数学规划来得出需求函数，并以二者在价格–产出平面相交而形成的局部均衡点作为结论分析点，进而产生了"新古典分工理论"。

2.3.1　古典分工理论

　　本书阐述的古典分工理论主要是指生产比较优势的分工理论，包括亚当·斯密提出的绝对优势理论以及大卫·李嘉图提出的相对优势理论。

（1）绝对优势理论

绝对优势理论是由国际贸易理论的创始者、古典经济学派的主要奠基人之一英国经济学家亚当·斯密提出。在他所写的《国民财富的性质和原因的研究》一书中，分析了国际分工的绝对成本状况，而且还逐渐形成了根据绝对成本进行分工的学说。在亚当·斯密的绝对优势理论中指出，分工可以提高劳动生产率，这主要是由于分工在加深了劳动熟练程度的同时，还能使每个人专注于某项作业，不仅节省了与生产无关时间，还有助于发明创造与改进生产工具[1]。绝对优势理论框架如图2-3所示：

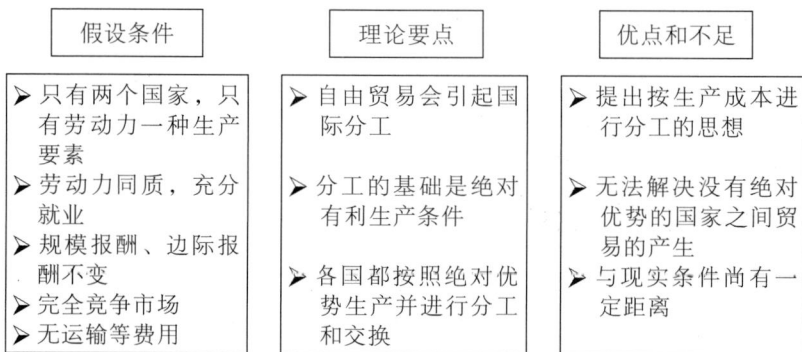

假设条件	理论要点	优点和不足
➤ 只有两个国家，只有劳动力一种生产要素 ➤ 劳动力同质，充分就业 ➤ 规模报酬、边际报酬不变 ➤ 完全竞争市场 ➤ 无运输等费用	➤ 自由贸易会引起国际分工 ➤ 分工的基础是绝对有利生产条件 ➤ 各国都按照绝对优势生产并进行分工和交换	➤ 提出按生产成本进行分工的思想 ➤ 无法解决没有绝对优势的国家之间贸易的产生 ➤ 与现实条件尚有一定距离

图2-3　绝对优势理论框架

绝对优势理论认为，自由贸易会产生国际分工的现象，国际分工则是以先天有利的自然资源禀赋或者后天有利的生产条件为依托[2]，而这二者都能够使一国的对外贸易与生产均处于绝对有利地位，这种优势就叫作绝对优势（absolute advantage）。如果每个国家都依据各自有利的生产条件进行分工与交换，那么各国的资源、劳动力和资本将会发挥出最大效用，进而达到提高劳动生产率以及增加物质财富的目的。

（2）相对优势理论

相对优势理论又称作比较优势理论，是经济学家大卫·李嘉图在英国的产业革命时期提出的，这一理论是对亚当·斯密绝对优势理论中精髓的继承与发展。相对优势理论框架如图2-4所示：

① 廉勇，李宝山，金永真. 分工协作理论及其发展趋势 [J]. 青海社会科学，2006（2）：26-29.
② 张二震. 国际贸易分工理论演变与发展述评 [J]. 南京大学学报（哲学·人文科学·社会科学版），2003（1）：65-74.

假设条件	理论要点	优点和不足
➤ 与绝对优势理论假设完全相同	➤ 在两国间,有些商品生产只具有一定的相对优势 ➤ 处于相对劣势的国家,应集中力量生产劣势较小的商品 ➤ 两利取重,两害取轻	➤ 弥补了斯密绝对优势理论的部分不足 ➤ 存在比较优势陷阱,不利于战略创新 ➤ 假设太多,与现实条件尚有一定距离

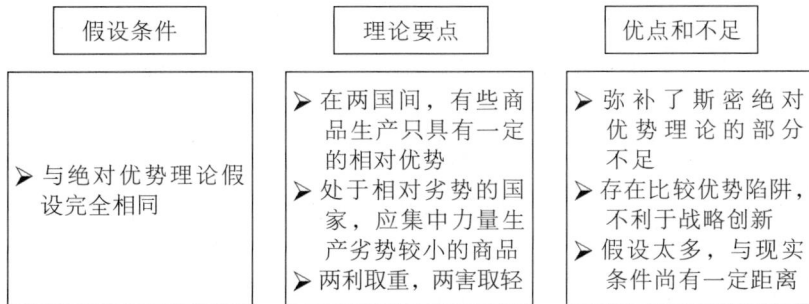

图 2-4　相对优势理论框架

从相对优势理论的框架中可以看出,劳动生产率的差异并非在所有商品上都一样,也并非在所有商品上都占有绝对优势,处于相对优势和相对劣势的国家通过国际贸易,进行相互交换,不仅节省了彼此的劳动还都得到了益处。一直以来,相对优势理论始终是国际分工的基本准则,但也存在比较优势陷阱,比较优势陷阱是指沉陷或陶醉于自身自然资源的、既有能力的或者成本的比较优势而无法自拔。事实上,门槛较低的产业一般都是以自然资源或者劳动力成本为优势,这种产业通常会吸引更多的人进入以及更多产能的投入。但是,当越来越多的国家、地区以及企业投入到这类产业中时,除了自身优势会不断消失以外,过多资产的投入还会将产业套牢,使其竞争优势日渐消退。

李嘉图的相对优势理论是对亚当·斯密绝对优势理论的发展,如果说绝对成本理论在人类认知的历史上首次论证了贸易互利性的原理,那么相对成本理论则是对贸易互利性原理做了进一步的普遍化。亚当·斯密的绝对优势理论是基于分工所产生的生产率优势,属于内生优势,而李嘉图的相对优势理论则是基于外生性的劳动技术差异而形成的优势,属于外生优势。因此,如果可以允许比较优势在模型中内生,同时还随着劳动分工不断演化发展,那么从这种意义上来说,亚当·斯密的绝对优势理论要远比李嘉图的相对优势理论重要和宽泛,也就是说,内生优势理论要比外生优势理论更加重要。

2.3.2　新古典分工理论

新古典分工理论主要是基于生产要素比较的分工理论,最具代表性的理论是伯尔蒂尔·俄林的生产要素禀赋理论和赤松要的雁行形态理论。

（1）生产要素禀赋理论

20世纪30年代，瑞典经济学家伯尔蒂尔·俄林在其所撰写的《地区间贸易和国际贸易》一书中提出了生产要素禀赋理论。生产要素禀赋论被称作新古典贸易理论，是指根据各个国家生产要素丰富程度来阐释国际分工原因及结构出现差异的理论。这一理论是对大卫·李嘉图单一生产要素理论的取代，不仅是相互依赖的生产结构中的多种生产要素理论，还是现代国际贸易理论的基石。由于伯尔蒂尔·俄林借鉴了瑞典学者赫克歇尔于1919年发表的一篇论文中的重要论点，因此生产要素禀赋理论又可以被叫作赫克歇尔–俄林模型，简称"H-O模型"。"H-O模型"的理论框架如图2-5所示：

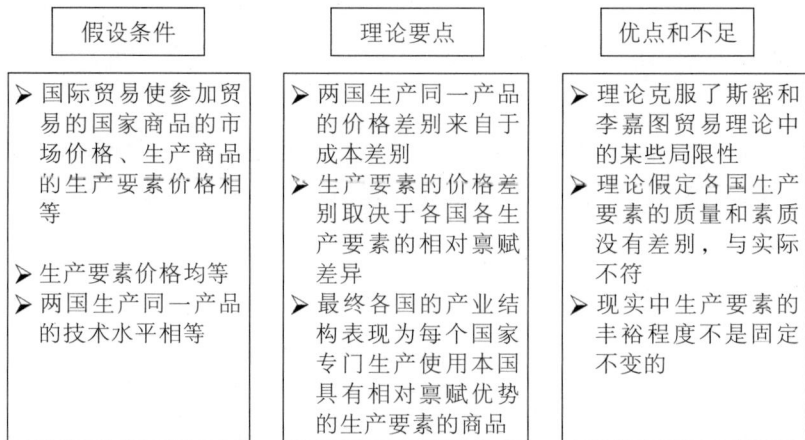

假设条件	理论要点	优点和不足
➤ 国际贸易使参加贸易的国家商品的市场价格、生产商品的生产要素价格相等 ➤ 生产要素价格均等 ➤ 两国生产同一产品的技术水平相等	➤ 两国生产同一产品的价格差别来自于成本差别 ➤ 生产要素的价格差别取决于各国各生产要素的相对禀赋差异 ➤ 最终各国的产业结构表现为每个国家专门生产使用本国具有相对禀赋优势的生产要素的商品	➤ 理论克服了斯密和李嘉图贸易理论中的某些局限性 ➤ 理论假定各国生产要素的质量和素质没有差别，与实际不符 ➤ 现实中生产要素的丰裕程度不是固定不变的

图2-5 "H-O模型"的理论框架

从图2-5可以看出，在现实生产中，生产要素的投入并非劳动力一种，而是多种的，投入两种生产要素是现实生产过程中最根本的条件，而且当生产要素在各部门之间发生转移时，增加生产某一种产品的机会成本是不变的。

H-O模型，主要是从要素禀赋结构差异及其所产生的要素的相对价格在国际社会间的差异，来探寻国际贸易发生的根本原因及分工依据，摆脱了李嘉图理论中只投入一种生产要素假设的局限性。当然，H-O模型也是建立在一些假设条件上的，和现实情况还有一定的差距。此外，利用新古典的 H-O 定理进行区域间对比时，不同的对比对象通常其结果也各不相同。

第二次世界大战后，一些学者还对俄林的理论进行了验证，如美国的经济学家列昂惕夫。依据他的计算，美国在 1947 年出口产品的劳动密集度要高于进口产品。也就是说，他认为在美国出口的产品中，大部分应当是资本密集型产品，而进口产品应当以劳动密集型产品为主，这一结果却与俄林的理论相悖，产生了"列昂惕夫之谜"。但后来列昂惕夫解释说，美国是劳动力比较丰富的国家，其产品应当属于劳动密集型而非资本密集型。在出口产品中，其劳动力与资本的比率较大说明出口产品也大多以劳动密集型为主，所以与劳动力状况相吻合，从而解开了谜团。

（2）雁行形态理论

第二次世界大战前，日本经济学家赤松要撰写了《我国羊毛工业品的贸易趋势》一文，在此文中首次提出了雁行形态理论。这一理论主要对产业从"国外进口—国内加工生产—向国外出口"的产生及演变过程进行了揭示，并且将这一动态演变过程形象地称作"雁行形态"。雁行形态理论的基本型如图 2-6 所示：

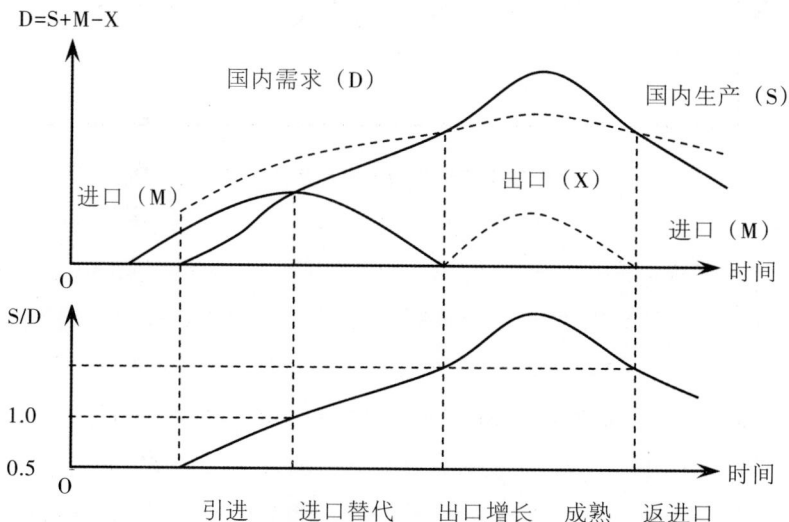

图 2-6 雁行形态理论基本型

　　在引进阶段，较小的国内生产规模无法满足国内需求，因此进口成为平衡国内需求的主要途径；到了进口替代阶段，由于国内生产规模的迅速扩大导致进口开始下降，而随着国内生产规模的不断扩大，产品就会出现剩余，产业发展的生命周期也随之步入了出口增长阶段；在进入到成熟阶段时，由于生产成本的提高使得生产规模缩小，而国际市场的份额也开始下降，当国内的生产规模不再能够满足市场需求时，国外同一种类的低价产业便会进入到国内市场，产业发展的生命周期也随着国内生产的迅速下滑进入到返进口阶段。

　　赤松要在进行深入研究后发现，"进口—生产—出口"的发展模式不仅仅发生在某一产业，其他产业也会按照这一模式发展。具体来说，就是由轻工业转向重工业、消费资料转向生产资料，并呈现出明显的时序特征，由此便产生了雁行形态理论模式的第一种变型，如图2-7所示，这一变型主要用来解释后发国家产业结构内在变化的路径与特征，也就是不同产业的兴衰变化过程：

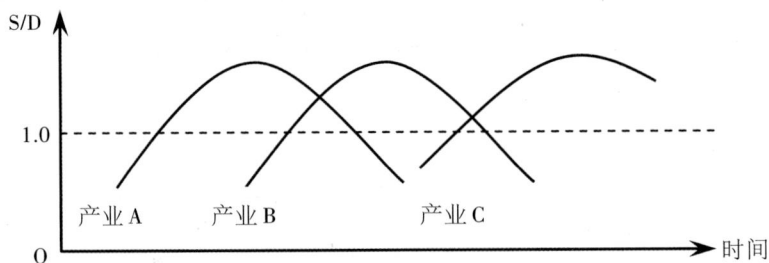

图2-7　雁行形态理论变型Ⅰ（后发国的产业发展）

　　雁行形态理论主张追赶型的经济发展模式，它基于动态比较优势原则，强调从生产要素开发的视角进行国际比较，并且谋求的是一国产业结构高级化以及生产力的跳跃式发展。从"进口—进口替代—出口"模式的具体内容看，后发国家首先采取的是"进口替代"，随后转向"出口导向"。20世纪60年代以后，赤松要和小岛清等人对雁行形态理论进行了再次拓展，主要是某一产业在国与国之间的转移，如图2-8所示，这一变型主要用来解释相关产业比较优势的国际转移路径与形成机制：

S/D

1.0

Z国

X国

Y国

O

时间

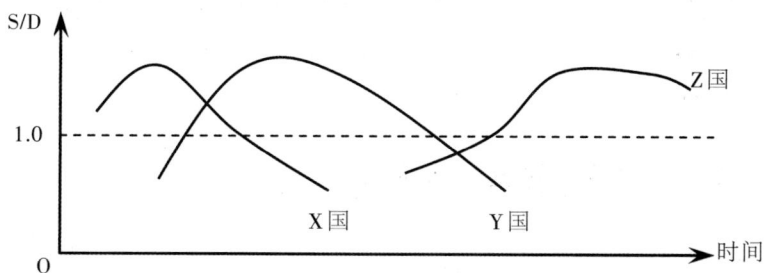

图2-8 雁行形态理论变型Ⅱ（产业A的国际转移）

雁行形态理论认为，动态的产业转移应当发生在投资国与被投资国之间，也就是说，投资国将按照生产成本进行排序，并将具有比较劣势的边际产业顺序性地转移。通过FDI来实现的动态产业梯次传递的首要条件是投资国要拥有比被投资国更为先进的生产函数。但是，如果两国的生产函数相同，贸易和对外投资转化成替代关系的可能性极大。当生产函数不同的几个国家按照顺序形成投资国与被投资国的关系之后，生产函数递减的产业梯次传递链也随之建立，而"雁阵"就能够形象地描绘出这种梯次传递，即上层国家是"雁头"，中层国家是"雁身"，下层国家则是"雁尾"[1]。

2.4 竞争优势理论

20世纪80年代中后期，在全球产业分工及信息技术革命的条件下，出现了产业地方化的现象，这一现象就是产业集群。产业集群理论为经济学开辟了新的研究领域，经济学家们通过借鉴地理学或经济地理学的相关研究成果，开始更加关注经济发展与区域发展，而且还丰富了相关产业组织理论。与此同时，还将产业集聚、竞争与垄断、规模经济等概念应用到经济的研究与实践中[2]。在产业集群理论中，最具代表性的要数迈克尔·波特提出的新竞争优势理论。在其所撰写的《国家竞争优势》[3]一书中，他指出，"产业"能够分析竞争，而且还是基本单位，这

---

[1] 史忠良，何维达.产业兴衰与转化规律 [M].北京：经济管理出版社，2004.
[2] MARREWIJK，CHARLES. From agglomeration to innovation upgrading industrial clusters in emerging economies [J]. Review of Regional Studies，2012，（3）：271-273.
[3] 波特. 国家竞争优势 [M]. 李明轩，邱如美，译. 北京：华夏出版社，1990：33-67.

是由于产业是一些企业利用产品的生产或劳务的直接竞争。作为国际市场的主角，企业唯有创造并维持着它的竞争优势，才能确保国家在全球竞争中处于优势。

2.4.1 产业结构的五大作用力

若想了解产业结构及其变化过程，就要形成竞争战略。无论是在国内市场还是在国际市场上，竞争因素始终是任何产业必不可少的，即新加入者的威胁、替代产品或替代服务的威胁、供应商的谈判力量、客户的谈判力量以及与现有竞争对手竞争。如图2-9所示：

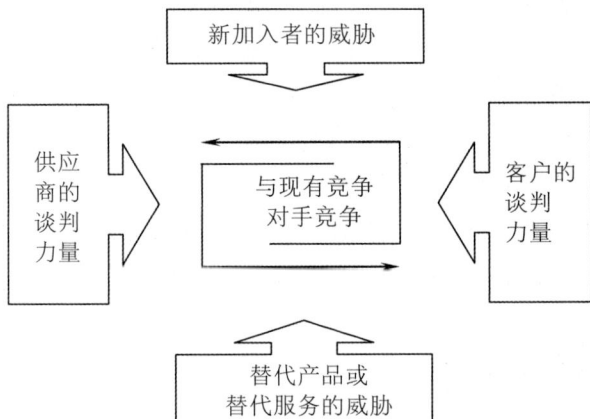

图2-9　决定产业竞争的五种竞争力量

虽然在不同的产业中，这五种竞争力量影响力的大小也各不相同，但就产业的长期获利能力而言，这五种因素都对其产生了或多或少的决定性影响，而且五种竞争力量代表着"产业结构"的功能与特性，也成为推动技术发展与产业经济增长的重要动力。在产业发展的过程中，虽然产业结构是相对安定的一个环节，但是仍然会随着时间的推移而改变，并且每种产业都有其独特的产业结构。从企业的竞争战略视角来看，产业趋势成为了影响产业结构的根源所在，企业可以利用制定的战略去影响这五大作用力的此消彼长。

此外，产业结构对企业的国际竞争尤为重要。一方面，对于不同的产业，其成功的条件也不同。一个国家或许为某些产业部门营造出了某种良好的竞争环境，但这种环境对其他产业的发展并不一定有利；另一方面，产业结构的完整性决定了生活水平的高低。一个国家生活水平的高低通常取决于该国企业是否能够成功地进入到有结构吸引力的产业中。对某一产业吸引力高低的评价，应当将产业结构的表现作为衡量标准，而不是一般决策者或行政主管眼中的产业成长速度、产业规模大小以及产业技术高低等指标。事实上，许多发展中国家总是一意孤行地制定产业发展目标，把大量精力浪费在并不具备结构吸引力的产业上，造成了国家有限资源的浪费。产业结构的变化也是一国企业进入到新产业竞争中的契机。因此，评价一国产业竞争力的一个关键标准是该国能否形成一个有效的竞争性与创新性环境。

2.4.2 钻石模型

迈克尔·波特比较了不同国家及地区间产业集群的主要竞争特点，并对国家竞争优势产生的影响进行了探索性的分析，他认为，国家仅仅是企业的外部环境，政府的任务则是为企业营造出一个适宜的环境。在此基础上，他提出了能够体现国家竞争优势的"钻石模型"以及决定国家竞争力的因素。"钻石模型"是由四个根本要素以及两个附加要素组成，四个根本要素是：要素条件、需求条件、相关及支撑产业，以及企业的战略、结构和竞争，而两个附加要素则是机遇和政府，如图2-10所示：

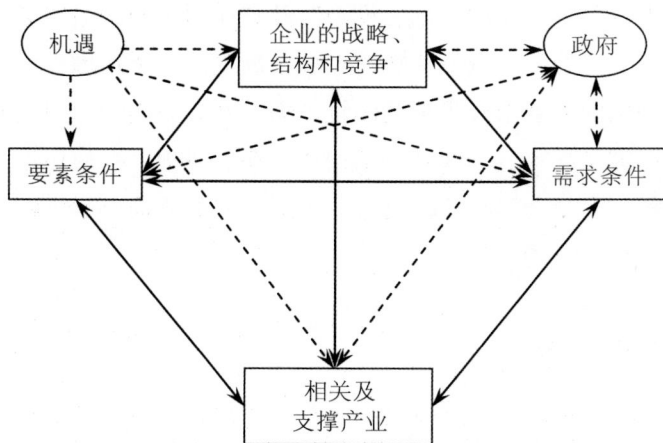

图2-10　波特的国家竞争力分析模型（"钻石"体系）

波特在竞争优势理论中指出,当这六个要素均发挥各自的作用时,动态系统性机制也随之发生变化。地理集中与国内竞争压力将整体"钻石"框架变为一个系统。他还指出,在"钻石模型"的动态系统中,只有六个要素均积极参与其中,方能营造出较好的企业发展环境,从而对企业的投资与创新产生促进作用。由此可见,地理集中是必要条件,其所产生的竞争压力能够促进国内其他行业竞争者提升创新力,而且更为重要的是,由地理集中所形成的产业集群将把四个根本要素统一成为一个整体,而且各要素之间比较容易相互协调,进而形成了产业的国家竞争优势。波特还强调,国家拥有竞争优势的关键在于产业竞争,一般而言,产业发展是在国内一部分区域中形成的具有竞争力的产业集群。

波特认为,产业集群区域一般会通过三个方面来对竞争产生影响:一是提高该区域企业的生产效率;二是为创新指明方向以及提高创新的速度与效率;三是推动新企业的建立,从而使集群强大。此外,他还指出,产业集群与竞争存在三方面关系:一是产业集群内的企业利用其在集群内的生产力对集群外的企业产生影响;二是产业集群内的企业通过技术创新和降低成本等方式为将来的产业发展铺平道路;三是集群环境有利于新企业的形成,并扩大集群的规模与影响。由此可见,产业集群能够提升企业的竞争力。

波特的竞争优势理论不仅具有十分重要的理论意义,而且还具有现实意义,尤其是他提出的"钻石模型"及其作用机制,强调了竞争具有动态变化性,以及国家竞争优势的形成依靠国内竞争环境等,这些都对产业集群理论的发展形成了强劲的推动力量并具有实际应用价值。但由于其过分强调了国家及地区政府部门在产业竞争中发挥的作用,并利用四个根本要素对复杂经济活动进行简单的构造,从而小觑了跨国贸易活动对"钻石模型"的影响。

2.5 本章小结

根据配第-克拉克定理、霍夫曼定理、库兹涅茨人均收入影响论以及钱纳里"标准结构"理论,随着经济发展及国民收入水平的提高,第一产业所带来的国民收入及劳动力在全部国民收入及整体劳动力中所占的比重不断下降，而这两个比重在第二、第三产业中均呈现出上升态势。本章对产业结构调整相关理论进行了梳理。刘易斯"二元结构"理论与罗斯托主导产业理论认为，发展中国家的二元经济结构是由传统农业部门和现代工业部门共同组成的，并且在不同的经济成长阶段，主导产业部门也各不相同。在产业分工理论中，国家间的产业转移通常以相对优势理论为基本准则，产业一般会按照"进口—生产—出口"的模式发展，这一模式揭示出不同产业的兴衰变化过程。本章还梳理了竞争优势理论。迈克尔·波特认为，决定产业竞争的五种因素分别是新加入者的威胁、替代产品或替代服务的威胁、供应商的谈判力量、客户的谈判力量以及现有竞争对手竞争。而在"钻石模型"中，决定国家竞争力的因素主要包括要素条件、需求条件、相关及支撑产业，以及企业的战略、结构和竞争这四个根本要素，以及机遇和政府两个附加要素。这些理论为研究"新兴11国"产业发展与产业结构调整提供了系统的理论支持。

3 "新兴11国"经济与产业发展状况

"新兴11国"不仅经济发展迅猛，而且还拉动了世界经济的快速增长。在经历了经济缓慢复苏之后，世界经济普遍呈低速增长态势。这一方面是由于发达经济体实现了经济转型并加快了对经济政策调整的速度；另一方面"新兴11国"发展与经济增长的贡献也功不可没。

3.1 "新兴11国"经济发展状况

3.1.1 经济增速

根据国际货币基金组织（IMF）的统计数据，自全球金融危机后，2010年"新兴11国"的经济增速达到8.5%的最高值，之后便出现下滑，近几年基本维持在5%左右，经济增速略有放缓。在"新兴11国"中，中国的GDP增幅最大，在2012—2014年全球经济复苏乏力的背景下依然保持在7%以上的增速水平。表3-1反映了近年来"新兴11国"的经济增长及其变化情况：

表 3-1　　　　　2009—2018 年"新兴 11 国"GDP 增长率　　　　单位：%

年份 国家	2009	2010	2011	2012	2013	2014	2015	2016	2017	2018
新兴 11 国	3.5	8.5	7.3	5.6	5.6	5.2	4.9	4.6	5.2	5.1
阿根廷	−5.9	10.1	6.0	−1.0	2.4	−2.5	2.7	−1.8	2.9	−2.6
巴西	−0.1	7.5	4.0	1.9	3.0	0.5	−3.5	−3.5	1.1	1.3
中国	9.2	10.6	9.5	7.9	7.8	7.3	6.9	6.7	6.9	6.6
印度	8.5	10.3	6.6	5.5	6.4	7.4	8.2	7.1	6.7	7.3
印度尼西亚	4.7	6.4	6.2	6.0	5.6	5.0	4.9	5.0	5.1	5.1
韩国	0.7	6.5	3.7	2.3	2.9	3.3	2.8	2.9	3.1	2.8
墨西哥	−5.3	5.1	3.7	3.6	1.4	2.8	3.3	2.9	2.1	2.1
俄罗斯	−7.8	4.5	5.1	3.7	1.8	0.7	−2.5	−0.2	1.5	1.7
沙特阿拉伯	−2.1	5.0	10.0	5.4	2.7	3.7	4.1	1.7	−0.9	2.3
南非	−1.5	3.0	3.3	2.2	2.5	1.8	1.3	0.6	1.3	0.8
土耳其	−4.7	8.5	11.1	4.8	8.5	5.2	6.1	3.2	7.4	3.5

注：①"新兴 11 国"GDP 增长率根据各国按照购买力平价（PPP）计算的现价 GDP 总量加权计算而得；

②数据来源：由 IMF-WEO 于 2019 年 1 月的统计数据整理得到。

从表 3-1 可以看出，"新兴 11 国"的经济增长速度虽放缓，但保持着缓慢复苏，而且各主要新兴经济体经济增长速度分化加大。2018 年"新兴 11 国"的经济增长率为 5.1%，与 2017 年相比下降了 0.1 个百分点。经济增速放缓受各种因素的影响，例如美欧货币政策走势、全球采取贸易保护主义的政策和行动、债务风险、大宗商品价格、世界经济治理机制的改革以及世界主要大国的地缘政治与经济风险管控能力等。

分国别看，2018 年，大部分"新兴 11 国"GDP 增长率均出现下降。约占"新兴 11 国"经济总量 49.1%（按 2017 年市场汇率现价美元测算）的中国经济运行稳中有变、变中有忧，外部环境复杂严峻，经济面临下行压力，GDP 增长率由 6.9% 下滑至 6.6%，成为影响"新兴 11 国"经济增速的重要因素。2018 年，中国经济面临的不确定性无以复加，外部影响因素包括中美贸易摩擦不断升级造成预期恶化、美联储货币政策收紧带来负面冲击等，内部影响因素包括固定资产投资尤其是基础设施投资增速下滑明显、房地产调控持续收紧带来楼市降温、结构性去杠杆政策导致社会信用明显收缩以及民营企业经营困难加大等，在这些因素的共同作用下，中国经济增长出现减速。土耳其的GDP增长率由7.4%大幅下滑至3.5%，货币严重贬值、通货膨胀率大幅上升、失业率持续攀升以及经常账户赤字扩大等问题是土耳其经济增速显著放缓的原因。阿根廷的GDP增长率从2.9%变为-2.6%，与比索贬值、通货膨胀率接近50%、融资利率创纪录（阿根廷央行在2018年8月将基准利率提高至60%）以及干旱严重影响农业生产有关。韩国的GDP增长率由3.1%下滑至2.8%，这主要与政府打压房价导致建筑业投资放缓、中美贸易摩擦影响其中间品出口、长期透支消费导致家庭负债率不断攀升以及日益严重的社会老龄化趋势等紧密相关。另据2019年1月31日韩国统计厅发布的2018年年度产业活动动向报告，2018年韩国所有产业的生产指数为106.6，比2017年仅增长了1%，创下自2000年有统计数据以来的最低纪录。景气同步指数和先行指数连续7个月下降，刷新连续下降时间最长纪录。制造业生产能力指数也是继1971年开始该项统计后首次出现负增长。可见，韩国经济面临下行危机的信号变得更加清晰。

尽管如此，其他"新兴11国"的GDP增长率有所上升。约占"新兴11国"经济总量10.6%（按2017年市场汇率现价美元测算）的印度的GDP增长率由6.7%上升至7.3%，对提高"新兴11国"整体经济增长率功不可没。这与印度政府采取诸多措施支持制造业发展有关，包括优化国外直接投资政策、给予廉价住房以基础设施的地位来推动基础设施的发展、推出支持纺织业的一揽子计划、重点支持沿海地区的互联互通等。此外，较为宽松的财政政策、近期石油价格大幅下滑以及卢比币值有所回升等，也对促进印度经济快速增长提供重要支撑。沙特阿拉伯的GDP增长率从-0.9%变为2.3%，石油产量增加和非石油经济得以发展发挥了关键作用。降低对石油经济的依赖程度，促进经济多样化发展，在中长期将有利于沙特阿拉伯经济实现稳定增长。根据IMF在2019年1月发布的数据，2018年俄罗斯的GDP增长率为1.7%，而俄罗斯联邦统计局在2019年2月初发布的数据显示，俄罗斯的GDP增长率为2.3%，创近6年来新高。其中，增长最强劲的是金融保险业，达到6.3%；酒店和餐饮业同样表现不俗，为6.1%；建筑业增长了4.7%；开采业增长了3.8%。这主要得益于统计数据的重新核算以及诸如建筑业在内的新数据的纳入，与此同时，还有高油价、新的液化天然气厂投产、增值税税率上调前居民贷款意愿高涨以及世界杯的举办等。但考虑到消费依旧低迷，油价难以大幅增长以及世界杯拉动效应的消退，2019年俄罗斯的经济增速有所放缓。此外，巴西的GDP增长率提高了0.2个百分点，印度尼西亚和墨西哥的GDP增长率保持不变。

　　总体而言，尽管"新兴11国"的经济增速持续放缓，但相对于其他主要国家集团而言，依旧保持着较快的经济增长速度。如果以全球经济增长率为标准，那么，G20与全球标准最为接近，而"新兴11国"的经济增长率要远高于全球标准，其中，作为"新兴11国"典型代表的金砖国家，成为拉动"新兴11国"经济增长的主导力量；低于全球标准的则是G7和欧盟国家[①]，如图3-1所示：

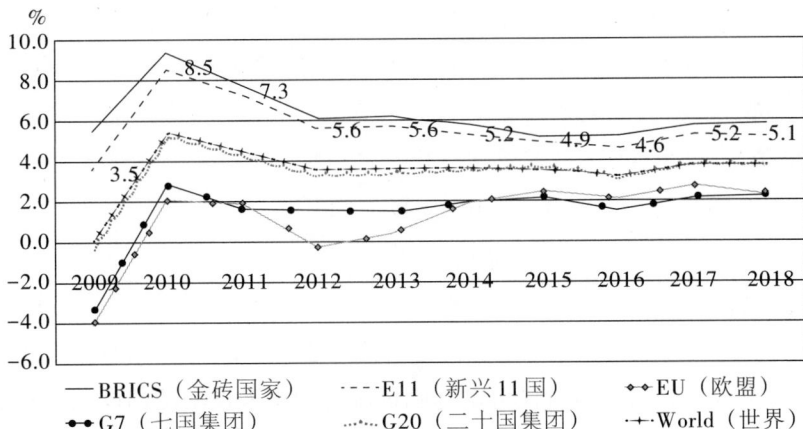

图3-1　2009—2018年主要国家集团的经济增长率

注：①主要国家集团的经济增长率是根据集团内各国按照购买力平价计算的现价GDP总量加权计算而得；

②2018年的数据为估计值；

③资料来源：国际货币基金组织世界经济展望数据库（IMF-WEO），2019年1月。

① KLEIN, SALVATORE. Shift in the world economic center of gravity from G7 to G20 [J]. Journal of Policy Modeling, 2013, (3): 416-424.

3.1.2 经济增量

在对世界经济的短期前景进行分析后，学术界通常对发达经济体保持着乐观态度。IMF报告对以美国为首的发达国家经济前景也做出了正面预期，并上调了对发达国家经济前景的预测。在美联储渐次推出量化宽松政策、美国国会达成预算协议以及经济数据表现强劲之后，作为全球最大经济体的美国似乎展现出更为强劲的经济增长前景。与此同时，在欧洲平息了主权债务问题之后，经济逐渐趋于稳定。在安倍经济学的推动下，日本经济也表现良好。种种经济转好迹象似乎表明发达经济体即将再次成为推动世界经济的主导力量。一些学者甚至认为"新兴11国"的赶超能力已所剩无几，其过去的辉煌主要归因于信贷与大宗商品的异常繁荣，未来发达经济体可能再度充当世界经济的领头羊。但美国前财长劳伦斯·萨默斯则认为，世界主要发达经济体出现的长期经济停滞将是常态，并将感染上"日本病"。

对于根据现价汇率折算的GDP增量而言，2005年成为"新兴11国"整体名义经济增量超过七国集团的第一年。此后，"新兴11国"对世界经济增量的贡献始终比七国集团要大。从经济增加量的角度看，2008年全球金融危机以后，全球经济增量总体呈现出先增后降的趋势，这在一定程度上揭示出世界经济复苏的脆弱性。其中，2011—2013年全球经济增量呈逐年下滑态势，自2015年开始又出现回升，如图3-2所示：

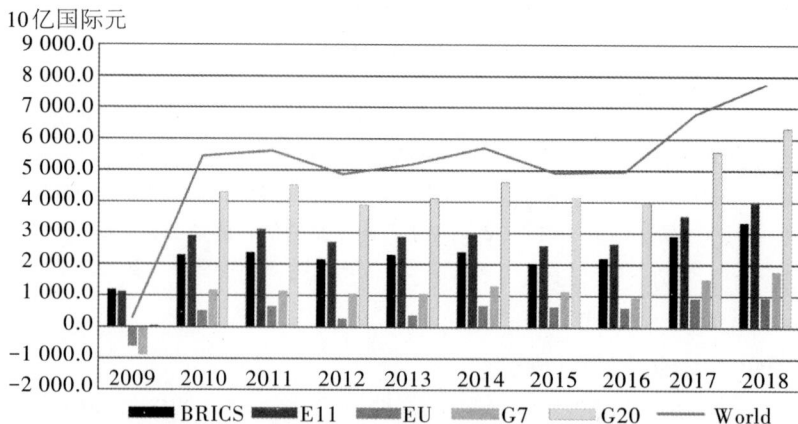

图3-2　2009—2018年主要国家集团与世界经济增量（PPP，现价）

注：①2018年的数据为估计值；

②资料来源：国际货币基金组织世界经济展望数据库（IMF-WEO），2018年10月。

　　基于购买力平价计算的各经济集团现价GDP增量数据显示，尽管"新兴11国"的经济增量在世界经济增量中的相对份额有所下滑，但近三年其经济增量仍保持上升态势，且远高于G7和欧盟的经济增量。2016年至2018年，"新兴11国"的经济增量从2.7万亿国际元逐步攀升至4.0万亿国际元，而同期G7和欧盟分别从0.9万亿国际元和0.6万亿国际元逐步升至1.8万亿国际元和1.0万亿国际元，"新兴11国"的经济增量明显高于G7和欧盟。从各经济集团GDP增量占世界经济增量的比重来看，2018年"新兴11国"的经济增量约占世界经济增量的51.8%，同比下滑0.6个百分点；金砖国家约占43.2%，同比上升0.4个百分点；G7约占23.0%，同比上升0.5个百分点；欧盟约占12.4%，同比下滑1.2个百分点。尽管"新兴11国"经济增量在世界经济增量中的相对份额下降，但"新兴11国"经济增量仍比G7和欧盟大且相对份额高，说明"新兴11国"依然是拉动世界经济增长的重要力量。

　　"新兴11国"的经济总量不断增大，但在世界经济中的份额却出现下滑。根据IMF的数据，尽管"新兴11国"的经济总量（按照市场汇率测算）从2017年的24.48万亿美元扩大至2018年的25.83万亿美元，但其在世界经济中的份额却从30.6%下滑至30.4%。相比较而言，G7的经济总量从36.87万亿美元增至39.04万亿美元，相对份额从46.1%降至46.0%；金砖国家的经济总量从18.6万亿美元增至20.01万亿美元，相对份额从23.2%增至23.6%；G20的经济总量从69.2万亿美元增至73.34万亿美元，相对份额则从86.4%增至86.5%（见表3-2）：

　　由此可见，在经济规模方面，"新兴11国"与七国集团的差距在日趋缩小。虽然按购买力平价计算经济总量是否科学尚需讨论，但中国作为公认的全球第二大经济体和最大的新兴经济体，其引领世界经济增长的作用毋庸置疑。从总体来看，无论是在经济增速还是经济增量方面，"新兴11国"与发达经济体间都存在明显差异，这种差异主要是由于两种经济体的经济增长模式不同导致的。"新兴11国"主要采取外向型的经济增长模式，通过产业结构调整来提高供给能力并改善结构，使之与

表3-2　　2016—2018年主要国家集团与全球经济规模及

份额变化情况（市场汇率，现价）　　单位：万亿美元，%

规模 年份 主要 国家集团	2016			2017			2018		
	总量	增量	份额	总量	增量	份额	总量	增量	份额
全球	75.65	1.05	100%	80.05	4.40	100%	84.84	4.78	100%
"新兴11国"	22.36	-0.03	29.6%	24.48	2.13	30.6%↑	25.83	1.35	30.4%↓
BRICS	16.87	0.05	22.3%	18.60	1.73	23.2%↑	20.01	1.41	23.6%↑
G7	35.69	0.96	47.2%	36.87	1.18	46.1%↑	39.04	2.17	46.0%↓
G20	65.35	1.11	86.4%	69.20	3.85	86.4%=	73.34	4.14	86.5%↑

注：①2018年的数据为估计值；

②资料来源：国际货币基金组织世界经济展望数据库（IMF-WEO），2018年
10月。

需求相适应。外向型经济增长模式是"新兴11国"走向成功之路的必
要条件。阿根廷、巴西等国也都是摒弃了之前的进口替代模式，纷纷选
择了出口导向型的增长模式，其经济才得以迅速发展。但也有例外，如
印度政府通过开放卫生和教育市场来满足居民更高层次的需求，这一内
需主导型消费模式在亚洲甚至全球都十分突出，并在很大程度上对内需
产生较大依赖。而发达经济体在金融危机之后纷纷实行"再工业化"，
改变了负债消费的模式，以绿色和智能增长为基本方向。如日本政府于
2013年通过了《产业竞争力强化法案》，2013年至2017年为该法案的集
中实施期，目的是激活经济、消化过剩产能、创造需求，并在这5年内
促进企业开展重组及设备投资。此外，20世纪90年代，发达经济体通
过外包与对外直接投资的方式加速实现了产业的对外转移，这就为"新
兴11国"的工业化进程创造了机遇，进而形成了发达经济体将金融服
务作为优势产业、"新兴11国"将加工制造作为优势产业的国际分工格
局。因此，"新兴11国"需要通过调整产业布局来与发达经济体的"再
工业化"相适应并形成新的制造业国际分工格局；还要抓住国际金融体
系改革机遇并提高本国金融行业的竞争力，以便在更广泛的领域形成新
的国际分工格局。

3.1.3　经济发展制约因素分析

在 2008 年全球金融危机之前,"新兴 11 国"经历了一段较长时期的快速经济增长阶段,并在全球金融危机过后表现出十分迅猛的经济复苏态势,但自 2011 年开始,"新兴 11 国"的经济增长速度整体上有所减缓。由于"新兴 11 国"依旧处于转变经济发展方式的进程中,同时又受到各种复杂多变因素的影响,因此从目前情况来看,"新兴 11 国"的经济复苏之路依旧充满曲折。导致"新兴 11 国"经济增长缓慢的因素是多方面的,归纳起来主要有如下几点:

(1)内部因素

"新兴 11 国"结构调整滞后制约了其经济的发展。全球金融危机以来,由于"新兴 11 国"采取了扩张性的财政货币政策,需求回升,导致其经济在短期内快速反弹,经济增长的惯性使"新兴 11 国"继续沿用这一政策,延滞了经济结构调整的进程[①]。例如,近年来,印度和印度尼西亚的双赤字问题尤为严重,还有俄罗斯、巴西和印度尼西亚对大宗商品的出口依旧表现出高度依赖。俄罗斯主要依靠原材料和能源出口作为经济发展的动力,通过贸易条件的改善所带来的收益同样促使了非贸易部门的迅速扩张[②],并且深受世界能源市场波动的影响。

此外,与发达国家间的贸易联系不断弱化也成为"新兴 11 国"经济发展的阻力。近年来,"新兴 11 国"间的内部贸易联系不断强化,内部贸易额占"新兴 11 国"对外贸易的比重也呈逐渐上升趋势。以中国为例,其他新兴经济体对中国的出口依赖程度较高,而且投资过热大大提高了中国对其他新兴经济体外部终端需求的重要性。全球金融危机之前,中国从新兴经济体进口商品的最终需求主体主要是发达经济体,而金融危机之后,中国进口的许多产品很少向发达经济体出口,主要是用于国内的投资需求,中国也随之成为巴西与南非等国的最大出口市场。发达经济体在"新兴 11 国"中对外贸易地位的下降,给"新兴 11 国"

① LEMMA, NEGASH. Determinants of the adjustment speed of capital structure evidence: from developing economies [J]. Journal of Applied Accounting Research, 2014, (1).
② OECD. Economic survey of the Russian federation 2013 [M]. Paris: OECD Publishing, 2014.

各国对发达经济体的外部需求带来负面影响，不利于"新兴11国"与发达经济体间的贸易增长。由此可见，"新兴11国"的结构性矛盾在日积月累中逐渐突显暴露，制约了经济增长。

在过去十年里，一些新兴经济体经济的快速增长得益于政府支出扩张、全球流动性宽裕以及新兴市场的整体繁荣，但是如今这些条件均在发生变化。与此同时，一些长期积累的国内政治和经济问题也使成员国的内部发展受到掣肘。一方面，主要大国之间的政策平衡与协调以及风险管控能力是影响国际政治经济形势的重要标志。很多新兴经济体处于地缘政治热点地区或者本身是热点地区周边国家，地区政治格局的走向对经济发展的影响不可忽视。如果一些热点问题得不到解决和控制，将严重影响相关国家和平稳定的发展环境。另一方面，在这些新兴经济体中，印度与巴西尤为值得关注。由于印度的教育滞后以及就业岗位有限，其通胀高企、支持经济增长的人口红利难以发挥，劳动人口增长的停滞和经常项目赤字水平较高，使印度经济面临巨大危险。不仅如此，印度的营商环境恶化、土地征用程序复杂以及未形成统一市场等都制约了其经济与社会的发展。此外，印度的高贫困率、国内消费以及储蓄之间的不平衡也是导致其经济发展缓慢的另一原因，高贫困率需要人们通过增加储蓄来改善自身的生活水平，而国民经济总值的增加又需要通过刺激国内消费和拉动内需来实现，所以这三者间的不平衡性导致了印度经济出现下滑趋势。虽然巴西的情况与印度恰好相反，其储蓄相对于需求要小得多，但其经济结构性问题却日益突出，沉重的赋税、严重落后的基础设施、庞大的社保体系和日益萎缩的制造业成为巴西经济增长的瓶颈，再加上严峻的通胀形势，使巴西遭遇了"滞胀"的困境。

（2）外部挑战

除了"新兴11国"的自身原因，其所受到的外部挑战也是导致自2008年全球金融危机爆发以来经济普遍下滑的重要因素。当前，国际社会正处于新一轮国际贸易投资规则的重塑期，各国的博弈将进一步加剧，并对国际经贸往来产生重大影响。发达国家谋求主导建立新的国际规则或制度体系，但鉴于自身实力的相对衰落和不断加深的国际相互依赖，难以行之有效地通过传统"遏制"手段限制新兴市场和发展中国家在国际规则制定方面的话语权。在此过程中，世界贸易组织等一些现有全球经济治理机制的正常运行受到干扰，并对"新兴11国"的外部经济环境带来不利影响。同时，对外部市场的过度依赖给"新兴11国"的整体性崛起带来外部风险。"新兴11国"与发达经济体之间也存在较大差距。就发展模式来看，自全球金融危机爆发以后，发达经济体为了继续保持经济发展采用了新的经济发展模式，而"新兴11国"则对原有的发展路径形成依赖，不仅没有形成统一的经济战略目标，而且也没有为金融危机所带来的挑战制定出相应的经济政策，因此在世界经济竞争中必然处于劣势，为"新兴11国"的经济发展带来巨大阻力。全球金融危机之后，国际环境发生了许多新变化，如出现了BIT、TPP、TISA、TTIP等机制。这些机制的出现使全球化前景的不确定因素越来越多，"新兴11国"也同时面临被边缘化的危险。由美国主导的TPP不仅为东亚地区间的合作带来了机遇，也带来了挑战，而且美国与欧盟的TTIP谈判已正式启动，这就意味着在一定程度上影响了国际经济的运行并制约了"新兴11国"的经济发展。在此情形下，那些高度融入全球经济的国家，其国际投资与国际贸易面临严峻挑战。不仅如此，发达经济体的经济衰退也为"新兴11国"的经济发展带来诸多不确定因素，主要表现为全球总需求下降、失业率升高、部分国家间的贸易摩擦等，从而经济增速减弱，通货膨胀、汇率波动以及政权更迭所带来的政策协调问题就显得更加棘手。

此外，与发达经济体相比，"新兴11国"在处理债务问题方面的能力与手段十分有限，再加上国家资产负债表的修复能力较弱，一旦财政与债务状况继续恶化，就很可能引发"新兴11国"的国内社会问题。由于非金融企业部门债务居高不下，家庭部门债务逐步攀升，部分"新兴11国"国家爆发债务危机的可能性增大。为了应对2008年全球金融危机，发达经济体普遍采取了量化宽松货币政策，并由此导致全球流动性泛滥。在此背景下，新兴经济体的债务水平特别是非金融部门的债务水平大幅提升。随着金融危机的负面影响逐步消退，发达经济体的货币政策趋于正常化，全球利率水平上行，导致新兴经济体的债务负担加重，加之新兴经济体经济增速放缓致使相关国家偿债能力下降，债务违约风险上升。自2013年下半年以来，虽然在一定程度上欧元债务危机有所缓解，但并不排除一些国家的债务问题会逐渐暴露，或者存在进一步恶化的可能。如果这些国家主权债务风险不断上升，那么欧洲经济的复苏将无法避免地会受到威胁，并影响到"新兴11国"的外需，从而拖累经济增长。

（3）竞争因素

全球贸易保护主义措施已成为国际贸易艰难复苏的主要掣肘因素之一。当前，一些重要的国际和区域经贸谈判进展不及预期。这不仅会对将来全球贸易投资格局产生深远影响，还将影响包括"新兴11国"在内的世界主要国家贸易与投资增长动力的重塑。作为全球最大的经济体，美国在贸易政策上采取更加强硬且力度更大的保护主义措施，导致全球面临的逆全球化挑战更加严峻。美国彼得森国际经济研究所（PIIE）所长亚当·珀森（Adam S. Posen）指出，特朗普政府推行"美国优先"，威胁退出全球化，施行单边主义政策，这种退缩将会为世界和美国都带来规则崩坏、收入和福利水平下降等十分严重的后果。

此外，贸易保护主义不仅影响了贸易的健康增长，还带来了贸易不平衡问题，使得全球经济复苏的动力不足，也引发了国内利益集团的相互竞争。成员间的相互竞争也严重阻碍了"新兴11国"经济的发展。全球金融危机之后，"新兴11国"纷纷制定了经济发展战略，提出振兴与发展规划，但过度竞争很可能使"新兴11国"落入"赶超陷阱"。虽然金砖国家间的经济合作紧密，但出于对自身利益最大化的考虑，它们之间的经济竞争也十分激烈，致使"新兴11国"在经济合作方面产生矛盾。

（4）金融风险

自全球金融危机以来，发达国家的经济增速持续低迷，从最初的"去杠杆化"，到后来的主权债务危机以及货币量化宽松政策的实施与退出，都对资本流动与国际贸易产生深远影响，进而对"新兴11国"经济产生震动。自2014年1月起，美联储正式实施"削减数量宽松规模（Taper）"计划，将每月850亿美元的资产采购规模缩减到100亿美元，其中国债与抵押贷款支持债券（MBS）的采购额分别缩减50亿美元，而且还将逐渐减少资产购买，直到停止购买。虽然减少资产购买的过程是渐进的，市场对美国调整货币政策也早有预期，但对这一货币政策调整的溢出效应依旧难以估计，还很可能导致短期资本大举流出"新兴11国"，从而增加"新兴11国"经济的不确定性。特别是其中那些对外开放程度高、经常账户赤字大、短期外债占比高以及内部资产负债表失衡的国家，对外资异动的脆弱性更为显著，墨西哥与土耳其就是这样的两个国家。2013年6月，时任美联储主席的伯南克宣称要调整美国货币政策时，一些新兴经济体的金融市场就遭到了较大冲击。发达国家缓慢释放风险的过程，正是"新兴11国"积累风险的过程。"新兴11国"经济的迅猛发展意味着投资拥有高回报的同时也存在高风险，尤其是在全球金融危机对发达经济体产生重创之后，国际资本便开始向"新兴11国"转移。

从2000年开始，"新兴11国"的外部资产与负债持续增加。发达经济体宽松的货币政策对资产价格、汇率、原材料价格与利率以及金融与实体经济产生影响，而且发达经济体宽松货币政策下还可能存在大量的私人投资组合的风险资产，使大规模的资本流入到"新兴11国"中，并且持续形成资产泡沫，影响汇率，从而产生了资产泡沫风险与流动性风险。2013年1—11月，巴西、印度、印度尼西亚和土耳其月平均汇率对美元分别贬值12.8%、12.3%、23.8%和26.8%，其月平均股价波动幅度分别为20.6%、13.7%、17.2%和22.8%。2014年土耳其里拉、阿根廷比索、俄罗斯卢布汇率跌至多年低点，尤其是土耳其里拉对美元汇率降至历史新低。鉴于此，多数新兴经济体纷纷选择了更加灵活的浮动汇率制度，增加了汇率在面对资本外流时的弹性。但整体而言，"新兴11国"经济形势依旧脆弱，货币贬值也加剧了中国人民币汇率的波动。值得注意的是，发达经济体与"新兴11国"目前总体上处于去杠杆化的不同阶段。发达经济体政府部门2014年的去杠杆步伐有所减慢，私人部门杠杆率稳中有升，货币政策收紧并进入加息通道。而"新兴11国"的杠杆化进程还处于上升期，降息压力增加，这可能会加剧"新兴11国"的资本外逃，进而对经济运行产生负面影响。此外，由于"新兴11国"的借贷成本较低，更易产生债务膨胀及过于乐观的预期，这样也会使"新兴11国"的金融风险增强。

2019年，美联储对加息持更加谨慎的态度，对年内停止缩减资产负债表达成共识。2018年12月，美联储将联邦基金利率的目标区间提高到2.25%~2.50%，但表示2019年和2020年加息步伐会有所放缓。2019年1月美联储议息会议纪要显示，联邦基金利率的目标区间维持2.25%~2.50%不变，且几乎所有与会者都认为在2019年宣布停止缩减资产负债表是合适的。2018年12月，欧洲中央银行停止了净资产购买，但表示货币政策将保持足够宽松；12月美联储议息会议纪要决定维持利率不变，并将提高政策利率的预计时点由2019年夏季推迟至2019年年末；2019年1月美联储议息会议纪要则表示，对经济放缓的担忧加剧，考虑为银行提供新一轮廉价长期贷款，计划对定向长期再融资操作（TLTRO）进行迅速分析。美欧货币政策走势将对新兴经济体的资本流动产生影响并引起汇率和国际收支的变动，并且货币政策调整的节奏、力度和时间节点均值得关注。

3.2 "新兴11国"产业发展

产业是生产某种同一属性商品或劳务的企业的集合，也是国民经济部门按照一定的标准进行的划分。从国民经济核算的角度出发，目前国际上通行的产业分类方法主要是三分法，即把社会经济部门主要划分为三次产业：第一产业（农业）、第二产业（工业）和第三产业（服务业）。在本节中，将对三次产业的发展情况、结构变动及其影响因素等进行深入分析。

3.2.1 三次产业发展状况分析

（1）第一产业发展

世界上的任何一个国家都是从农业发展起来的，可以说，农业是一国经济逐渐发展壮大的基础，是第二、第三产业崛起的根基。因此，从某种程度上说，在一国经济的发展初期，农业发展状况直接决定了国家的经济发展水平。在当今世界经济发展格局千变万化的背景下，虽然各国都无法摒弃农业而"腾空发展"，但农业发展出现萎缩已是一个不争的事实。"新兴11国"也不例外，虽然它们中有一些是农业大国，但是近年来也出现了农业发展大不如前的局势。

从第一产业的发展水平来看，如表3-3所示，自2009年以来，"新兴11国"中农业占比最大的国家要数印度。自20世纪六七十年代开始，印度发起了"绿色革命"，在单位产量与技术水平等方面取得成效，但由于基础设施落后，使得印度由技术水平较低的粗放型传统农业向技术含量较高的集约型农业发展的趋势并不明显。印度尼西亚和中国的农业占比次之。在印度、印度尼西亚和中国这三个国家中，前两个国家的农业增加值占GDP的百分比均达到了10%以上的高水平，中国也是接近10%。而平均比例低于5%水平的国家有巴西、韩国、墨西哥、俄罗斯、沙特阿拉伯和南非。总体来看，除了墨西哥的农业占比出现小幅上升之外，其他新兴经济体的农业不但没有得到发展，反而还出现了萎缩的现象。具体来看，作为高收入国家的沙特阿拉伯和韩国，其农业的发展水平是"新兴11国"中最低的，两国的平均发展水平分别为2.42%和2.12%；而被列入中低等收入国家的印度和印度尼西亚，其农业的发展水平是"新兴11国"中最高的，两国的平均发展水平分别为16.42%和13.58%；在中高等收入国家中，中国是剩余7国中农业发展水平最高的国家，其平均发展水平为8.61%。

表3-3　2009—2018年"新兴11国"农业增加值占GDP百分比　　单位：%

年份 国家	2009	2010	2011	2012	2013	2014	2015	2016	2017	2018
阿根廷	5.3	7.1	7.0	5.8	6.1	6.7	5.2	6.3	5.8	6.1
巴西	4.5	4.1	4.3	4.2	4.5	4.3	4.3	4.9	4.6	4.4
中国	9.6	9.3	9.2	9.1	8.9	8.7	8.4	8.1	7.6	7.2
印度	16.7	17.0	17.2	16.8	17.1	16.8	16.2	16.2	15.6	14.6
印度尼西亚	15.3	13.9	13.5	13.4	13.4	13.3	13.5	13.5	13.2	12.8
韩国	2.3	2.2	2.3	2.2	2.1	2.1	2.1	1.9	2.0	2.0
墨西哥	3.2	3.2	3.1	3.2	3.1	3.1	3.2	3.3	3.4	3.4
俄罗斯	4.1	3.3	3.4	3.2	3.2	3.4	3.9	3.9	3.6	3.1
沙特阿拉伯	2.9	2.6	2.2	2.1	2.2	2.2	2.6	2.7	2.5	2.2
南非	2.7	2.4	2.3	2.2	2.1	2.2	2.1	2.2	2.4	2.2
土耳其	8.1	9.0	8.2	7.8	6.7	6.6	6.9	6.2	6.1	5.8

数据来源：由世界银行数据库整理得到。

从"新兴11国"第一产业的发展速度来看，"新兴11国"的收入水平与第一产业的平均增长速度存在一定关系，即一国的收入水平越高，其第一产业的发展速度越慢。沙特阿拉伯和韩国是"新兴11国"中的两个高收入国家，也是第一产业平均下降速度最快的两个国家，而印度和印度尼西亚则属于中低收入国家，两国的第一产业平均下降速度相对较慢。

综上所述，"新兴11国"的农业发展出现萎缩，而且从第一产业的发展水平与发展速度看，虽然这些国家的发展水平参差不齐、有高有低，但发展速度总体上呈现普遍减慢的趋势。此外，分国别看，高收入国家的第一产业发展水平不但不高，而且其产业发展的下滑速度也相对较快，沙特阿拉伯与韩国就是典型的例子；而对处于中低收入国家的印度和印度尼西亚，不仅第一产业的发展水平较高，而且其产业发展的下滑速度也最慢。中国作为"新兴11国"发展的典型代表则是个特例，在具有较高的产业发展水平的同时，其产业发展的下滑速度也很快。

（2）第二产业发展

工业发展是衡量一国工业化水平的重要标志，而工业化是一国现代化的基础与前提，高度发达的工业社会成为衡量一国现代化的标准。工业化过程伴随着科技进步、经济发展以及产业结构优化与升级的过程，其目标是要提高工业生产在国民经济中的比重。但这仅仅是衡量一国工业化水平的重要外在指标之一，作为第一产业与第三产业的"衔接产业"，还应当通过在第一产业和第三产业的生产经营与政府管理中运用工业化程度的组织方式来对其加以衡量。

从第二产业的发展水平看，表3-4显示，2009—2018年，"新兴11国"中工业化程度最高的国家是沙特阿拉伯，其次为中国和印度尼西亚。沙特阿拉伯第二产业的平均发展水平高达54.07%，而中国与印度尼西亚也超过了40%的高水平。但同为金砖国家的巴西与南非，其第二产业的发展水平是"新兴11国"中最低的，两国工业增加值占GDP的平均百分比都低于30%。除巴西和南非外，阿根廷的第二产业发展水平也很低，其平均比例为23.86%。总体来看，"新兴11国"第二产业发展水平比较平稳，2009—2012年，第二产业发展水平稳步上升，之后便开始小幅下降，2016年达到最低水平，为30.3%，自2016年开始又恢复回升态势。

表3-4　2009—2018年"新兴11国"工业增加值占GDP百分比　　单位：%

国家＼年份	2009	2010	2011	2012	2013	2014	2015	2016	2017	2018
阿根廷	25.3	25.3	25.2	24.4	24.0	24.2	23.2	22.1	21.9	23.0
巴西	21.9	23.2	23.1	22.1	21.2	20.5	19.4	18.4	18.4	18.4
中国	46.0	46.5	46.5	45.4	44.2	43.3	41.1	40.1	40.5	40.7
印度	31.1	30.7	30.1	29.4	28.4	27.7	27.3	26.6	26.5	26.7
印度尼西亚	47.7	42.8	43.9	43.6	42.6	41.9	40.0	39.3	39.4	39.7
韩国	33.3	34.6	34.8	34.6	35.0	34.7	34.9	35.1	35.9	35.1
墨西哥	31.9	32.4	33.6	33.8	31.9	31.5	30.0	24.5	30.8	30.9
俄罗斯	29.3	30.0	29.3	29.3	28.2	28.1	29.9	29.4	30.5	32.1
沙特阿拉伯	55.0	58.4	63.7	62.7	59.9	57.2	45.3	43.2	45.8	49.5
南非	27.6	27.4	26.9	26.7	26.7	26.5	26.0	26.2	26.3	25.9
土耳其	24.1	24.6	26.9	26.8	27.7	28.2	27.9	28.2	29.2	29.5

数据来源：由世界银行数据库整理得到。

从第二产业的发展速度看，"新兴11国"中阿根廷和巴西发展速度下降较快。虽然阿根廷自20世纪40年代开始就建立起以轻工业及初级农产品为主的进口替代工业体系，但由于其始终依赖农牧产品出口而且未能实行多样化战略，导致工业化水平较低，只是驻足在进口加工装配阶段，并面临既无法摆脱对农牧产品出口的过度依赖，又无法在工业领域具备比较优势的尴尬处境。工业体系停滞不前及错失产业结构升级时机，成为阿根廷第二产业发展速度下降的根本原因。同阿根廷一样，为实现工业化并改变第二次世界大战后畸形的产业结构，巴西政府也毫不犹豫地实行进口替代工业化发展战略。但受到国际经济形势，尤其是全球石油危机的影响，以及巴西政府在实行进口替代战略时的失误，导致巴西第二产业增速一路下滑。而其他国家第二产业的发展速度虽然也出现了小幅回落，但平均下降速度相对缓慢。就中国而言，第二产业潜在的增长率逐渐从高速增长转向适度平稳增长。总体而言，"新兴11国"第二产业的发展速度普遍放缓，"滞胀"现象依旧存在。

综上所述，在第二产业发展水平最高和最低、增长速度最快与最慢的新兴经济体中，巴西和沙特阿拉伯的发展水平与发展速度呈同方向变化，即第二产业的发展水平越高，其对应的产业平均增长速度越快。但印度却呈现出反方向变化，虽然印度第二产业的发展水平并不高，但其产业发展速度却很快，这说明印度的第二产业还存在很大的发展空间。而中国恰好与印度相反，第二产业的发展水平较高，虽然产业发展也出现了降速，但相对于其他新兴经济体而言，降速较慢。

应当指出，制造业在国民经济中具有基础性地位，对其他产业的关联和带动效应较大。长期以来，制造业也是"新兴11国"实现经济可持续增长的重要支撑。特别是自20世纪80年代，发达国家致力于发展虚拟经济，曾将制造业大规模转移到"新兴11国"和其他发展中国家，促进了这些国家的经济增长。而全球金融危机则使以美国为代表的发达国家意识到过度依赖虚拟经济所带来的风险与挑战。不仅如此，制造业对发展绿色能源、高端装备制造及新材料等新兴产业的作用也日益明显。因此，发达国家又提出要重回制造业时代，向实体经济回归。足见制造业对"新兴11国"和发达国家经济的重要性。

就"新兴11国"而言，制造业比重的高低往往作为衡量一国经济发展实力与工业化水平的重要标志。从工业与制造业的发展水平比较来看，金砖国家中的巴西、印度和南非具有工业和制造业发展水平低的特点。而随着通信、能源及交通等基础设施建设的不断完善，中国钢铁、电力、建筑业等第二产业不断发展壮大，这说明中国自深化改革以来的产业结构升级是行之有效的，尤其是国内市场潜力及要素成本优势吸引了国外制造业大举进入中国，使其逐渐形成以制造业为主导的产业发展模式，而且中国综合国力的提升主要归功于制造业的发展[①]。虽然韩国的工业发展水平与其他新兴经济体相比并不高，但韩

---

① GUO BIN, GAO JING, CHEN XIAOLING. Technology strategy, technological context and technological catch-up in emerging economies: industry-level findings from Chinese manufacturing [J]. Technology Analysis and Strategic Management, 2013, (2): 219-234.

国制造业的发展同印度一样，呈现出逐年上升的趋势，并且韩国制造业已成为第二产业中的主导产业。自20世纪60年代开始，为推动产业结构升级，韩国政府实施了重工业化政策，凭借廉价劳动力及纺织工业的优势积极发展出口加工业，促进了经济起飞并为资本与技术积累创造条件。而拥有同样工业高发展水平的沙特阿拉伯，其制造业所占比重则很低，这意味着制造业并不是带动沙特阿拉伯第二产业发展的主要力量。

纵观"新兴11国"制造业的发展，可以看到如下三个特点和趋势：一是总体来看制造业发展速度较快，但各国之间的差异较大。以金砖国家为例，中国和印度制造业的增速一直高于本国GDP的增长速度，而相比之下俄罗斯、巴西和南非制造业的增速较慢，但还是快于美国等发达国家。二是"新兴11国"制造业的产出规模都不断扩大，其中，中国的规模最大，南非和印度等国的规模则较小。三是近些年主要新兴经济体制造业增加值占GDP的比重呈现下降的趋势（详见表3-5）。这催生了制造业和生产性服务业的延伸融合发展。这种发展趋势成为推动"新兴11国"经济增长与发展的新动力。通过生产性服务业和制造业间的互补、渗透和延伸，赋予制造业更强的竞争力。可以说，产业融合已成为"新兴11国"产业发展的现实选择[1]。俄罗斯提出，发展创新型经济需要具有竞争力的制造业和发达的服务业，服务业的发展必须立足于与制造业的产业互动和融合。否则，单纯追求三次产业比例的变化，特别是只注重提高第三产业的比重，也难以实现真正意义上的产业转型与结构调整[2]。印度也切身体会到制造业发展对国民经济平稳快速增长的举足轻重作用，并积极采取措施提高制造业在整个经济中所占比重及其国际竞争力，在这一过程中实现制造业与生产性服务业的产业融合。

---

① 蒋随. 新兴经济体国家服务创新趋势及取向 [EB/OL]. [2013-11-25]. http://www.xzbu.com/3/view-4465832.htm.

② BELOUSOV, SALNIKOV, APOKIN et al. Technological modernization trends of leading branches of Russian industry [J]. Studies on Russian Economic Development, 2008, (6): 563-573.

表3-5　2009—2018年"新兴11国"制造业增加值占GDP百分比　　单位：%

年份\国家	2009	2010	2011	2012	2013	2014	2015	2016	2017	2018
阿根廷	15.6	15.8	15.9	15.2	15.0	14.8	14.2	13.5	12.9	12.7
巴西	13.1	12.7	11.8	10.7	10.5	10.3	10.5	10.8	10.5	9.7
中国	31.6	31.6	32.1	31.5	30.7	30.5	29.5	29.0	29.3	29.4
印度	17.1	17.0	16.1	15.8	15.3	15.1	15.6	15.2	14.9	14.8
印度尼西亚	26.4	22.0	21.8	21.5	21.0	21.1	21.0	20.5	20.2	19.9
韩国	26.1	27.8	28.5	28.2	28.2	27.5	27.9	26.8	27.6	27.2
墨西哥	15.1	15.6	15.4	16.3	15.8	15.9	17.1	17.0	17.3	17.3
俄罗斯	12.9	12.8	11.6	11.8	11.3	11.5	12.5	12.0	12.2	12.3
沙特阿拉伯	10.9	11.0	10.0	9.8	9.9	10.8	12.7	12.0	12.8	12.8
南非	13.6	13.1	12.0	11.7	11.6	12.0	12.0	12.0	12.0	11.8
土耳其	15.2	15.1	16.5	15.9	16.2	16.8	16.7	16.6	17.6	19.0

数据来源：由世界银行数据库整理得到。

（3）第三产业发展

第三产业的发展与"新兴11国"提升国力与竞争力、实现经济增长、经济结构调整优化等密切相关，是21世纪"新兴11国"产业发展的重大课题，也是"新兴11国"关注的重要问题。总体而言，"新兴11国"服务产业在经济结构中的比重上升，服务业增加值占经济总量的比重提高，这是一个基本的趋势。

从第三产业的发展水平来看，"新兴11国"服务业发展水平最高的3个国家分别是巴西、墨西哥和南非，其平均占比分别为60.52%、60.64%和61.01%，均超过了60%的高水平；第三产业平均发展水平较高的国家还有阿根廷、韩国、俄罗斯和土耳其，这4个国家平均占比均达到了50%以上的水平；而中国、印度、印度尼西亚和沙特阿拉伯第三产业的平均发展水平在"新兴11国"中为最低，其服务业增加值占GDP的平均比重均低于50%，其中印度尼西亚的服务业平均占比为41.69%，是"新兴11国"中最低的一个，这说明这些国家的服务业发展尚存很大空间，如表3-6所示：

表 3-6 2009—2018 年 "新兴 11 国" 服务业增加值占 GDP 百分比　　单位：%

年份 国家	2009	2010	2011	2012	2013	2014	2015	2016	2017	2018
阿根廷	53.3	51.5	51.8	53.7	53.9	52.9	55.8	56.1	57.0	55.5
巴西	59.2	57.6	57.6	58.7	59.7	61.2	62.3	63.2	63.1	62.6
中国	44.4	44.2	44.3	45.5	46.9	48.0	50.5	51.8	51.9	52.2
印度	46.0	45.0	45.4	46.3	46.7	47.8	47.8	47.8	48.5	49.1
印度尼西亚	37.1	40.7	40.6	40.9	41.5	42.2	43.3	43.6	43.6	43.4
韩国	55.1	53.6	53.7	54.0	54.0	54.4	54.0	53.8	52.8	53.6
墨西哥	60.7	60.4	59.9	60.0	61.1	60.2	61.0	60.9	60.3	60.1
俄罗斯	53.8	53.1	53.8	54.1	56.0	55.6	56.1	56.8	56.3	54.1
沙特阿拉伯	42.5	39.2	34.2	35.2	38.0	40.5	52.0	54.0	51.6	48.4
南非	60.5	61.0	60.9	61.3	61.2	61.0	61.4	60.8	61.0	61.0
土耳其	56.7	54.3	52.8	53.7	53.2	53.7	53.3	53.8	53.3	54.3

数据来源：由世界银行数据库整理得到。

大力发展服务产业成为 "新兴 11 国" 的战略重点。从 2009 年至 2018 年，大部分 "新兴 11 国" 的服务业增加值占 GDP 的比重都呈现出不断上升的趋势。可见，服务业已逐渐成为 "新兴 11 国" 的第一大产业，进而成为拉动经济增长的引擎。具体来看，一些国家的第三产业发展相对成熟。由于南非的农业及采矿业一直占据重要地位，而铁路运输作为农、矿产品的主要运输手段，使得南非第三产业尤其是铁路运输业的发展十分迅猛。与此同时，随着南非工业化进程的加快，其他服务业及各种工业基础设施也迅速发展起来，目前商业及金融服务业已成为南非重要的经济支柱，第三产业的产值与比重也不断上升。多年来印度服务业增加值占 GDP 的比重基本上超过 50%，远高于第二产业，尤其是印度软件业与服务外包产业的迅速崛起与成熟，靠着发展中国家的条件却达到了发达国家的先进水平，使其成为世界最大的软件接包国和仅次

于美国的第二大软件出口国，也是全球承接规模最大的接包国[①]。印度
不仅具备数量可观的高端服务外包人才，而且人才结构十分合理，这就
满足了产业发展转型的需要。而另一个新兴经济体俄罗斯一直在努力摆
脱资源型经济结构，由以石油为主的原材料出口模式转向创新型经济增
长与发展模式，实施以制度改革和结构调整为主要内容的中长期发展战
略。服务业已成为俄罗斯的第一大产业以及推动经济发展的重要助
推力。

从第三产业的发展速度来看，第三产业增长速度最慢的国家是印
度，这是由于继第一产业发展之后，印度就开始大力发展第三产业并使
其迅速壮大，因此印度第三产业的发展空间并不大，发展速度也随之
放缓。

综上所述，"新兴11国"第三产业发展水平较高而且发展速度较快
的国家是阿根廷和巴西；发展水平较高但发展速度较慢的国家是墨西哥
和南非；而发展水平较低，但发展速度较快的国家是中国、印度和沙
特阿拉伯。虽然中国第三产业发展水平并不高，但由于近年来中国对第
三产业的大力扶持，使其有了突飞猛进的发展。

3.2.2 三次产业结构变动情况

上一部分主要是从各产业的发展水平与发展速度两方面对
"新兴11国"的产业发展状况进行分析，而本部分侧重对"新兴
11国"的三次产业结构进行整体比较并分析三次产业结构的调整
与变化。

（1）三次产业结构比较

从产业结构的整体情况看，"新兴11国"产业结构普遍呈现出农业
占比最低，工业占比高于农业低于服务业，服务业占比最高的特点，但
中国、印度尼西亚和沙特阿拉伯这三个处于不同层级收入水平的国家，
都存在工业占比高于服务业的现象（如图3-3所示）。

---

① 曲玲年. 印度 IT-BPO 2010 年回顾与 2020 年目标——读 NASSCOM2011 年产业报告
[EB/OL].［2014-08-06］. http：//www.basscom.cn/c/2012-11-09/1835.shtml.

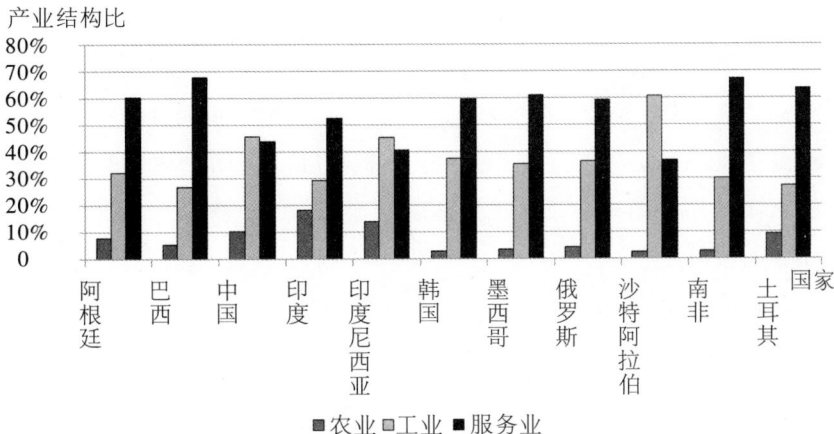

图3-3 "新兴11国"三次产业结构比较

图3-3显示，"新兴11国"的产业结构主要表现出如下两个特征：

第一，"新兴11国"由以发展农业为主到逐渐实现工业化，而在工业化的进程中，服务业异军突起，逐步壮大起来，直至超过农业与工业。印度却与众不同，它在工业特别是制造业尚未趋于成熟时，服务业就一路领先，保持着高速发展。自1980年开始，印度的服务业已逐步取代农业，成为其国内经济的主导产业，而且强劲地拉动了印度的经济增长。相对于服务业的快速发展，印度的工业发展较为缓慢，走的是一条直接发展IT和金融等服务业的道路。

第二，"新兴11国"间产业结构存在较大差异。从农业与工业的占比看，由于沙特阿拉伯的工业发展水平相当高，因此其农业与工业的发展差距最大，占比相差值高达将近60个百分点，而印度则是占比差距最小的国家。可见沙特阿拉伯的农业与工业占比相差值比印度高；如果不考虑中国、印度尼西亚和沙特阿拉伯三个特例，工业与服务业占比差值最高的国家是巴西，比最低的韩国高出将近20个百分点。

（2）三次产业结构变化

在经济全球化进程中，随着生产要素跨国界自由流动，以及国际分工、产业转移、全球经营等的发展，全球产业结构得以不断调整并发生了重大变化。发达国家为了占领全球经济的制高点，在提高高科技产业竞争优势的同时，利用产业全球转移以及国际生产网络的扩张，促进了

　　全球产业结构的调整以及发达国家产业结构的高级化进程，从而使产业的整体竞争优势不断加强。与此同时，"新兴11国"也把握住难得的发展机遇，在承接国际转移产业时，推进产业结构的不断升级，进而提升了产业的竞争力。[①]在这一过程中，"新兴11国"的产业结构正在逐渐发生着由起初的第一、二、三产业的排序向第三、二、一产业的"高服务化"阶段转变。

　　总体来看，"新兴11国"的产业结构正逐步向成熟、稳定的方向发展。在2009年至2018年间，"新兴11国"呈现出第一产业占比开始下降、第二产业占比升中有降、第三产业占比不断上升的趋势。但在2013年至2018年间，墨西哥的农业占比呈现出小幅上升趋势，而服务业占比出现小幅下降趋势。

　　总体而言，一方面"新兴11国"产业结构渐次升级，与发达经济体相比，其在产业结构优化方面仍有较大上升空间，通过完善制度、强化工业生产以及激活服务产业来进一步释放"新兴11国"的产业发展潜力。但在生产全球化背景下，"新兴11国"的产业发展是一把"双刃剑"，在促进各国产业结构调整和优势产业发展的同时，也产生了相应的负面效应。例如，巴西不仅过度依赖资源性产业，还高度依赖大宗商品的出口，这导致其制造业的竞争力下降，对全球产业链的融入程度较低。再如，虽然长期以来俄罗斯依靠大量的石油与天然气出口，加快了国家的资本积累，但由于在产业结构上对能源过分依赖，导致其在全球金融危机中惨遭与其他金砖国家相比更为严重的经济衰退。另一方面，也必须看到，"新兴11国"间既有紧密的经济合作，也存在激烈的经济竞争，并由此引发了经济合作中的矛盾和问题，这会严重阻碍"新兴11国"之间的经济合作与发展。因此，各国应求同存异，顺应产业发展的需要，在产业选择、技术创新等方面提供相互支持，使"新兴11国"的产业发展取得更大的进展。

① GONZALEZ, PATRICIO. Essays on industry dynamics in an emerging economy [D]. Boston: Boston University, 2010.

3.2.3　产业就业结构

随着经济全球化和区域一体化的不断深入，"新兴11国"的经济发展步入到一个新的阶段。为了促进本国经济向更高层次迈进，"新兴11国"在进行产业结构调整的同时也时刻关注着本国的就业结构问题。这是由于经济问题与就业问题是相互作用、相互联系的，产业发展本身就是经济发展的核心，而经济增长又主要体现在各个产业的发展上，就业问题则充分体现在就业结构上，这意味着产业结构和就业结构间存在紧密的联系。就业结构的不合理必然会对"新兴11国"的产业结构优化与升级产生影响，而产业结构的不合理又成为"新兴11国"经济迈向更高层次的绊脚石。具体而言，产业结构是决定劳动者就业规模和结构的重中之重，而产业结构的变化又会反作用于就业结构，并且一些新兴经济体产业结构调整的速度要明显快于就业结构调整的速度。

从"新兴11国"不同产业的就业结构看，在农业领域，2019年印度、印度尼西亚和中国3国的农业就业人口是"新兴11国"中最高的，其中印度为43.21%，印度尼西亚为30.26%，中国为26.56%；而阿根廷、韩国和沙特阿拉伯的农业劳动力占比最低，其中阿根廷为0，韩国为4.68%，沙特阿拉伯为4.82%。因而中国、印度和印度尼西亚成为农业发展水平最高的国家，而阿根廷、韩国和沙特阿拉伯为农业发展水平最低的3个国家。可见，一国农业就业人口与其发展水平存在同向变化关系。在工业领域，"新兴11国"的就业结构差距并不大，中国的工业劳动力占比最高，为28.27%，而最低的是巴西，为20.4%；在服务业领域，劳动力占比超过70%水平的国家有阿根廷、巴西、韩国、沙特阿拉伯和南非；而中国、印度、印度尼西亚的服务业劳动力占比最低，均低于50%的水平。这3个国家的服务业平均发展水平也恰恰是"新兴11国"中最低的。就中国而言，服务经济转型已迫在眉睫，在未来一个相当长的时期内，经济增长方式的转变与巨大的就业压力并存，而只有服务业得到了充分发展，中国在转型过程中出现的就业问题才能得以解决。

2019年，"新兴11国"与七国集团的主要差别在于劳动力在农业和服务业中所占的比例不同。与七国集团相比，"新兴11国"的农业就业人数相对较多，而服务业的就业人数相对较少，如图3-4所示：

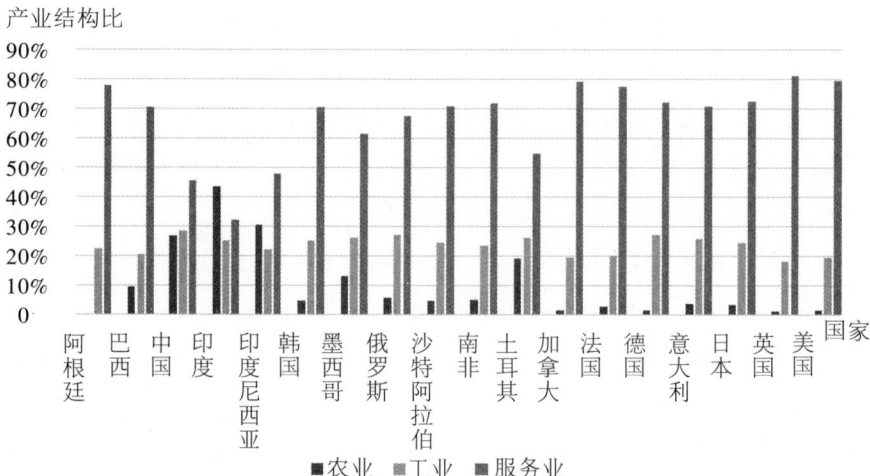

图3-4　2019年"新兴11国"与七国集团的产业结构比

资料来源：由世界银行数据库整理绘制得到。

从工业来看，"新兴11国"和七国集团劳动力在工业中的占比均值分别为24.48%和21.94%，相差并不大，但"新兴11国"劳动力在农业中的占比均值为14.69%，远高于七国集团的2.14%；服务业则恰恰相反，"新兴11国"劳动力在服务业中的占比均值为60.83%，而七国集团的该项均值为75.92%。这表明"新兴11国"的"服务业化"而非"工业化"的潜力还很大，背负着进一步由农业向服务业转移的艰巨任务。当然，"新兴11国"在中长期内所肩负的任务仍然是促进工业化实现质的飞跃。

3.2.4　影响产业结构演进的因素

产业结构的演进是由许多经济与非经济因素共同导致的。一般而言，所有对经济发展产生影响的因素，都会对产业结构产生或多或少的直接或间接影响，而且对产业结构的演进既有促进作用又有制约作用。依据作用力的来源可将影响产业结构的因素划分为内部因素与外部因素两类。前者主要包括需求因素与供给因素，由于这两个因素均是自发地作用于产业结构，而且其作用方式一般不以人的意志为转移，因此，内部因素又被称作自发因素；后者主要包括经济体制类型、经济发展战略、产业政策、各种制度安排，以及在开放经济条件下的国际贸易与国际投资等方面的影响，由于这些因素是人们的主观意识形态自觉地作用于产业结构形成的，是人们主观选择的结果，因此，外部因素也被称作自觉因素。

（1）内部因素

①需求因素

一直以来，产业结构的演进都以需求为基础，它不仅会使产业结构发生根本性改变，还能促使产业结构优化升级。这里所说的"需求"主要是指社会总需求，主要包括国内需求（消费需求和投资需求）以及国外需求（出口需求）两部分。

对消费需求而言，主要是个人消费需求会对与生产消费资料有关的产业结构产生重要影响。根据经济发展的普遍规律，个人的消费需求结构会随着人们收入水平的不断提高而逐渐趋于多样化与多层次化，这种消费结构会带动产业结构的优化与升级。如前所述，根据罗斯托的主导产业理论，当人均产值低于300美元时，恩格尔系数比较大，人们的消费需求也只是先满足温饱，因此这一阶段的产业结构主要以农业及轻工业为主；当人均产值高于300美元时，人们最基本的温饱问题得到解决，需求结构进而向非必需品转移，主要是耐用消费品，产业结构也随之发生变化，由此农业及轻工业为主导产业的产业结构向基础工业及重工业转移；当人均收入处于高水平时，物质十分富足，人们开始追求高品质的生活，其需求也随之变得多样化，此时为了迎合人们的需求，以高新技术产业为主要力量的现代化服务业迅速发展，产业结构也随之向着知识化、信息化和现代化方向发展，最终逐渐形成了以服务型产业为核心力量的产业结构。从俄罗斯的消费结构来看，由于恩格尔系数不断下降，非食品支出对休闲娱乐产品及交通工具的消费比重持续上升，消费档次的高级化与多样化，促进了俄罗斯产业结构的优化与升级。

对于投资需求而言，它是新的生产能力形成的基础以及构成最终需求的重要因素之一。它既包括固定资产投资需求，也包括流动资产投资需求。其中，固定资产投资需求是导致产业结构演进最直接的原因。比如，对新兴领域的投资会逐渐形成新的产业，被投资的产业相对于未投资的产业而言会以更快的速度发展，并且对全部产业的投资能够使各个产业的发展程度产生差异，而这些投资终将改变以往的产业结构。自20世纪90年代末以来，印度政府逐渐重视并加大对基础设施的投入，私人消费及公共部门总的资本形成使消费结构发生变化。为了适应这种变化，产业结构也随之发生改变，主要体现在服务类产出比重的上升及服务业的快速增长。通常情况下，投资需求的变化应当与消费需求的变化保持一致，不仅如此，投资需求的变化还受到生产技术与工艺以及资本有机构成变动的影响。

对于出口需求而言，在一个比较开放的经济环境中，一国的产业结构与外贸需求结构和规模相关。由于各国的资源禀赋存在差异，因此生产的相对优势也存在差异，进而在国际贸易中产生了比较利益，这对各国的进出口结构以及产业结构变动均产生影响。巴西在产业结构升级中提倡积极发展外向型经济，主要体现在积极扩大出口上，由于出口产业通常在一国经济中处于领先地位，代表着一国的产业竞争力，而且出口结构的变化是产业结构的体现，因此，巴西政府致力于通过扩大出口来使出口产业结构优化升级并带动非出口产业结构优化与升级。就工业化先行国家而言，其科技与经济发展水平都处于领先地位，而且在国内率先研发出新产品，利用国内市场催熟新产品，进而带动产业的发展。但是，国内市场一旦出现了饱和现象，就会推动新产品向国外市场出口，在国际市场逐渐形成之后，又促进了资本输出与技术出口，这时后发国家的生产能力形成。由于这些后发国家又具备资源与劳动力成本较低的优势，因而会导致产品以更低的价格返销回国，从而满足国内的需求，这不仅使国内这一产业出现萎缩现象，而且国内的生产要素也随之流入到高科技含量及高附加值的其他产业部门，进而促进了产业结构更加高级化。就后发国家而言，其科技与经济发展水平比较落后，产业在发展初期也只是依靠新产品的进口来满足国内需求，久而久之，便诱发了国内生产企业对该产品生产技术与工艺的引进与模仿，使这一产业不断成长。当产业成长到一定程度时，就会利用本国要素禀赋与规模经济的优势来大幅降低生产成本，在逐渐取得比较利益之后，再进入国际市场，国际市场规模的持续扩大使得该产业逐步发展成为主导产业，从而实现本国产业结构的调整与升级。

②供给因素

供给是产业结构演进的基础与前提。这里指的是广义的"供给"，不仅包含了技术的供给，还包括了资源的供给（如自然资源、资金资源以及劳动力资源等）。

自然资源主要包含资源数量、资源质量以及资源分布等要素。自然资源禀赋对一国的产业结构具有一定的制约作用。各国、各地区的地理方位、领土面积的不同，导致其资源条件千差万别。在自然资源相对丰富的国家及地区，凭借资源而发展起来的产业通常占有较大比重，且在国民经济中扮演着重要角色，因而其产业结构一般具有资源开发型的特点。例如，南非丰富的矿产资源造就其矿产业成为支柱产业；俄罗斯丰富的石油、天然气及矿产资源，使其出口结构主要以能源和原材料为主，这不仅使俄罗斯在国际贸易中积累了大量外汇，还促进了经济增长。但在自然资源相对匮乏的国家及地区，由于原材料工业在产业结构中的占比非常有限，而且社会生产所需的原材料资源通常主要依赖进口，因此比较容易形成以加工业为核心的产业体系。

在劳动力资源方面，产业结构的发展方向会受到劳动力的数量、质量以及流向的影响。一般而言，一个产业具备的劳动力越多，那么该产业壮大发展的可能性就越大；反过来，如果一个产业的劳动力供给严重不足甚至很难获得，就会对产业发展起到限制作用。当然，这并不能说明劳动力越多就越好。人口的过度增长会将国内十分有限的资源逐渐转化成对衣食住行的根本需求，这必将导致资源无法对其他产业形成供给。与此同时，农业人口向非农业转移的速度也随之减慢，阻碍了产业结构逐渐向高级化方向发展。此外，劳动力资源的供给还要保证质量。换言之，产业发展离不开劳动力的教育和训练水平以及高新技术的研发提高能力。由于低素质的劳动力比较难以适应高新技术化的新兴产业，因此只能徊滞留在价值链较低的产业，长此以往就会出现劳动力过剩以及低工资水平的现象，这会严重阻碍产业结构升级；反之，素质较高的劳动力会更加容易适应产业结构演变的需要，因此有利于促进产业结构的优化与升级。就俄罗斯而言，虽然人口数量逐年下降、老龄化现象严重，但劳动力人口具有较高的素质及文化知识，这就决定了俄罗斯主要不是发展劳动密集型产业，而是将注意力放在拥有创新型经济发展模式的产业结构上。可见，劳动力资源的数量、结构以及质量，都能够对产业发展水平产生决定性影响。

资金资源是产业形成与发展以及企业经营的第一推动力与持续推动力。资金资源对产业结构变动的影响主要体现在两个方面：一是资金总量（即资金的充足程度）对产业结构的影响；二是资金投向（即资金在不同产业的投向）对产业结构的影响。前者主要受一国的经济社会发展状况、社会资金聚集状况以及国民储蓄率等因素的影响；后者主要受投资者偏好、投资回收期、政府倾斜政策、进出口贸易增长以及利率水平等因素影响。通常情况下，资金投入规模的变动与产业结构高级化发展进程的变动是同向的，资金投入的规模越大，产业结构高级化的发展进程越快。而资金投入结构先是通过对固定资产存量结构产生影响，再对产业结构演变的方向与速度产生决定性作用。

产业结构演进的根本动力是技术进步以及技术发展水平，技术资源对产业结构的演变会产生两方面的影响：一方面，对需求结构的影响，使产业结构发生变化。首先，技术进步能够使产品成本降低，市场需求扩大，进而推动了技术进步较快的产业得以迅速发展；其次，技术进步还能够使资源消耗弹性系数降低、可替代资源增加，进而使生产对原材料的需求结构发生改变；最后，技术进步促使消费品升级换代，进而使消费品的生产结构发生改变。另一方面，对供给结构的影响，促使产业结构发生变化。首先，技术进步使社会劳动生产率有所提高、产业分工细化、产业规模扩大化；其次，技术进步创造出了新的劳动工具，催生出了一批如新能源、新材料及新一代信息技术这样的新兴产业，促进了产业结构的优化与升级；最后，技术进步还对进出口结构与国际分工产生了一定的影响，使国际竞争的格局发生变化，进而使一国产业结构发生变化。就某一产品而言，当它的需求价格弹性较大时，适当的价格下降会引起需求的大幅增加。由此可见，技术进步是提高产量以及增加该产业部门收益的保障，而且会使一些生产要素从其他产业向该产业转移；但是，当它的需求价格弹性较小时，尽管技术进步能够提高产量，但生产部门的收益却会降低。在这种情形下，该产业部门的生产要素通常会向着效益较好的其他产业转移，新的生产要素将有助于推动需求价格弹性大的产业部门的兴旺发达。但与此同时，也加速淘汰了需求价格弹性小的产业，这种产业的兴衰也推动了产业结构的演进。

（2）外部因素

①经济体制类型

世界经济发展的历史经验表明，经济体制类型对促进后发国家的产业结构变化与升级具有非常重要的意义。从各个国家产业结构演进的过程看，它不仅是国家按照一定规律自发升级的过程，还是经济体制类型等外部因素对其调整的过程。

经济体制类型的差异会使产业结构的演进机制各不相同。价格调节通常在市场经济体制环境下拥有充足的弹性，这主要体现在产权独立以及行为自主的微观经济主体上，根据市场价格信号与供求关系，以契约化的行为方式来使微观效益最大化。在公平竞争之后，优化经济主体，而稀缺资源持续性地由旧产品向新产品转移，由效率低的企业向效率高的企业转移，由效益低的产业向效益高的产业转移，进而推动产业结构的不断调整。

在计划经济体制下，政府是促使产业结构演进的主体，而且拥有产业布局、产业投资以及产业组织等的领导权。根据发展计划要求，通过衡量财政资金的能力，采取行政命令的方式来实现政府行政式的产业结构调整。由于微观主体自身存在利益驱动，并且信息采集存在难度，因此政府对产业结构调整及投入产出的界定并不明确。这主要表现在：对于产业结构存量的调整，政府往往借助产权与行政权双重权力，强制性地对产业部门实施"关、停、并、转"；而对于产业结构增量的调整，政府则拥有产业进出的审批权，而且在影响产业结构变化的住房供给、物资供应、劳动力供应、产品收购和资金调拨等方面实行行政计划控制，通过行政手段对产业要素配置进行直接调节，实现产业结构的增量调整。

②经济发展战略模式

经济发展战略是许多国家在引导经济发展时都会制定的。正确总结并运用经济发展规律，科学合理地制定出符合基本国情的战略规划，是促进产业结构沿着高级化方向发展的重要保障，并且能够有效缩短产业结构演进的周期；但如果缺乏具有科学性和指导性的经济发展战略，单凭力量与产业结构的内在演进机制，那么这将是一个十分漫长的过程，而且产业升级速度也会十分缓慢。对于工业化与市场化起步较早的国家而言，其市场体制相对健全，并且国家较少地干预经济，因此通常情况下产业结构依靠内在机制起作用；而对于后发国家而言，其主要依托市场和政府双管齐下来制定科学合理的经济发展战略，从而选择并优先发展重点产业。但值得注意的是，后发国家采取的追赶型经济发展战略一般具有阶段性和局限性。一旦国际产业结构出现转型，势必会停止实施这种战略，取而代之的是新型的增长战略。

③产业政策

产业政策是政府以经济杠杆及行政的途径，适度干预资源在不同产业间的配置，限制或帮助一些产业发展，修正并完善市场机制的错误与漏洞，使资源能够得到合理有效配置，并促进产业结构的演进。产业政策对产业结构的演进与优化能够产生直接影响。从效应方面看，对经济运行机制做出调整是实现产业结构的合理化与高级化的首要前提，而且这种调整主要体现在产业政策对市场机制的失误与缺陷进行的修正与弥补上。从绩效方面看，若要实现产业结构的演进与升级，就势必要以市场机制为根基并对其不足之处加以弥补，这样产业政策才能发挥作用。从内容方面看，主要包括宏观、产业部门以及微观三个层面。但是，产业政策的侧重点在于推动产业结构的合理化与高级化，而且它会由于历史条件不同而存在差异。以印度为例，偏向重工业的产业政策不仅会对农业产生负面影响，而且还打破了制造业内部的整体平衡。但印度政府实施的推动信息技术发展的产业政策，着实使第三产业的发展得到强有力的支撑，使传统服务业与现代服务业能够有效衔接，并步入可持续发展的轨道。由此可见，后发国家注重的是在演进升级的过程中进行协调，由此产生后发效应并实现经济赶超目标。

④国民收入分配政策

国民收入分配政策主要是通过调节国民收入的初次分配来直接影响社会需求结构的，从而间接地影响产业结构的变化。具体而言，在一定的生产发展水平下，国民收入的分配格局是构成社会需求结构的先决条件。这是由于社会经济运行主体主要包括居民、企业和政府，不同主体收入与支出的比重也不同，从而造成社会需求结构各异，这种需求结构又利用投资与消费来对产业结构的变化产生影响。从投资角度看，主要包括居民投资、企业投资和政府投资；从消费角度看，主要有居民消费、社会集团消费以及政府消费。当一国实行高积累政策时，生产性需求的增长速度就会提高，与此同时，重工业产品的需求收入弹性也会随之增大，产业结构将朝着重型化倾斜；如果实行高消费政策，就会加快居民消费需求与社会集团需求的增长速度，同时轻工业和耐用消费品的需求收入弹性将会增大，产业结构将朝着轻型化发展；当一国实行平均化分配政策时，居民的消费档次就很难被拉开，而且极易产生消费的"同步性震荡"，即对某一种产品的消费会出现同时起步、增加及饱和的现象，特别是在资源供给缺乏的情况下，这一状况就会引发市场供求矛盾，阻碍产业结构演进[①]。

⑤财税金融政策

一个国家产业结构的演进还会受到财政、税收以及金融政策的影响。从财政政策看，政府主要利用增加财政补贴的方式，比如，通过增加转移支付来推动部分产业的快速发展。这些产业由于受到政府财政补贴，因此产量会增加，进而使这些产业在产业结构中占有的比重不断增大；从税收政策看，优惠税率政策能够有效带动产业的发展，而那些未享受到优惠税率的产业的税负相对较高，发展也相对缓慢；从金融政策看，为鼓励部分产业的发展，政府及银行会通过降低贷款利率来扩大商业银行对这部分产业的信贷规模，进而有助于推动这些产业更快发展，反之，如果对某些产业压缩信贷，就会限制该类产业的发展。以上政策

---

① 戴伯勋，沈宏达. 现代产业经济学［M］. 北京：经济管理出版社，2001：279.

的实施都会使产业结构发生变化,从而促进产业结构的演进与升级。例如,巴西在产业结构升级中的一个主要特点是支持主导产业发展,政府对主导产业实行财政、税收及金融等方面的扶持,支持在产业发展不同时期不同主导产业的发展,产业结构也因此得以改变。

⑥国际贸易与国际投资

当今世界是一个开放的世界,世界上没有哪个国家能够脱离其他国家而独立存在与发展。在开放经济条件下,产业结构的调整与升级不仅会受到社会分工以及国内经济水平等条件的制约,还会受到来自国际贸易格局与国际分工的制约,产业结构升级不单纯是一个自然的过程,还应当根据国际竞争与国际分工的需要,通过产业国际化来合理有效地推动整个产业结构的升级。

国际贸易与国际投资是影响产业结构调整与升级的两个重要方面。就国际贸易而言,其对产业结构演进的影响,主要是通过商品与技术的进出口来改善国内各个部门的投入产出效率,并且还通过贸易来促进专业化与市场竞争,提高各个产业的核心竞争力。国际贸易对产业结构演进的影响主要体现在商品贸易与服务贸易上。在商品贸易中,俄罗斯资源出口型的产业结构使能源及矿产品价格受到国际市场行情的影响,不仅导致俄经济对外依存度过高,还加剧了产业结构的低级化。在服务贸易中,俄罗斯运输、建筑、保险、计算机、信息服务及金融服务的进出口规模逐年加大,这使俄罗斯第三产业发展迅速,产业竞争力也有所提高。就印度而言,服务贸易的发展保持了较为平稳的态势,特别是软件信息服务业的增长势头尤为强劲。美国、加拿大及欧盟国家已成为印度软件及其相关服务业出口的重要市场。由此可见,国际贸易是产业结构优化与升级的影响因素之一。国际贸易主要通过国际比较利益的实现来对产业结构的演进产生影响。国际比较利益是基于各国生产要素禀赋差异基础之上的。这一差异会引起生产要素价格差异,一国大量地使用廉价且丰富的生产要素所生产出的产品,通常成本较低,在国际贸易中会取得比较利益,而产品出口的增加将进一步推动产业快速发展,这就导致了该产业的比重逐渐增加。就生产要素禀赋欠缺的产业来说,国家对这类产品的进口需求增长较快,由此产生的影响会抑制产业发展。此外，从国外进口产品能够填补本国产业的不足，还能产生开拓本国市场需求的作用，为本国同种类型的产业发展创造条件。

而国际投资对产业结构的作用主要体现在改善本国产业的质量、提升产业的核心竞争力、推动产业结构升级等方面。国际投资主要包括本国资本的流出以及外国资本的流入，前者促使本国产业向外转移，后者导致国外产业的对内转移，二者都会使一国产业的结构发生变化，尤其是外国直接投资（FDI），其对国内产业结构演进的影响通常是一种较为直接的"内冲击波"①。具体而言，FDI对促进产业结构的优化与升级体现在以下三个方面：第一，FDI通过兼并与收购东道国企业，能够使资本存量由低质量变为高质量。生产技术、产品营销、经营观念、市场网络及企业管理等综合因素的跨国转移，恰恰是输入国产业升级换代所缺少的重要因素。第二，FDI通过创建新企业，能够形成高质量的资本增量。FDI的技术含量一般要比输入国的同类产业高，对其关联产业的长期发展也起到了至关重要的作用。对技术与资金相对密集的行业进行较大份额的跨国投资，有利于促进输入国产业结构的高级化发展，而且由于跨国投资企业具有资金优势，其生产规模通常较大，能更好地体现出规模经济效益。巴西制造业尤其是汽车工业的建立与发展就是依靠国外的资本与技术建立起来的。第三，FDI不仅能够提高输入国关联产业的存量资本，还能通过产业链效益来促进一批上、下游产业的发展。跨国企业在向输入国企业购买原材料与零部件时，对性能、技术和质量方面都会提出较高要求，并可能提供相应的技术援助与技术标准，以此来提高这些关联产业的技术与产品质量②。

3.3　本章小结

首先本章分析了"新兴11国"的经济发展状况。"新兴11国"作为全球经济摆脱危机僵局的引擎力量，无论是经济增速还是经济增量，始

---

① ALINA KUDINAA, CHRISTOS PITELISB. De‑industrialisation, comparative economic performance and FDI inflows in emerging economies [J]. International Business Review, 2014, (5)：887–896.

② 吴进红.开放经济与产业结构升级 [M]. 北京：社会科学文献出版社，2007：78–79.

终比发达经济体发挥着更加重要的作用。其中，中国、印度和印度尼西亚的经济增速最快，成为拉动全球经济增长的主力军。但"新兴11国"的经济复苏之路充满曲折，赤字问题、贸易结构不合理、欧债危机和货币贬值等因素，使得近年来"新兴11国"经济增速有所放缓。

接着本章分析了"新兴11国"产业发展状况。产业发展状况能够反映出一国的经济发展水平。"新兴11国"在产业发展的过程中，基本上呈现出第一产业发展萎缩、第二产业发展平稳，第三产业发展迅速的特点，但印度却是沿着"一、三、二"产业的路径发展。由于"新兴11国"间产业结构存在较大差异，因此各国三次产业的发展水平与发展速度也不相同。从产业的就业结构看，与发达经济体相比，"新兴11国"第一产业的就业人数较多，而第三产业的就业人数较少。此外，产业结构的演变是由许多经济与非经济因素共同导致的，对经济发展产生影响的因素也或多或少地会引起产业结构的变化。

4 "新兴11国"新兴产业发展与结构升级

    随着"新兴11国"传统产业的发展，以技术含量高为特点的新兴产业从传统产业中分化出来并迅速发展，逐渐代替传统产业并成为一国经济发展的重要驱动力。新兴产业的出现是传统产业经历了多次产业结构调整的必然结果，由传统产业向新兴产业转型升级构成了产业结构调整的重要方向。随着煤炭采掘业、机械制造业以及钢铁等传统产业的日趋衰落，新能源、新材料、生物工程、电子信息以及节能环保等新兴技术产业迅速发展，形成了新的主导产业。这些产业具有耗资少、知识技术密集、发展潜力较大、综合收益较好等特点，同时也从创新性、需求性、成长性与盈利性四方面体现出了"新兴"的内涵。根据新兴产业的基本特征与内涵，基于各国国情以及科技、产业基础，"新兴11国"培育和发展的新兴产业有八大类，主要包括节能环保产业、新一代信息技术产业、生物产业、高端装备制造业、新能源产业、新材料产业、新能源汽车产业和文化创意产业。

4.1 "新兴11国"新兴产业发展现状与趋势

4.1.1 节能环保产业

自然资源的匮乏已经成为经济社会发展的绊脚石，而大力发展节能环保产业能够有效缓解这一问题。近年来，"新兴11国"愈发追求低碳与经济的平衡协同发展，因而节能环保产业逐渐成为各国关注的焦点。进入21世纪以来，全球各国加速发展节能环保产业，有资料显示，全球环保产业的市场规模已由1992年的2 500亿美元上升到2016年的8 200亿美元，并且年均增长率达到了8%，远高于全球的经济增长率。环保产业不仅成为世界各国十分重视的"朝阳产业"，还是许多国家在产业结构调整转型时期保障就业率并支撑经济增长的重要力量。就"新兴11国"而言，由于节能环保产业不仅能够节约能源，减少排放，降低成本，还能获得直接的经济收益和回报，因而节能环保产业会进一步推动"新兴11国"经济发展并为其带来巨大商机。

节能环保产业发展的动力体系主要包括需求动力、制度动力以及技术动力。其中，需求动力囊括了国民经济发展需求、国际竞争需求以及市场需求。就国民经济发展需求而言，工业化阶段是衡量一国经济发展水平的主要依据。如果根据人均GDP对工业化阶段进行划分，那么人均GDP低于300美元就是工业化前阶段；人均GDP在300美元~2 000美元的为工业化第一阶段；人均GDP在2 000美元~4 750美元的就是工业化第二阶段；而高于4 750美元的就是后工业化阶段。国民经济发展的需求与环保产业形成和发展的关系见表4-1[①]：

人类健康生活的基本愿望——清新的空气、洁净的水源以及绿色的粮食，催生了节能环保产业的三大热门方向，即大气治理、污水处理以及固体废弃物处置。就大气治理而言，近年来，频发的海平面上升和温室效应使人们愈发关注二氧化碳排放量的增加对人类赖以生存空间的威

---

① 徐波，邹东涛. 环保产业发展动力体系的构成与应用 [J]. 西北大学学报（哲学社会科学版），2002（3）：25-29.

表4-1　　　国民经济发展的需求与环保产业形成和发展的关系

工业化阶段	划分标准 （人均GDP，美元）	主导产业	环保产业
工业化前阶段	低于300	第一产业	无
工业化第一阶段	300~2 000	第二产业	尚未形成 独立的环保产业
工业化第二阶段	2 000~4 750	第三产业	出现专业化、独立的环保产业
后工业化阶段	高于4 750	高新技术产业	环保产业成熟

胁。由于环保产业是保证国民经济可持续发展的物质与技术基础，因此，"新兴11国"不遗余力地大力发展节能环保产业以保持经济的可持续增长。虽然节能环保产业市场广阔、需求巨大，但"新兴11国"的节能环保产业目前还尚处发展初期，尚待进一步大力推进和不断发展。表4-2反映了"新兴11国"的二氧化碳排放情况：

表4-2　　　　　　　　2009—2014年"新兴11国"

二氧化碳排放量　　千克/2011年PPP美元GDP

年份 国家	2009	2010	2011	2012	2013	2014
阿根廷	0.26	0.24	0.23	0.24	0.23	0.25
巴西	0.14	0.15	0.15	0.16	0.16	0.17
中国	0.70	0.69	0.70	0.67	0.63	0.59
印度	0.34	0.31	0.32	0.33	0.31	0.32
印度尼西亚	0.23	0.21	0.28	0.28	0.20	0.18
韩国	0.36	0.38	0.38	0.37	0.36	0.35
墨西哥	0.27	0.25	0.25	0.25	0.24	0.23
俄罗斯	0.49	0.50	0.51	0.51	0.49	0.46
沙特阿拉伯	0.40	0.42	0.37	0.39	0.37	0.39
南非	0.85	0.77	0.74	0.72	0.70	0.73
土耳其	0.23	0.23	0.22	0.22	0.20	0.20

数据来源：由世界银行数据库整理得到。

由表4-2可见，2009年至2014年，只有墨西哥和土耳其的二氧化碳排放量呈现出下降趋势，而历年南非和中国的二氧化碳排放量在11个新兴经济体国家中为最高。随着工业化程度的不断加深，中国的钢铁及发电行业都离不开矿物燃料。尽管中国二氧化碳排放量的增速有所减缓，但排放量增多的趋势依旧未变。就南非而言，煤矿业和制造业是南非工业的两大支柱产业，由于石油资源匮乏而煤炭存储量较大，南非大量使用燃煤发电，从而造成了环境污染与碳排放量的增加。此外，俄罗斯实施大规模工业化生产使得以二氧化碳为主的温室气体排放量有所增加。为了提高能源利用效率并减少二氧化碳排放量，俄罗斯将天然气等清洁能源作为主力能源，同时，还实施了对"三高"企业技术升级换代与吸引国际资金投入专项生态项目等节能增效措施。由此可见，一方面，像南非和中国这样的主要新兴经济体发展节能环保产业已迫在眉睫；另一方面，"新兴11国"对节能环保产业的发展还存有潜力。事实上，作为"朝阳产业"，节能环保产业已引起"新兴11国"的高度关注。

从水治理方面看，一些新兴经济体已经或正在采取必要措施，例如，沙特阿拉伯海水淡化总公司计划在2016年年底在麦加地区及东部多省正式启动新建日产能高达250万立方米的海水淡化项目，以此来满足相关地区的用水需求。到目前为止，沙特阿拉伯水电部门存在若干在建供水及排水项目，总价值达600亿沙特里亚尔。而巴西的水流失率较高，相当于城市饮用水的40%~50%，损失高达每年50亿美元，在节水与用水方面尚存很大的市场空间；在废弃物处置方面，巴西有将近90%的城市都缺少废弃物填埋场，对于废弃物处置的投资需求也正在急速扩张；每年巴西空气污染控制的市场增速为20%。基于此，中国企业将牢牢把握住最佳时机，在未来几年打入巴西甚至整个南美洲水处理与环保市场。

近年来，中国对节能环保产业也给予了足够的重视，《"十三五"节能环保产业发展规划》（以下简称《规划》）明确指出要将节能环保产业作为支柱产业。《规划》提出，到2020年，中国要促进节能环保产业迅速发展，使产业的质量和效益得到显著提高，同时，提高节能环保产品市场的占有率，突破关键核心技术，大体构建了对节能环保产业发展有利的制度与政策体系。具体来看，一是扩大产业规模，吸纳就业能力。其中，节能环保产业增加值占 GDP 的比重达到 3%；二是提高技术水平以及节能环保装备的市场占有率。突破难点技术，拥有自主研发的关键技术，加深关键零部件国产化以及环保装备成套化程度，使节能环保产业的相关产品和设备销售量是 2015 年的 2 倍；三是提高产业集中度，增强国际竞争力。培育和发展一批国际竞争力较强的大型节能环保企业，其中，重点培育的骨干企业要多达 100 家，形成 20 个具有产业配套能力高、经济带动作用大以及服务保障水平高等特点的节能环保产业集聚区；四是优化市场环境，健全政策机制。在中国基本建立了统一、充分、有序的市场经济体系背景下，健全价格、金融以及财税等引导性政策，提高人民购买绿色产品的公共意识。

4.1.2 新一代信息技术产业

在新一代信息技术产业领域，从 20 世纪 40 年代起，第三次科技革命使电子信息产业有了突飞猛进的发展，从此人类走向了信息时代。世界各国也纷纷制定出一系列能够大力发展信息技术产业的相关政策，以便抢占信息科技的制高点。随着世界经济的缓慢复苏和全球新兴产业的快速发展，新一代信息技术产业在各国经济增长中的作用也进一步凸显。例如，根据世界银行对全球 120 个国家的计量分析结果，宽带信息网络服务的普及率每增加 10 个百分点，就会使经济增长 1.3 个百分点[①]。有资料显示，2011 年 "金砖国家" 信息技术产业的增速明显，拉美及亚太地区的主要新兴市场国家也纷纷采用了相对有效的宏观经济发展政策，抓住电子信息制造业结构调整的新契机，使新一代信息技术产业的增速明显快于发达国家，从而推动了全球新一代信息技术产业的发展。从产值增速看，在 2011 年全球电子产品产值增速位列前十名的国家及地区中，巴西排名第一，为 12.06%；韩国排在第二，增速为 9.57%；墨西哥排在第四，增速为 8.64%；虽然中国电子产品产值位居全球第一，但其增速仅为 6.72%，位列第六。而从市场增速看，在 2011 年电子产品

---

① 林中萍. 加快我国物联网发展的政策建议 [J]. 中国经贸导刊，2011（13）：22-24.

市场规模中，印度电子产品规模增速高达10.76%，位居全球第一；巴西增速为9.48%，位列第二；中国增速为9.18%，位居第三；墨西哥和韩国的增速分别为4.68%和4.17%，分列第四名和第五名[①]。但是，《2015年全球信息技术报告》指出，金砖国家在网络就绪指数排名并不高。数据显示，2015年，俄罗斯的排名上升了9位，在全球排第41位，是排名最靠前的金砖国家。中国依旧保持在第62位，而其他金砖国家的排名则纷纷出现了不同程度的下滑：其中，南非下降了5位至第75位，巴西下降了15位至第84位，印度下降了6位至第89位。由此可见，尽管多数国家在过去的十年里排名出现上升，但就目前情况看，却显现出了停滞或倒退现象。造成这一现象的部分原因在于，这些国家在城乡以及针对不同的收入群体并没有一视同仁，因此一大批人口根本无法参与到数字经济的发展中，而且各国之间的数字经济发展鸿沟正在不断扩大[②]。在中国的"十三五"规划中，新一代信息技术被确定为重点推进的战略性新兴产业之一。新一代信息技术主要包括六个方面：下一代通信网络、物联网、三网融合、新型平板显示、高性能集成电路以及高端软件[③]，党中央、国务院就人工智能、5G技术、工业互联网以及机器人等领域做出了一系列重要的发展战略部署。

（1）下一代通信网络

下一代通信网络的涵盖面较广，主要包括移动通信和互联网等。部分新兴经济体在这一领域取得了长足进步。例如，韩国"G速互联网"的普及，中国的"天河一号"已成为世界上计算速度最快的超级计算机。世界经济论坛2016年全球信息技术报告显示，韩国在国际宽带容量上大约增加了50%，而且安装的安全服务器数量也在增加，这使韩国在全球信息技术的排名上升到第五位；巴西在互联网用户数量上取得了长足的进步，排名上升了5位，至第57位；由于使用率和影响力增加，中国的排名上升了5位，至第59位；沙特阿拉伯在政府大力推动信息与

---

① 赛迪顾问. 2011—2012年中国新一代信息技术产业发展研究年度报告［EB/OL］.［2014-07-26］. http://wenku.baidu.com.
② 佚名. 2015年全球信息技术报告［EB/OL］.［2015-04-22］. http://www.cnii.com.cn/internation/2015-04/22/content_1564612.htm.
③ 郭连成，谷方杰，马晓雪. 新兴经济体产业发展与产业结构调整——以"新兴11国"为视角的分析[J].新兴经济体研究，2015.

通信技术发展的背景下，排名上升了2位；2015年，墨西哥政府对信息与通信技术的使用情况较好，这使得墨西哥在2016年的排名上升了13位，至第71位。表4-3和表4-4的数据分别从"新兴11国"的互联网用户和移动蜂窝订购情况来反映新一代信息技术产业的发展状况：

表4-3　　　　　2009—2018年"新兴11国"互联网用户　　　　单位：%

年份 国家	2009	2010	2011	2012	2013	2014	2015	2016	2017	2018
阿根廷	34.00	45.00	51.00	55.80	59.90	64.70	68.04	70.97	74.30	N
巴西	39.22	40.65	45.69	48.56	51.04	54.55	58.33	60.87	67.47	70.43
中国	28.90	34.30	38.30	42.30	45.80	47.90	50.30	53.20	54.30	N
印度	5.12	7.50	10.07	12.58	15.10	21.00	17.00	22.00	34.45	N
印度尼西亚	6.92	10.92	12.28	14.52	14.94	17.14	21.98	25.45	32.29	39.91
韩国	81.60	83.70	83.76	84.07	84.77	87.56	89.90	92.84	95.07	96.02
墨西哥	26.34	31.05	37.18	39.75	43.46	44.39	57.43	59.54	63.85	65.77
俄罗斯	29.00	43.00	49.00	63.80	67.97	70.52	70.10	73.09	76.01	80.87
沙特阿拉伯	38.00	41.009	47.50	54.00	60.50	64.71	69.62	74.88	82.12	93.31
南非	10.00	24.00	33.97	41.00	46.50	49.00	51.92	54.00	56.17	N
土耳其	36.40	39.82	43.07	45.13	46.25	51.04	53.75	58.35	64.69	71.04

注：①阿根廷、中国、印度和南非2018年数据缺失；

②数据来源：由世界银行数据库整理得到。

表4-4　　　　2009—2018年"新兴11国"移动蜂窝订购情况　　　单位：每百人

年份 国家	2009	2010	2011	2012	2013	2014	2015	2016	2017	2018
阿根廷	130	140	147	154	160	144	144	147	141	132
巴西	88	101	119	125	135	139	126	119	105	99
中国	55	63	72	81	89	92	92	97	104	116
印度	44	61	72	69	70	73	77	86	88	87
印度尼西亚	69	88	102	114	125	128	132	148	165	120
韩国	98	103	106	108	109	114	116	121	125	130
墨西哥	74	80	82	86	90	88	89	91	92	96
俄罗斯	161	166	142	145	152	153	157	158	157	158
沙特阿拉伯	169	188	191	182	177	171	167	148	122	123
南非	92	99	123	130	144	146	159	147	156	160
土耳其	88	86	89	91	92	93	94	94	96	98

数据来源：由世界银行数据库整理得到。

总体来看，"新兴11国"的下一代通信网络发展情况较好的国家分别是韩国、俄罗斯、沙特阿拉伯、阿根廷和巴西。其中，韩国在这五个国家中最具代表性，其新一代信息技术产业的发展在其他新兴经济体中可谓"鹤立鸡群"。在2013年以前，韩国互联网的用户数就超过了70%，而且无线通信电话的用户数在"新兴11国"中也是较高的。为了进一步推进新一代信息技术产业的发展，韩国政府还制定了《IT韩国未来战略》，并决定在5年内为支持信息核心战略产业的发展投资189.3万亿韩元，主要包括：下一代存储器研发，推广无线宽带、交互式网络电视和立体电视的应用，而且还要提高通过自主创新技术开发的无线宽带、网络电视以及3D电视的商业化水平。

中国的新一代信息技术产业的发展也取得了显著成果，2018年6月，在工信部发布的《工业互联网发展行动计划（2018—2020年）》中显示，中国要推动超过30万家企业上云，并培育出30万个以上的工业App，进一步优化工业互联网网络体系的顶层设计，同时建设出一批建立在窄带物联网以及5G等新技术基础之上的测试床。2018年11月，根据《新一代人工智能产业创新重点任务揭榜工作方案》，遴选并集中培养一批具有关键技术的企业，重点突破一批具有先进技术和高端性能的人工智能产品，创造并培养中国人工智能创新发展主力军。此外，中国还与其他新兴经济体如印度等国家共同实施了促进通信技术发展的政策，以此来提高自身互联网的渗透率、信息技术的使用技能以及提供服务的能力，但中国并未实施电信行业引入竞争以及运营权的对外开放政策。从数据可以看出，即便这样，无论是在互联网使用人数方面还是在移动通信的普及率方面，中国都高于印度。

另外，从信息和通信技术产品的出口情况也能反映出各国新一代信息技术产业的发展状况。信息和通信技术产品出口主要包括音频、视频、电子元件、电信、计算机以及其他通信技术等产品的出口，通过表4-5所列"新兴11国"的信息和通信技术产品出口占产品出口总额的比重，能够从一个侧面反映出中国、韩国、墨西哥等国新兴信息技术产业相比其他新兴经济体的快速发展情况：

表4-5　　　　2009—2017年"新兴11国"信息和通信技术
产品出口占产品出口总量的百分比　　　单位：%

年份\国家	2009	2010	2011	2012	2013	2014	2015	2016	2017
阿根廷	0.18	0.11	0.11	0.11	0.15	0.23	0.12	0.09	0.12
巴西	1.52	1.00	0.70	0.55	0.48	0.39	0.45	0.39	0.36
中国	29.65	29.13	26.76	27.06	27.42	25.94	26.56	26.50	27.07
印度	3.45	2.00	2.18	1.98	1.59	0.97	0.89	0.95	0.86
印度尼西亚	5.94	4.98	3.86	4.06	3.62	3.47	3.52	3.37	2.99
韩国	21.87	21.40	17.99	17.16	19.14	19.79	21.72	22.27	24.74
墨西哥	21.66	20.17	17.00	16.86	16.27	16.04	16.19	16.14	16.11
俄罗斯	0.28	0.22	0.24	0.31	0.42	0.80	0.81	0.55	0.58
沙特阿拉伯	0.18	0.11	0.11	0.12	0.22	0.12	0.16	0.23	N
南非	1.26	1.20	1.01	1.18	1.22	1.54	1.42	1.40	1.09
土耳其	1.98	1.84	1.66	1.73	1.45	1.52	1.47	1.35	1.26

注：①沙特阿拉伯2017年数据缺失；

②数据来源：由世界银行数据库整理得到。

如前文所述，虽然阿根廷、巴西、韩国、俄罗斯和沙特阿拉伯互联网和移动通信的使用与普及位于"新兴11国"前列，但在对国外的信息和通信技术产品出口方面，除了韩国以外，其他4国的表现并不出色，大大低于中国和墨西哥。从表4-5的数据可以看出，中国的出口比例最高，均在25%以上的水平。而拥有高数量的互联网用户及移动通信用户的阿根廷、俄罗斯和沙特阿拉伯等国，信息和通信技术产品的出口比例还不足1%。就中国而言，在下一代通信网络领域还存在较大的发展潜力。据统计，2019年1—10月，中国移动互联网的接入流量达到999亿GB，与上年同期相比增加了83.6%；截至2019年第三季度末，中国移动电话的基站数达到了808万个，与2018年年末相比增加了141万个；截至2019年10月，中国农村地区的宽带入户数量达到13 491万户，比2018年年末增加了1 750万户。

（2）高端软件

印度是"新兴11国"中在高端软件产业领域成长最快、最具代表性的国家。如前文所述，与其他新兴经济体国家不同，印度的服务业发展迅速，这主要归因于其信息技术产业的长足进步与发展。2013年1月17日，印度总理纳伦德拉·莫迪在接受媒体采访时给出了"莫迪公式"：信息技术+印度人才=印度未来（IT + IT = IT，即 Information Technology + Indian Talent = India Tomorrow），他指出，印度将成为全球新一代信息技术的创新中心。

印度信息产业的发展由来已久，政府也多次制订了产业发展的相关计划。早在20世纪80年代中后期，印度政府就高度重视信息产业的发展，出台了一系列促进信息技术产业发展的政策，推动了这一产业的迅猛发展。印度还为进一步发展信息技术产业付诸行动，如建立信息技术投资园区，实施国家广域宽带网络、电子元件以及材料发展等多项计划[①]。1987年，印度政府投资5 000万卢比分别用于建设班加罗尔等3个软件技术园区。1991年，印度还制订并实施了《电信港建设计划》，并在班加罗尔等地修建了电信港，随后又陆续地建立了经济特区、电子硬件技术园区等，与海得拉巴和马德拉斯一起成为印度软件业的"金三角"，有效地带动了印度软件信息产业的发展。同时，印度还准备投资333.4亿卢比用于铺设全国29个州的宽带网络。为了鼓励外资引进和企业入驻，印度还给予了相应的税收优惠政策，允许外资百分百控股及免征所得税，给予入园企业免交进出口税的优惠政策，对设备和产品废除了进口许可证制度等。1998年，印度内阁批准并通过了《信息技术发展计划》，提出要在2008年，也就是印度独立60周年之际，通过努力实现信息产业超级大国的战略目标，使印度成为全球软件生产及出口大国。世界银行的相关调查结果显示，印度2008年的软件出口额为200多亿美元，占产品出口总额的20%以上，占全球离岸信息服务业的份额为65%，占外包业的份额为46%，而且印度2009年的软件出口规模、软件质量以及软件制造成本等综合指数排名位居世界第一。为了加速提

① PARTHASARATHY, BALAJI. From underdogs to tigers: the rise and growth of the software industry in Brazil, China, India, Ireland, and Israel [J]. Economic Geography, 2007, (3): 331-332.

高印度软件业的国际竞争力，印度是第一个从美国引进CMM（软件能力成熟度模型）的国家。印度还有43家企业获得全球SEI-CMM5认证。不仅如此，印度政府还致力于大量承接国际IT服务外包业务，印度的软件外包业已成为十分具有国际影响力的新兴产业。目前，印度是世界第二大软件出口国，出口额占全球市场份额的比重将近20%，已成为信息服务外包与跨国公司软件外包业务的首选地，美国有将近60%的软件产品从印度进口。印度还成立了IT产业部，1999年颁布的《信息技术法》指出，政府应当将预算的2%~3%用来发展信息技术产业。

印度高端软件制造业强劲的发展势头不仅带动了本国就业，还为本土企业创造了可观的收益。印度人口位居世界第二，拥有高竞争力的就业大军。在英美等发达国家中，印度裔的软件从业人员的比例接近50%。外包服务业在一定程度上对印度就业压力起到缓解作用，相关数据显示，这一产业为印度创造了逾230万的就业岗位，而且印度最大的IT企业——印度塔塔咨询服务公司（TCS）的年收入已超过20亿美元，其在全球的分支机构有100多个，拥有超过2万名的雇员，为分布在全球的55个国家提供软件服务，并有近千名的客户。此外，还有年收入超过10亿美元的软件巨头企业，如在印度和美国上市的Infosys、Satyam、Wipro等公司[①]。

印度软件与信息技术产业不仅对GDP增长贡献突出，而且成为外汇收入的重要来源。2004年至2005年，印度软件与信息技术产业的产值达到285亿美元，增长率已超过33%。到2010年，这一产值迅速增长到600亿美元，软件业增加值占GDP的比重高达7%，而且在世界按照客户要求进行设计的软件开发市场中，印度占据了大约20%的份额，并面向全球105个国家及地区出口。到2012年，印度软件与信息服务行业的产值更是上升到约1 000亿美元，印度软件风靡整个欧美市场。

（3）其他领域

在新一代信息技术产业的其他领域，一些新兴经济体也发展得有声有色。自20世纪六七十年代以后，韩国改变了发展模式，通过出口替

代战略以及优先发展电子信息等高科技产业，其经济迅速崛起并跻身于高收入国家行列。作为后起之秀，韩国在新一代信息技术产业的发展卓有成效，如平板显示、有机发光半导体以及移动通信等。其中，在AMOLED技术上已率先实现了规模化生产，其产业化进展已遥遥领先于欧洲主导的高分子OLED技术。不仅如此，韩国的LED一直处于国际先进水平，在国际市场上的占有率高达23%，位居世界第二，成为韩国具有实质性的新兴产业。中国新一代信息技术产业的发展也表现不俗。在物联网领域，"十二五"期间，中国已初步形成从传感器、芯片、软件、终端、整机、网络到业务应用的比较完整的产业链体系，而且培育了一批国际竞争力较强的领军企业。到2015年，中国物联网整体市场规模达到7 500亿元，预计到2020年，产业规模将达到2万亿元，其市场前景将远远超过计算机、互联网、移动通信等单个市场。在云计算领域，中国已将云计算纳入专项扶持计划并积极推动云计算、AI芯片和5G技术的快速发展。云计算市场规模从2015年的378.1亿元增至2018年的907.1亿元。在高性能集成电路领域，集成电路市场规模到2015年达到1.2万亿元，而且从发展趋势看，今后几年高性能集成电路的增速将保持在9%左右。未来物联网、云计算、半导体照明、医疗电子和安防电子等新兴领域的发展，也将进一步推动高性能集成电路技术的发展。

4.1.3　生物产业

在生物产业领域，生物技术的发展已彻底改变了世界科技、经济和军事竞争格局。生物技术已与计算机信息技术、组合化学合成技术以及纳米技术迅速融合，为产业发展提供了广阔空间。生物产业的发展不仅对满足人们日益增长的物质文化需求具有明显的促进作用，而且能显著提高生产力。例如，在生物医药产业领域，一方面，它能形成新的经济增长点，造福于人；另一方面还能提升"新兴11国"的医疗卫生服务水平。在生物农业领域则是"新兴11国"粮食安全的重要突破口，转基因技术在食品及粮食领域的应用推广将显著带动农业的发展。

在生物医药产业领域，近年来印度的发展相对迅速，2000年印度对非专利药品的出口额仅为 16 亿美元，而在 2005 年则大幅上升至 50 亿美元。目前兰伯西实验室有限公司（Ranbaxy Laboratories Limited）是印度最大的生物制药公司，年收入突破 15 亿美元，其中有将近 2 亿美元的净利润，而且该公司在 2007 年就进入到全球十大通用名药厂的行列。2008 年，印度生物医药行业的市场规模已超过 80 亿美元，制药工业的产量位列全球第四，药品的出口额占据了将近一半的产值。同年 6 月，兰伯西成为日本最大医药研发公司——第一三共株式会社的子公司，并联合组建了一个创新型的普药制造超级联盟，在全球制药企业中位居第15 名。此外，阮氏制药（Dr Reddy's）、西普拉（Cipla）等跨国巨头医药企业也带动了印度生物医药产业的蓬勃发展[1]。据印度生物技术部（DBT）的预测，截至 2025 年，印度生物技术总产值将高达 1 000 亿美元。

此外，印度在生物基因资源方面占有优势，其拥有量位于世界前列，野生物种具有多样性，良好的自然资源禀赋为印度生物工程的研发提供了基础条件。目前，在生物工程领域，印度已拥有 800 多家企业、50 多个研发实验室以及 2 万余名专业研发人员。中国生物医药产业的资源条件也不逊色于印度，也具备较为明显的比较优势。中国全球生物资源比较富足，生物物种数量约为 26 万，药用植物物种数量近 12 800，已收集的农作物种质资源达到 32 万份，并拥有十分罕见珍贵的人类遗传资源，目前不仅收集到 3 000 多个家系样本，而且还建立了世界保有量最大的农作物种质资源库以及亚洲最大的微生物资源库[2]。

在生物技术方面，中国在生物芯片、生物信息学、干细胞、基因组学等生命科学前沿领域拥有较高的科研水平，一大批生物技术成果已经申报专利或者进入到了临床阶段。俄罗斯政府大力支持发展生物技术产业，并计划于 2020 年以前对这一领域的投资额达到 1 万亿卢布，力争到2020 年使生物技术产品增加值占其 GDP 的比重达到 1%。目前，俄罗斯拥有 100 多家从事生物技术研发与生产的研究所和科研生产联合体。除此之外，韩国在生物技术方面也颇有成就。韩国产业通商资源部和韩国生物技术协会2014年发布的《2013年韩国生物技术产业实态调查》显示，韩国2013年国内生物技术产业生产规模为7.52万亿韩元（约合人民币427亿元），同比增长5.3%。而在2009年，韩国生物技术的产业规模仅为5.35万亿韩元，5年内增长了41%倍，年平均增幅达到8.9%。在经济形势低迷的大环境下，韩国生物技术产业依旧保持了较平稳的增长势头。

在生物农业领域，阿根廷是"新兴11国"中发展较好的国家。美国农业部海外农业局（USDA/FAS）的一项报告显示，阿根廷在2008年和2009年两个种植年中，一直保持世界第二大转基因作物生产国的地位（仅次于美国），其转基因作物种植面积占世界转基因作物种植面积的16.8%。阿根廷种植的大豆几乎全部是转基因大豆，83%的玉米和94%的棉花也都为转基因作物。另外，25%的转基因玉米是复合性状玉米，明显比以前2%的复合性状占有率有所提高。

4.1.4　高端装备制造业

高端装备制造业是拥有先进制造技术的行业，一个国家制造业发展水平和经济综合竞争实力的高低主要是通过高端装备制造业发展水平来衡量的。其中，航空航天、高速铁路、海洋工程以及智能装备制造具有技术密集度大、产业附加值高、产业成长空间大以及辐射带动作用强等特点。传统制造业向着高端装备制造业的升级，是目前全球制造业发展的显著特点。一般来说，高端装备制造业与传统制造业的主要区别体现为产业先进性、技术先进性和管理先进性等特征。尽管高端装备制造业在不同阶段会有不同的特点，但都代表着一个阶段主流制造业的发展方向。例如，在信息化时代，高端装备制造业是指对电子信息技术和现代管理技术领域的技术成果的不断吸收与应用，从而实现信息化、智能化、自动化、柔性化以及绿色化的生产性制造业。在新一轮科技革命日新月异、制造业发展模式深刻变革的形势下，大力发展高端装备制造业是"新兴11国"的必然选择。大多数新兴经济体会通过政府主导和政策扶持来大力推动高端装备制造业发展，积极抢占高端装备制造业的巨大市场，特别是中国、巴西、印度、俄罗斯等曾以传统制造业为主的金砖国家，正在积极发展高端装备制造业，向新技术和产品的开发、设计及应用研究领域拓展。

在航空航天领域，金砖国家纷纷取得了不同程度的进展。印度虽将发展服务业作为产业发展的重点，但也重视高端装备制造业的发展。近年来，印度在航空航天领域的发展也取得了丰硕的科研成果。例如，印度对卫星的研发和应用技术已接近甚至达到世界领先水平，而且火箭运载技术也取得了突破性进展，印度目前已拥有卫星运载火箭3（SLV-3）、极地卫星运载火箭（PSLV）、加大推力运载火箭（ASLV）以及地球同步卫星运载火箭（GSLV）等四种类型的国产运载火箭。此外，巴西民用航空工业的发展也取得了重大进步，主要是将国内支线飞机制造业作为新兴产业的重点发展与大力支持领域。喷气式支线飞机的大量出口及其制造业的迅猛发展，引领巴西成为航空制造业大国。这一制造业被巴西视为继足球、桑巴舞和咖啡之后的第四大"国宝"。

在海洋工程领域，目前中国的"蛟龙号"载人深潜器已突破7 000米深度，并在海底发现有丰富的生物多样性存在。此外，在船舶制造领域，俄罗斯通过了《2009—2016年发展民用船舶制造业联邦专项计划》，提出政府将优先发展先进造船业，特别是要对科技含量高的专业海上平台及辅助船只加大生产力度，以用来开发资源富足的大陆架。俄罗斯提出力争使船舶制造业达到世界领先水平。

在智能装备制造领域，中国在高纯度硅的大规模和低成本生产技术以及多兆瓦级风电机组的研制方面取得了重大突破。而俄罗斯为发展先进机床制造业，对机床工业投入10亿美元。其中，7.5亿美元用于新产品开发，每年开发新产品50~60种；2.5亿美元用于技术改造，以提高俄罗斯机床工业的制造能力。

总体来看，中国长期实施的产业结构调整与转型升级战略，使得主要制造业领域尤其是高技术制造业的规模有所扩大；装备制造业实力显著提升；耗能较高的行业增速减缓，节能减排初具成效；落后产能已被淘汰，产品结构不断优化升级。特别是新一轮科技革命为中国装备制造技术的赶超带来了机遇，如3D打印技术、工业机器人技术等作为新兴和先进技术，不仅推动了中国装备制造工业快速发展，而且提高了中国制造业在全球制造业中的影响力。早在2010年，中国制造业产出占世界的比重就高达19.8%，并超过美国成为全球制造业第一大国。2013年，中国高端装备制造业规模以上企业全年累计主营业务收入达到33.1万亿元，同比增长12.3%。为大力发展高端装备制造业，推进中国制造业由大到强、由制造大国向制造强国的战略转变，中国政府提出，要建立和完善产业技术创新体系；着力强化制造业基础；全方位提高产品质量；加强品牌建设；积极倡导绿色制造；大力推行中国装备的"走出去"战略。与此同时，要对高端装备制造业发展给予高度重视，加快促进重点产业的结构调整，使高档数控机床、电力装备、工业机器人、工业智能装备、航空装备、船舶装备、海洋工程装备、先进轨道交通运输装备等核心装备领域实现重大突破。先进制造技术是新兴制造业的基础技术，要对技术含量高的制造技术、兼具数字化与智能化的制造技术、极端条件下的制造技术等可持续发展制造技术给予高度重视①。

与中国类似的还有俄罗斯，俄罗斯政府提出，要摆脱长期以来的产业结构不合理状况，就要摒弃原有的原材料导向型经济发展模式并实现经济的现代化，还要提高加工制造业最终产品的贡献率及增长速度，尤其是要提高高新技术产业的贡献率。由传统制造工业向高端装备制造业的升级，成为俄罗斯产业结构调整与升级的重要任务和目标。早在2002年，俄罗斯就将信息通信电子技术、航天与航空技术、新材料与化学工艺技术、新型运输技术、新型武器的军用和特种技术、工艺与制造技术、生命系统技术、节能技术、生态与自然资源利用技术九大技术领域作为科技优先发展的方向。2005年以来，俄罗斯加大了扶持加工工业和高科技发展的力度，明确提出要发展通信、航天、飞机制造等俄罗斯传统强势领域，推动飞机、汽车、造船等制造企业的重组与合并，提高产业的竞争力。

---

① 佚名. 补足短板 统筹推进先进制造业发展 [EB/OL]. [2014-06-10]. 中国新闻网，http://www.cinn.cn/xw/chanj/317614.shtml.

在能够反映高端装备制造业发展水平的高科技制成品出口方面，2009—2018年，中国、韩国和墨西哥在"新兴11国"中处于前列，高科技产品出口占制成品出口的比重较高。其中，韩国和中国历年均在28%以上，韩国最高达36.35%（2018年），中国最高达32.15%（2010年），详见表4-6：

表4-6　　　2009—2018年"新兴11国"高科技出口

占制成品出口百分比　　　　　　　单位：%

年份 国家	2009	2010	2011	2012	2013	2014	2015	2016	2017	2018
阿根廷	9.07	7.75	7.35	6.67	7.48	7.08	9.27	9.02	9.24	5.33
巴西	14.16	12.05	10.58	11.27	10.43	11.36	13.14	14.34	13.31	12.95
中国	31.95	32.15	30.50	30.86	31.59	29.70	30.43	30.25	30.89	31.44
印度	9.62	7.67	7.77	7.43	8.69	9.10	7.99	7.65	7.35	9.01
印度尼西亚	N	12.03	10.61	10.65	9.54	9.24	8.87	7.94	8.20	8.02
韩国	32.03	32.04	28.14	28.20	29.81	30.03	31.21	30.53	32.52	36.35
墨西哥	22.72	22.17	21.17	21.40	20.54	20.54	19.83	20.84	21.62	21.08
俄罗斯	9.78	9.59	8.51	9.21	10.76	12.20	16.41	16.28	12.20	10.96
沙特阿拉伯	1.08	0.74	0.58	0.65	0.70	0.58	0.76	1.27	0.73	0.61
南非	5.86	5.97	6.06	6.63	6.50	6.64	6.97	6.24	5.22	5.32
土耳其	2.02	2.20	2.11	2.16	2.29	2.33	2.58	2.51	2.90	2.33

注：①印度尼西亚2009年数据缺失；

②数据来源：由世界银行数据库整理得到。

但在"新兴11国"中，土耳其和沙特阿拉伯这两个国家的高科技出口占制成品出口的比重一直保持在3%以下的低水平。土耳其的技术含量较低产品的出口，主要依赖于对低素质劳动力的大量雇佣。据相关数据统计，在年龄处于25~34岁的土耳其人中，有53%的男性与64%的女性学历在小学及以下，并且在2011年，这些低学历人群中有87%的工人服务于非正规企业[①]。就目前来看，土耳其的产品出口结构依旧属于低收入国家出口结构类型，而且相对于其他新兴经济体而言，土耳其是一个产业结构升级相对缓慢的国家。

4.1.5　新能源产业

在产业发展初期，"新兴11国"主要依靠高耗能、高污染、高排放的增长模式，但如果想要保持可持续发展，这种增长模式就难以持续，高能耗高污染的产业必将被淘汰，取而代之的则是绿色的发展方式。BP世界能源统计年鉴显示，2018年，全球一次能源消费增长2.9%，几乎是过去十年平均增速（1.5%）的2倍，也是2010年以来的最高增速。"新兴11国"依旧是全球能源消费的主要驱动力。其中，中国和印度对一次能源消费增长的贡献率分别是34%和15%[②]。随着传统能源供应的日益紧缺，全球各国普遍开始重视新能源的开发与利用，并制定和采取了相关的新能源发展政策和措施，其生产规模及使用范畴也在逐渐扩大，发展可再生能源并将其作为对一次性能源的替代已刻不容缓。在《BP2030能源展望》中，非化石能源如核能、水电以及可再生能源等有望成为能源的主要来源及新增长点。在2010—2030年，可再生能源（主要包括太阳能、风能、地热能、生物能等）对能源增长的贡献率有望从5%增加至18%[③]。其中，世界银行的统计数据显示，2014年"新兴11国"中可替代能源和核能的使用量占能源总使用量的百分比最高的2个国家分别是巴西（10.81%）和韩国（15.61%）。有研究表明，到2020年，如果新能源的利用量占能源消耗总量的比例达到20%，那么每年二氧化碳的排放量将减少24亿吨。由此可见，新能源产业不仅是低碳产业，还是环保型产业，更是一个新兴产业。《全球新能源发展报告2015》指出，新能源产业不仅已成为全球化产业，而且正以多元化的发展格局逐步深化。该报告显示，2014年全球已有超过130个国家实

①　GÖNENC, RÖHN, KOEN. Structural reforms to boost Turkey's Long-term growth ［M］. Paris: OECD Publishing, 2012.
②　BP. 世界能源统计年鉴 2019 ［EB/OL］. ［2019-08-05］. https://www.bp.com/zh_cn/china/home/news/reports/statistical-review-2019.html.
③　佚名. BP能源展望：未来20年新兴经济体领涨能源需求　可再生能源增长赶超石油 ［EB/OL］. ［2019-08-05］. http://finance.ifeng.com/roll/20110125/3293514.shtml.

施了新能源扶持政策。其中，发展中国家和"新兴11国"的比重超过了2/3。在全球应对气候变化的大背景下，"新兴11国"也纷纷调整各自的能源发展战略，提出了打造能源经济的新目标。例如，韩国推出了绿色能源新政；印度尼西亚政府将绿色能源和可再生能源作为产业发展重点；中国则提出要发展具有中国特色的新能源产业，发动经济增长新引擎，努力在未来国际竞争中占有优势[①]。

（1）可再生能源

国际能源署发布的能源报告中指出，到2016年，全球的太阳能、风能、水能以及其他形式的可再生能源的发电量会超过天然气和核能的发电量。而"新兴11国"对太阳能和风能等可再生能源的需求将非常大，"新兴11国"将成为消费可再生能源的主力军[②]。为了顺应世界新能源产业的发展趋势，"新兴11国"纷纷制定了调整传统产业和发展新能源产业的战略规划，对新兴产业的投资力度也不断加大。有资料显示，2012年，中国对可再生能源的投资总额达到了670亿美元，已经超过了美国。不仅如此，中国已形成了体系较为完善、规模较大的新能源产业。据统计，中国的太阳能硅材料的国内自给自足率已达到25%，风电内资企业与风电合资企业生产出的产品装机容量已超过外资企业。巴西、土耳其、墨西哥、南非等国可再生能源的发电量已经与化石燃料的发电量持平[③]。表4-7反映了2017年和2018年"新兴11国"可再生能源的分种类发电量情况：

由表4-7可知，2017年和2018年风能、太阳能和其他可再生能源发电量最多的国家是中国，其次是印度。据统计，2011年印度在可再生能源方面引入的投资额高达103亿美元，投资增幅与2010年相比增加了52%。其中，在太阳能领域实现了42亿美元的投资，占总投资额的40.8%，对风电领域的投资更是达到了46亿美元，占总投资额的44.7%，其风能装机容量遥遥领先于除中国以外的其他新兴经济体，拥

① HALKOS，TZEREMES.The effect of electricity consumption from renewable sources on countries' economic growth levels：evidence from advanced，emerging and developing economies [J]．Renewable and Sustainable Energy Reviews，2014，（39）：166-173．
② BROWN，DARYL.IEA's World Energy Outlook 2013：Renewables and Natural Gas to Surge Through 2035 [J]．Power，2014，（1）：8-9．
③ 张尼．新兴经济体将成可再生能源开发利用主力 [N]．中国社会科学报，2013-07-08．

表4-7　　　2017年和2018年"新兴11国"可再生能源发电量　单位：太瓦时

国家 \ 年份 类别	2017				2018				2018年平均增长率			
	风能	太阳能	其他	总计	风能	太阳能	其他	总计	风能	太阳能	其他	总计
阿根廷	0.6	+	2.4	3.0	1.4	0.1	2.3	3.8	131.0%	558.6%	-3.6%	26.8%
巴西	42.4	0.8	51.3	94.5	48.5	3.1	52.9	104.5	14.4%	277.1%	3.2	10.6%
中国	295.0	117.8	79.6	492.4	366.0	177.5	90.7	634.2	24.1%	50.7%	14.0%	28.8%
印度	52.6	21.5	21.6	95.8	60.3	30.7	30.5	121.5	14.6%	42.8%	40.9%	26.9%
印度尼西亚	N	+	13.4	13.4	0.2	+	14.5	14.8	N	-36.8%	8.9%	10.2%
韩国	2.2	7.1	8.3	17.6	2.4	9.3	10.2	21.9	10.8%	32.5%	21.9%	24.8%
墨西哥	10.6	1.2	7.3	19.1	12.6	2.2	6.5	21.4	18.9%	89.0%	-11.5%	11.6%
俄罗斯	0.1	0.5	0.5	1.1	0.2	0.6	0.5	1.3	62.4%	6.9%	-0.9%	10.5%
沙特阿拉伯	N	0.1	N	0.1	N	0.2	N	0.2	N	9.2%	N	9.2%
南非	5.9	4.3	0.5	10.6	6.9	4.9	0.5	12.4	17.5%	15.4%	9.8%	16.3%
土耳其	17.9	2.9	8.3	29.0	19.8	7.9	10.0	37.7	10.7%	173.1%	21.0%	29.8%

注：①"+"表示低于0.05，"N"代表数据缺失；

②数据来源：由BP世界能源数据库整理得到。

有"风能之子"的美誉。目前印度已经成为全球第5大风电生产国。今后印度风能也将保持每年23%的增长速度。印度风电产业发展迅速的动力源于国家激励政策。印度政府规定，对风电项目装机第一年进口的风电设备及其零部件给予减免关税及消费税的优惠，并要求地方电力部门及其被管辖单位必须保证已规划风电项目接入电网①。巴西则是继中国和印度之后风能发展较快的新兴经济体之一。有资料表明，巴西国家电力局于2009—2011年间分别举行了三次风力发电商业招标，并吸引了通用电气等国际行业龙头企业。

从2018年"新兴11国"可再生能源发电量的平均增长率看，阿根廷的风能和太阳能发电量平均增长率最高，分别为131.0%和558.6%。巴西和土耳其在太阳能领域的发电量平均增长率也十分突出，分别为

---

① 佚名. 印度风电亚洲领先源于政策激励［J］. 节能与环保，2006（9）：6.

277.1%和173.1%。在其他可再生能源领域，阿根廷、墨西哥和俄罗斯出现了负增长。

（2）生物燃料

有资料显示，全球生物燃料产量将从2010年的180万桶/日提高到2030年的670万桶/日。政策的持续性支持、油价的居高不下以及技术的革新与发展，将成为"新兴11国"生物燃料产量迅速上升的推动力。在发展生物燃料的新能源领域，虽然近年来巴西的生物燃料产量增速并不显著，但在"新兴11国"中，其产量首屈一指。据有关资料，美国和巴西在2010年全球生物燃料总产量中约占76%，居于主导地位。今后虽然由于亚太地区产量的上升会导致这一比重的下降，但在2030年前该比重也会保持在68%左右[①]。

巴西新兴产业的发展重点是生物能源、风能以及核能等新能源产业。2010年12月，巴西矿产能源部批准出台了《2010—2019年能源扩张新计划》，并规定到2014年要逐渐取缔化石燃料电厂，而且要在未来10年中将水力与风力发电并网作为发展重点。此外，巴西还对碳捕捉与碳储存技术进行研究，改变了化石燃料能源的消耗模式。经过半个多世纪的发展，巴西寻求了一条可持续发展的道路。在过去的35年间，巴西政府相当重视资源的节约利用，致力于生物燃料技术的研发，凭借其适宜种植甘蔗以及油料作物的地理环境优势，率先制定出能源农业战略。在拥有了先进的玉米乙醇提炼制造技术之后，巴西还试图从甘蔗渣、植物纤维、秸秆以及其他农作物废料中提取纤维素乙醇，形成了以提炼纤维素乙醇为核心的新兴产业链。这不仅加快了新一代生物燃料乙醇的研发生产并投放市场，还降低了生产乙醇燃料的成本。在政府的支持下，巴西国内主要的科研机构、大学以及巴西石油公司均参与其中，摸索出一条与众不同的技术路线，目前已发展成为全球替代燃料消费比例最高的国家之一。据相关数据统计，全球生物能源消费量占所有能源消费总量的比例为13.6%左右，其中，发达国家占比仅为6%，而巴西则达到了44%。巴西是乙醇燃料的生产大国，其产量位居世界第二，出

---

① 佚名. BP能源展望：未来20年新兴经济体领涨能源需求　可再生能源增长赶超石油[EB/OL]. [2019-08-05]. http://finance.ifeng.com/roll/20110125/3293514.shtml.

口量位居世界第一，是目前全球唯一一个不提供纯汽油燃料的国家。作为"新兴11国"中最大的乙醇燃料生产国，巴西政府还制订更加雄心勃勃的生物燃料发展计划。巴西凭借着得天独厚的地理环境优势成为了生物燃料的重要生产基地，其发展前景十分广阔。表4-8反映了巴西在一些主要新兴经济体中生物燃料产量的优势地位：

表4-8　　　　2009—2018年"新兴11国"生物燃料产量　单位：千吨油当量

年份 国家	2009	2010	2011	2012	2013	2014	2015	2016	2017	2018
阿根廷	1 029	1 711	2 222	2 279	2 050	2 630	2 017	2 818	3 115	2 726
巴西	15 277	16 874	14 403	14 739	17 114	18 001	19 333	18 168	18 240	21 375
中国	1 634	1 589	1 976	2 110	2 346	2 609	2 039	1 811	2 147	3 099
印度	115	188	275	263	249	271	540	660	602	1 023
印度尼西亚	150	191	1 425	1 746	2 205	3 114	1 300	2 874	2 686	4 849
韩国	221	310	249	360	369	388	441	443	428	450
墨西哥	4	5	8	9	7	8	5	12	12	12

注：①俄罗斯、沙特阿拉伯、南非和土耳其4国无报告数据；

②数据来源：由BP世界能源数据库整理得到。

从表4-8可见，在阿根廷、巴西、中国、印度、印度尼西亚、韩国和墨西哥7国中，巴西生物燃料产量最高，在2009—2018年间，其产量均超过了14 000千吨油当量，远远高于阿根廷、中国和印度尼西亚；而印度、韩国和墨西哥的生物燃料产量与巴西相比就显得微不足道了。此外，据世界能源数据库统计，2018年全球生物燃料的产量增速为9.7%，系2010年来的最高水平，且略高于近十年内平均增速。巴西（310万吨油当量）和印度尼西亚（220万吨油当量）共贡献2/3的全球增长（850万吨油当量）。从年均增长率看，2009年至2017年，年均增长率最高的国家是阿根廷，为33.5%，而年均增长率最低的两个国家分别为巴西（3.9%）和中国（5.9%）。但在2018年，阿根廷却出现了-12.5%的增长，而印度和印度尼西亚在2018年分别出现了70.0%和80.5%的高速增长。由此可见，"新兴11国"在生物燃料领域的发展虽有所进步，但还有待提高。

总体而言，为推进新能源产业的快速发展，"新兴11国"纷纷制订了相应的计划与战略。以金砖国家为例，印度虽然资源比较丰富，但由于是人口大国，所以人均资源拥有量并不高。为了利用本国的各种自然资源来推动国民经济的适度增长，印度政府积极发展新能源产业并将经济发展对进口石油的依赖控制在最低水平。为推进新能源产业的发展，2008年印度政府提出要在5年内耗资10亿美元用于支持发展新能源产业。此外，印度还将非传统能源部正式更名为新能源和可再生能源部，该部门的主要职能是对印度新能源产业的发展规划进行部署，并负责政策的制定与执行。2009年，国际原子能机构取消了对印度的核贸易制裁，为印度对核能投资1 000亿美元用于大规模研发铺平了道路。金砖国家中的俄罗斯和南非也立足于本国的资源禀赋优势，积极推进新能源产业的发展。俄罗斯总统普京在2005年12月明确指出，从中期的发展前景来看，新能源产业将是俄罗斯迈向能源强国并促进其经济发展的领头产业。为了进一步发展新的核电工业计划，俄罗斯联邦委员会以及俄罗斯国家杜马于2007年批准并颁布了俄罗斯核能工业改革的相关法律法规，旨在建立大型的并拥有国际核电市场竞争力的核能工业集团，争取在国际核电站建设市场占有1/5的份额。俄罗斯核电发电量占总发电量的比重预计由16%上升至2030年的25%，有望成为全球核电站市场出口强国。南非石油资源十分匮乏，但煤炭的存储量位居世界第五，大量使用煤炭发电造成了碳排放量的增加和环境污染。为了形成科学合理的能源结构以及保持经济的可持续发展，南非积极发展新能源产业，再加上南非拥有日照充足、生物燃料丰富等自然要素优势，使其在太阳能与生物质能等新能源产业方面的发展具有要素优势。2003年南非政府出台了可再生能源保护价格、可再生能源凭证交易、可再生能源财政补贴等一系列优惠政策，充分调动了企业发展新能源产业的积极性。除金砖国家以外，印度尼西亚政府也将绿色能源和可再生能源等作为产业发展的重点，不仅顺应了产业革命的需要，还成为今后发展的聚焦点。

4.1.6 新材料产业

在新材料产业领域，能源、信息、环境等产业的迅速发展，使得人们对材料也提出了更高、更严格的要求，新材料产业也日益朝着环保、高效、智能的方向发展。目前，在电子信息材料、先进金属材料、新型高分子材料以及高性能陶瓷材料等方面已逐渐形成核心竞争力。为了成为未来的科技强国，各国纷纷突破一批能够满足国家经济建设需要并促进产业发展的核心关键技术。新材料技术不仅是当今高新技术的关键部分，还是当代高技术发展的先导与物质基础。有观点认为，能源、信息与材料成为21世纪现代文明与生活的三大重要支柱，材料则是能源与信息的基础。新材料产业具有生产经济性强、制造过程环保绿色化、更新换代较快、产品性价比优等显著特点，而且目前新材料产业已呈现出精细化、专业化、复合化的发展趋势，其应用领域已涉及节能环保、新能源以及高端装备制造等其他新兴产业领域。作为衡量经济社会发展水平的重要指标之一，新材料产业将在未来一段时期内为产业革命与新一轮的科技革命提供良好的物质基础。

在纳米产业领域，俄罗斯在国际金融危机爆发之前就已经将纳米产业作为新兴产业来发展。俄罗斯不仅培养了高端纳米技术型人才，并成功建立起与国际先进水平接近的纳米技术网络，而且构建了15个与纳米产业有关的专业化数据库。2009年俄罗斯总统梅德韦杰夫再次强调要将纳米技术作为产业发展的重点目标，为此还出台了相应的产业扶持政策。俄罗斯政府还宣布要对纳米技术资助2 000亿卢布，促使这一产业尽快成为俄罗斯科技战略的"火车头"，还要在能源、医学、造船等领域广泛应用纳米技术。此外，俄罗斯政府颁布了《2008—2010年纳米基础设施发展国家专项计划》，这一计划不仅要建立纳米技术研究中心和纳米产业化基地，而且规定在2015年前，纳米产业的计划投资要达到3 180亿卢布（约合10亿多美元），力争使俄罗斯纳米产业领域的年产值达到9 000亿卢布，而且1/4将用于出口。

中国在新材料产业领域的发展也取得了长足的进步。在2014年中国新材料产业发展高层论坛上，中国工信部副部长苏波指出，工信部大力培育并发展新材料产业，积极建设制造强国。中国材料学会的数据显示，2011年中国新材料产业规模为0.8万亿元，而到了2018年，新材料产业规模达到3.9万亿元（如图4-1所示）。细分来看，先进基础材料产

值为 25 348.0 亿美元，占比约为 58.6%，关键战略材料产值为 16 567.1
亿美元，占比约为 38.3%，前沿新材料产值为 1 340.9 亿美元，占比约为
3.1%。（如图 4-2 所示）。总体来看，中国新材料产业呈集群式发展，全
国目前已有超过 12 000 家新材料企业，并形成了长三角、珠三角、环渤
海 3 个产业集群区。

单位：万亿元

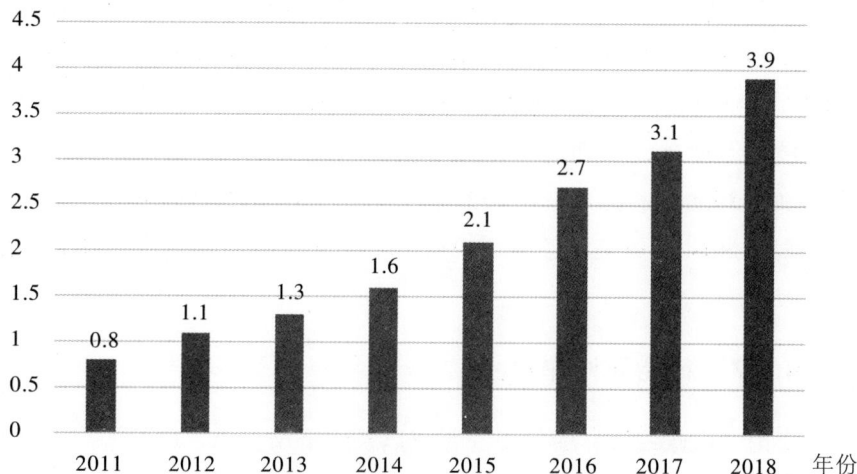

图 4-1　2011—2018 年中国新材料产业总产值

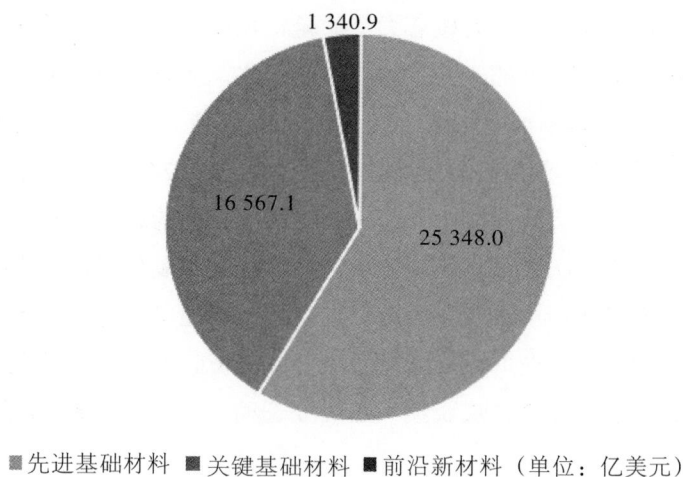

■先进基础材料　■关键基础材料　■前沿新材料（单位：亿美元）

图 4-2　2018 年中国新材料产业产值结构

相比俄罗斯和中国,印度的新材料产业市场并不乐观。在全球化工新材料市场,几乎没有印度的本土企业,而大多是大型跨国企业参与竞争,这主要是由于印度企业缺乏经营资本及研发投资,对出口市场的关注力度也不够。但凭借着劳动力成本低廉与技术娴熟的优势,再加上印度国内中产阶级消费能力的不断提高,新材料产业蕴藏着巨大的发展潜力。

在产能扩大计划方面,世界化学工业界排名第二的陶氏化学跨国公司于 2014 年宣布,计划扩大阿根廷布兰卡港 4 大聚乙烯(PE)装置的产能,分别包括低密度聚乙烯(LDPE)、泥浆、气相以及溶液,并提高生产技术。此外,墨西哥化工企业集团(Mexichem)的供应链总监葛菲斯(Rodrigo Garfias)曾在第 31 届拉美石化协会的年会上表示,该企业计划于 2014 年将聚氯乙烯(PVC)的产能增加至 46 万吨,使总产能达到 150 万吨。

4.1.7　新能源汽车产业

作为"低碳经济"的重要立足点以及经济增长点,新能源汽车产业逐渐进入大众视野,并受到许多新兴经济体的重视。中国新能源汽车产业的成长模式主要有三种:一是以产业集群为主要特点的产业园区式成长模式;二是以龙头企业为核心力量的轮轴式成长模式;三是以读取资源整合优化为主要目的的产业联盟式成长模式。从成长动力来看,中国新能源汽车产业的发展主要来自国家的政策支持。在政府政策的推动下,2011 年中国共在 25 个试点城市示范推广了 2.74 万辆新能源汽车。同时,还推出了个人购买纯电动汽车享受国家补贴的政策。然而,由于配套设施不完善、研发技术不成熟以及成本较高等制约因素,中国尚未成功打开私人购买新能源汽车的市场大门,主要还是通过政府采购方式来支撑新能源汽车产业的发展,而且新能源汽车企业在研发投入方面也持观望态度,所以无论是成长模式还是成长动力,中国新能源汽车产业都以政府为主要推动力。

从新能源汽车的排放量来看,巴西是全球第一个拥有生物柴油提炼技术并进行应用的国家。由于巴西在生物燃料能源方面具有优势,因此助推了其新能源汽车产业的发展，将乙醇燃料推广应用到汽车行业中，以此提升汽车工业的国际竞争力。为了促进电动汽车和氢能源汽车行业的发展，巴西国家环境委员会规定2013年的柴油车排放量要减少33%，而且2014年销售的汽油车与乙醇燃料车的排放量也要平均减少33%，使其尽快与欧美国家排放标准保持一致。此外，2013年，南非环境部部长莫莱瓦与能源部部长彼得斯参加了在吉洛泰克测试中心举办的新型电动汽车"LEAF"的揭幕仪式，还宣布零排放绿色汽车项目会尽快进入到推广测试阶段。莫莱瓦指出，推广电动汽车的主要目的是南非能够朝着绿色低碳经济发展，也是促进国内就业和维持经济可持续发展的根本需求，这是南非应对气候变化并兑现减排承诺的一次具体行动。从全球视角来看，交通部门温室气体的排放量占总排放量的比例高达20%，而这一比例在工业化国家高达30%，这就为各国争相发展新能源汽车产业注入了源源动力。作为世界主要汽车生产国，南非汽车的年产量占整个非洲的80%，不仅为南非GDP贡献了6.2%，还解决了23万人的就业难题。基于此，南非抓住新的发展契机的关键举措就是培育并发展电动汽车市场。

从新能源汽车的产量与销量来看，目前，印度的电动及混动车的生产仍属于起步阶段，大多数车企仍专注于生产小排量内燃机车，原因在于新技术的成本过高，并且印度国内极度缺乏支持性的基础设施。根据印度电动汽车制造商协会的统计数据，2011年和2012年印度电动汽车的总销数量为13万辆。2007年印度提出了汽车产业发展计划，并且制定了一系列有关吸引外资方面的宽松政策，力争成为全球汽车制造中心。2012年8月，印度政府审核通过了节能汽车方案，并规定拟在2020年之前要为600万辆纯电动以及油电混合动力汽车的研发和推广提供2 300亿卢比（约合41.3亿美元）的资金。该项计划在能源方面节约的资金将达到3 000亿卢比（约合55.5亿美元），而且能够大大减少对石油进口的依赖，减少空气污染。韩国在2010年12月提出，到2015年生产120万辆新能源汽车、出口90万辆、国内市场占有率提高到21%。这些新能源汽车主要包括电动汽车以及混合动力车、插电混合动力车、燃料电池车、清洁乙醇汽车等①。此外，随着世界各国在新能源汽车研发领域的不断发展，竞争愈发激烈，中国也取得了长足的进步，主要汽车企业也已具备了一定的生产能力。在全球新能源汽车产量与销量的市场排名中，近年来，中国稳居前列。据统计，2017年，中国新能源汽车的产量为79.4万辆，同比增速53.8%，销量达到77.7万辆，同比增速53.3%，占全球市场59%的份额，市场规模优势明显。但新能源汽车的市场体量仍较小，保有量占比不足1%。据公安部数据统计，截至2017年，中国新能源汽车的保有量仅为153万辆，占汽车总保有量（2.1亿辆）的比重仅为0.7%，这就意味着中国新能源汽车产业未来还存在巨大的发展空间。

2017年是中国新能源汽车产业由量变到质变的关键之年。从目前情况来看，中国的新能源汽车产业保持着平稳的高速增长，在保证生产数量的基础上向提质增效方向发展，而且随着行业竞争日益激烈，中国也涌现出一批创造优质汽车的优秀企业。中国新能源汽车产业已迈向快速成长阶段。一是市场增长已由政策推动逐渐转向市场拉动，而个人已成为新能源汽车市场的消费主体。二是产品技术水平得到提高，一些国产汽车品牌企业更新换代了产品，产品品质提升而售价却降低了，这使一些优质产品的性价比更加突出。三是一批优秀的企业在行业竞争中脱颖而出。虽然目前中国汽车关键零部件的产能依旧不足，但为了缓解这一状况，取得竞争优势，一些大型整车企业正通过联合采购以及入股等方式加强与零部件生产企业的合作，整合行业内优势资源。四是行业竞争由原来的少数竞争逐渐转化为全面竞争。中国国内的各大企业纷纷提出了新能源企业业务规划，而且大众、宝马、东风日产等品牌也通过进口与合资的方式进入中国新能源汽车市场。

4.1.8　文化创意产业

在"新兴11国"中，开创数字创意产业发展先河的国家是韩国。

---

① MINSOO PARK，HONGJAI RHEE.Effects of FTA provisions on the market structure of the Korean automobile industry［J］．Review of Industrial Organization，2014（1）：39-58.

亚洲金融危机后，为了保证经济平稳、多元化发展，韩国政府将文化创意产业作为新世纪重点发展的产业之一，同时推动文化产业国际化发展。韩国文化创意产业既包括动漫、电影和广播电视等传统产业，又包括信息、网络和移动应用技术等方面的新兴数字产业，体现了韩国文化创意产业与新兴数字技术相结合，又异于传统产业的高附加值等新兴产业特征。为了推动文化创意产业发展，韩国政府于1999年通过了《文化产业促进法》，并成立了文化产业局和文化产业振兴院。随着信息技术的发展，各国对文化产品的需求日益增加，韩国文化创意产业的出口规模也不断扩大。据统计，2014年，韩国文化内容产品出口额达到52.74亿美元，同比增长了12.8%个百分点，而且产业产值以7.3%的速度增长，由2012年的47亿美元上升到2017年的125.11亿美元，成为亚洲文化输出国。

由于韩国国内市场规模较小，韩国文化产业不得不向海外开拓市场，采取产品外销的政策，在人才培养、资金扶持、经营管理以及开拓海外市场等方面促进韩国文化创意产业的国际化发展。与此同时，韩国按照出口竞争力和市场魅力将文化创意产业划分成维持竞争力型、集中攻略型、开拓新兴市场型以及渐进强化型四种，从而达到优化产品出口结构的目的。目前，韩国文化产业既是服务业的重点核心内容，也是韩国创意经济的重要动力，在国际市场上有效地带动了其他产业的发展与出口增长。

虽然韩国文化创意产业在国际市场上蓬勃发展，但仍存在急需解决的产业出口结构问题。一是韩国文化创意产业的经济贡献度不高；二是韩国文化创意产业的出口不平衡，主要集中在亚洲地区；三是韩国文化创意产业存在海外非法流通现象，盗版、盗播等侵权行为对韩国经济造成重大影响；四是韩国多数文化创意企业规模较小，没有充足的人力、物力和财力来从事海外输出业务；五是韩国一些文化创意企业对政府的出口扶植政策并不十分了解。

由韩国文化创意产业的发展经验不难看出，政府发展战略和扶植引导政策的制定是促进产业朝着成熟化方向发展的关键。韩国政府出资建立文化振兴院，并从产品内容研发、产业孵化以及产业振兴三个方面辅助文化创意内容逐渐衍生出文化产品。因此,在文化创意产业的发展过程中,政府起到了举足轻重的作用。发挥政府的主观能动性,出台税收优惠、投资融资、公共服务以及帮扶等实质性政策,对促进文化创意产业的发展具有重要意义。同时,韩国文化创意产业发展政策全球化、按照"一源多用"的原则发展支柱产业、支持中小企业"走出去"、注重对著作权的保护以及营销方式国际化也是十分值得其他新兴经济体国家参考和借鉴的。

4.2 "新兴11国"促进新兴产业发展与结构升级的政策措施

新兴产业具有资源能耗低、就业机会多、市场前景广、综合效益好等特点,因此,促进新兴产业结构不断优化与升级,不仅能为进一步培育和发展新兴产业提供保障,还能解决资源紧缺、就业压力大等社会问题。虽然"新兴11国"的资源禀赋、发展目标以及技术积累各不相同,使得各国的产业发展重心存在差异,但在全球新兴产业发展方兴未艾的大背景下,"新兴11国"纷纷制订出适合本国发展需要的新兴产业发展计划,并不断加深对新兴产业的投入程度,促进了"新兴11国"的产业发展与产业结构升级。

4.2.1 战略计划

(1)科技创新计划

"新兴11国"十分重视对新技术与新产品方面的研发投资。2008年的经济危机给旧有的经济发展模式及产业结构调整与升级带来挑战,也迫使曾以制造业发展为核心的新兴经济体国家向技术和产品开发、设计与应用的研究领域迈进,尤其像俄罗斯、印度、中国和南非等已开始逐渐崛起的重要新兴经济体,在立足于本国资源禀赋等优势的基础上,抓住全球产业结构调整升级和新兴产业发展的有利契机,努力实现产业升级,并在新兴产业上实现新突破,走出了一条符合本国国情的差异化发展道路。例如,俄罗斯经济结构调整的方向就是走服务创新的发展道路。2005 年，俄罗斯政府批准通过了《2010 年俄罗斯联邦发展创新体系政策基本方向》。2008 年出台了《俄罗斯 2020 年前创新发展战略》，明确指出要优先发展服务经济，努力实现由过度依赖自然资源出口向以创新为导向的推动型发展方式转变的国家战略。新版本于 2011 年 12 月正式出台，为俄罗斯指明了创新目标及重点发展方向，提出要以加快创新型经济建设为突破口，步入创新型的现代化经济。俄罗斯制定的《2020 年前经济社会长期发展战略》中提出，要凭借重工业相对发达的基础优势，推进传统优势部门及新兴创新部门的融合发展，规定了要重点发展原子能、船舶制造、航空航天、核能等工业，并积极在信息通信、纳米、生物以及空间技术等领域取得瞩目成果①。

虽然印度在新兴产业发展领域并未像俄罗斯那样出台了一系列带有综合性的相关战略规划纲要，但就不同的产业领域也制订了有针对性的计划。例如《纳米科学和技术计划（2007—2012）》《国家太阳能计划》《工业能源效率计划》等。在科技创新领域，自 1947 年以来，印度政府共推行了四套中长期科技创新政策。第一套政策的实质是科学政策，在颁布之后，印度完成了在核能以及海洋勘探技术等方面的国防布局；第二套政策的实质是技术政策，其基本任务是建立本国的高技术产业，使印度在软件外包、信息通信以及国防科技方面具备实力；第三套政策的实质是研发政策，创新技术已开始推广并应用到传统产业领域，印度在这段时期的 ICT、服务外包、生物制药和新材料等高科技产业位于世界前列；第四套政策的实质是以创新为导向的国家发展政策，主要推动了印度在农业、环保、能源等领域的创新。印度相继推出四套政策的目标是由服务业大国向创新型国家迈进，而且印度还成立了国家创新委员会，主要工作是建立产业创新集群模式，以此来推动传统产业的转型升级。可见，印度的创新领域不仅局限在软件产业，还逐渐向生物技术、空间技术、核能技术等领域发展。

中国根据现代科技进步及国内经济发展长期战略，选择发展新兴产

---

① 林跃勤. 金砖国家新兴产业发展战略与管理比较 [J]. 产经评论，2012（4）：5-13.

业并提出建设创新型国家的发展目标，强调在把高新技术产业做大做强的基础上，逐渐将新兴产业培育成支柱性与先导性产业。为此，中国政府通过构建产业创新体系来提高新兴产业的核心竞争力。《国家中长期科学和技术发展规划纲要（2006—2020）》将16个科技专项作为中国未来科技创新发展的重点，为新产品研发、产业技术升级以及催生并引领产业发展变革注入推动力。同时，重大科技专项的实施不仅对于具有自主知识产权的新兴产业发展具有重要意义，还为产业发展奠定了坚实基础①。

南非的经济发展相对于其他金砖国家而言较为落后，科研能力薄弱，因而新兴产业发展成果并不突出。但南非早已意识到新兴产业发展和高科技研发能够带动经济的可持续发展，所以也提出了相关创新发展战略与政策。2002年推出的《南非国家研究与开发战略》为南非的科技创新勾勒出了清晰的框架体系，并明确了重点发展领域。随后，陆续出台了《南非纳米技术战略》《南非生物技术战略》《南非国家航天战略》等战略计划，并实施了相应的配套政策。

除"金砖国家"以外，韩国也为扶持其新兴产业的发展制订了相关的计划。韩国经济之所以在短期内取得明显成就，应归功于其符合国情的产业发展模式和政府的主导作用。最为典型的就是韩国政府审时度势，助推半导体产业的发展，对半导体行业中的大型企业给予积极扶持并实施"以大带小"策略。早在1987年，韩国就实施了先导技术计划，该计划是一个由产学研广泛参与的高新技术研究及发展计划。在2000年特定研发计划的将近1 900个课题中，有85%是科技创新方面的合作研究。2005年3月，韩国制定了适应国家产业技术发展需要、建设国际水平研究型大学的方针，并建立了134个产学研合作团体来积极实现创新技术的产业化。

（2）低碳环保计划

"新兴11国"进入工业化阶段的同时也面临生态环境恶化、温室气体排放增加以及能源资源短缺等一系列问题，这些问题均归咎于

---

① 万钢. 把握全球产业调整机遇　培育和发展战略性新兴产业［J］. 求是，2010（1）：30.

"新兴11国"的粗放型增长。如果继续实行这一发展模式，不但会导致经济的不可持续增长，甚至会给人类文明带来灾难性的后果。因此，为避免出现类似情况并顺应发达国家产业结构调整的大趋势，低碳、绿色、循环的产业发展模式将会成为"新兴11国"新兴产业未来发展的大方向。"新兴11国"已将低碳绿色发展作为培养产业核心竞争力的主要方向之一，视生态文明建设与经济、政治、文化和社会建设同等重要，通过新兴产业的发展来摆脱经济增长困境，实现产业转型升级。

在低碳环保方面，韩国可谓"新兴11国"的楷模。韩国经济属于能源高度密集型。据统计，在韩国有97%的能源如石油、天然气、煤炭等主要依靠进口。2008年8月15日，韩国总统李明博在光复节大会上提出要实现"低碳绿色增长"发展模式，旨在将依赖化石燃料的发展模式转变为利用可再生能源的发展模式，以确保环境的可持续发展。2009年7月，韩国政府出台了《绿色增长五年计划》以及《绿色增长国家战略》，指出要在未来5年内累计投资107万亿韩元来大力发展"绿色经济"，创造的就业岗位要达到156万~181万个。力争到2020年年底跃入世界七大"绿色大国"之列，并在2050年成为第五大绿色大国。计划到2030年以前，对新能源开发的投资额达到1 030亿美元，并将可再生能源的比例提升至11%，以打破现有的能源依赖进口局面。此外，《新增长动力前景及发展战略》确立了韩国的新增动力产业，主要涉及绿色技术、高附加值服务以及尖端产业融合等17项产业。不仅如此，韩国政府还提出要将能源、环境、新一代运输装备、新兴信息网络产业、生物产业、知识服务业这六大产业作为重点来发展，而且还细分出太阳能电池、海洋生物燃料、绿色汽车等22个重点发展的方向，选定其中的62个项目作为重点，计划于2013年共投资24.5万亿韩元进行扶持①。韩国发展新兴产业主要以以下主题为核心：一是预防气候的变化，减少对能源的依赖；二是大力发展"绿色经济"，寻找新的经济增长点；三是提高人民的生活质量，提高国家的经济地位。针对第一个主

---

① 顾金俊，韩国.加强核心技术研发 培育新增长动力［N］.经济日报，2009-11-05（16）.

题，韩国提出要从控制并减少温室气体排放、减少化石能源的消耗、提高能源的自给能力和产业应对气候变化的能力进行战略部署。针对第二个主题，韩国政府提出要将"绿色化"的传统产业与创新绿色产业相结合，为"绿色经济"发展奠定良好基础，从而促进产业结构的调整。针对第三个主题，韩国政府主要采取了实现土地和水资源"绿色化"以及倡导国民日常生活的"绿色革命"等举措，推动韩国新兴产业发展成为绿色增长的"领头羊"。

巴西在低碳环保方面也出台了相应的政策与计划，同韩国一样，巴西走的是一条低碳绿色、可持续发展的道路。基于本国国情，巴西在实施《国家科技创新发展行动计划》之后，于2010年3月出台了第二期经济增长计划（PAC2），将生物能源、风能及核能等领域，作为新兴产业发展的重点。巴西政府为利用可替代资源发电的项目计划专门制定出管理风力电场发展的相关政策，并对风能和核能等领域给予支持[①]。目前已建成的核电站主要有"安格拉1号"、"安格拉2号"和"安格拉3号"，而且还计划于2030年之前再兴建4座核电站。除此之外，巴西政府还制定了有关生物质能源生产计划的政策措施，并且规划出技术开发路线，构建了资金和人员投入框架。巴西政府于2004年12月推出国家生物柴油生产及使用计划，规定要通过持续性的方式制造并使用生物柴油，旨在推进社会融合以及地区发展。同时，不仅在全国23个州创建了技术开发网络，而且由总统府民事办公室带头协调，成立了执行委员会。2006年，巴西正式实施生物柴油计划，而且巴西国家石油公司还同其他燃料替代公司签订了关于采购生物柴油的合同。巴西也积极推进了电动汽车产业的发展，积极鼓励灵活燃料汽车的发展，并将制订出的生物燃料的产品标准计划作为能源技术选择的重要依据。

除韩国和巴西以外，其他新兴经济体国家，如沙特和中国也都在低碳环保方面制订了相应的计划。例如，沙特政府在2012年5月宣布，计划到2032年以前安装41GW的太阳能系统，还要对地热能、风能等新

---

① JEREMY HALLA, STELVIA MATOSA, BRUNO SILVESTREA, et al. Managing technological and social uncertainties of innovation: the evolution of Brazilian energy and agriculture [J]. Technological Forecasting and Social Change, 2011, (7): 1147-1157.

能源进行开发。除此之外，计划至少投资1 000亿美元用于16座核反应堆的建造工程，同时也正在积极寻找核电站的承包商，准备以购买核电设备的方式来构建海湾国家核反应堆联合体。而中国制订的低碳环保计划主要体现在新能源汽车产业领域。在2008年制定的与节能相关的行业及国家标准就有8项，形成的分析报告、标准草案等共计20余项。在2010年，推荐性的国家标准开始广泛征求意见，其中就包括《氢燃料电池汽车示范运行规范》等4项标准。2011年，工业和信息化部出台了《2010年第一批行业标准制修订计划》，与新能源汽车领域有关的主要包括《混合动力汽车动力总成系统性能试验方法》等共计11项。

（3）人才培养与引进计划

"新兴11国"主要通过政策和资金来吸引国内外高校及研究机构的优秀人才，对人才入境的程序与手续进行简化，同时还加强了人才激励措施与机制，解决了顶尖人才的短缺问题。比如，印度为了率先发展生物工程，在国内的每所大学、国家实验室以及研究机构开设了大量与生物工程有关的研究生教育课程，而且印度政府还出台了平衡科技创新的培育机制，主要是注重人才的培育与引进，引进的人才包括青年、女性、理工科以及海外印度裔四类。为了培育青年人才，印度还专门推出了INSPIRE计划，预计在2017年之前将全国研发人员全时当量（FTE）提升至66%，并计划投资5亿美元来资助100万高中优秀生。对于海外印度裔人才，印度则采取双重国籍制度，而且印度为本国科技创新部门的育后女性人才开辟了重返就业岗位的绿色通道。为了减缓人才外流，印度还提出了可从企业收取科技咨询费、允许研发人员在研发项目中按贡献提成以及设立塔塔科技创新奖金等措施。此外，印度软件业的快速发展也离不开多层次的人才培养体系，形成了一个金字塔式的人才培养结构。印度设有多所信息技术学院，主要实行精英人才教育。印度高校都设有计算机专业，而且政府还出资在全国设立计算机培训机构，通过多种渠道提供软件人才。印度目前所拥有的技术工人人数已超过400万，而且大部分都为软件产业服务，许多高科技人才还在西方发达国家工作。例如，美国的硅谷就拥有超过 1/3 的印度 IT 人才，高端优秀人才对印度软件业的迅速崛起功不可没[①]。

　　巴西政府于 2013 年制订了关于引进海外顶尖优秀人才的计划，这些人才无须出示与巴西企业签订的劳动合同就可以获得入境工作的许可及签证，并提出要对入境流程做进一步的简化。巴西不仅注重对海外人才的引进，还注重对其国内优秀人才的鼓励与培养。为了加快人力资本的积累以及鼓励更多的学生申请高级学位，自 2008 年起，巴西实施了奖学金金额上调制度，将硕士生和博士生的奖学金上调了 20%，并且将科学类和工程类的学生由原来的 9.5 万名增至 16 万名，为科技创新领域大力培养更多优秀人才。

　　南非和韩国在人才引进方面也制订了相应的计划。2006 年，南非科技部启动了首席科学家计划（SARChi），该计划的目的是在全球范围内引进科技尖端人才来提升科研水平，这是南非为促进经济社会发展而采取的一项重大战略措施。计划规定首席科学家的任期为每期 5 年，最长 15 年，而且在任期内每年资助额度为 250 万~300 万兰特（约合 37 万~44 万美元）。目前，南非已设立了近百个首席科学家席位，而未来这一数字将增加到 210 个。韩国政府也于 2007 年和 2014 年分别出台并制定了《外国人投资促进法》与《促进外国人投资方案》，其目的是使外资规模进一步扩大，吸引国外的跨国企业在韩国成立研发总部。不仅如此，韩国政府还于 2014 年采取了吸引并利用海外人才方案，该方案规定要放宽对签证签发的限制，争取在 2017 年以前从海外引进 3.6 万名人才，与 2012 年相比增加 50%。

4.2.2　研发投入

　　研发投入不仅能够从侧面反映出一国的科技创新投入水平如何，还是促进战略性新兴产业发展的重点要素之一。"新兴 11 国"研发支出占 GDP 的比重情况见表 4-9：

表4-9　　2009—2018年"新兴11国"研发支出占GDP的比重　　单位：%

年份\国家	2009	2010	2011	2012	2013	2014	2015	2016	2017	2018
阿根廷	0.58	0.56	0.57	0.64	0.62	0.59	0.62	0.56	0.54	N
巴西	1.12	1.16	1.14	1.13	1.20	1.27	1.34	1.26	1.26	N
中国	1.67	1.71	1.78	1.91	2.00	2.03	2.07	2.12	2.15	N
印度	0.83	0.81	0.83	N	N	N	0.62	N	N	0.60
印度尼西亚	0.08	N	N	N	0.09	N	0.25	0.24	0.27	
韩国	3.29	3.47	3.74	4.03	4.15	4.29	4.22	4.23	4.55	N
墨西哥	0.52	0.53	0.51	0.49	0.50	0.53	0.52	0.49	N	N
俄罗斯	1.25	1.13	1.01	1.03	1.03	1.07	1.10	1.10	1.11	N
沙特阿拉伯	0.07	0.88	0.90	0.88	0.82	N	N	N	N	N
南非	0.84	0.74	0.74	0.73	0.73	0.77	0.80	0.82	N	N
土耳其	0.81	0.80	0.80	0.83	0.82	0.86	0.88	0.95	0.96	N

注：① "N"表示数据缺失；

②数据来源：由世界银行数据库整理得到。

现有数据表明，阿根廷和墨西哥两国的研发投入相对平稳，而且除了印度以外，其他新兴经济体的研发投入呈逐年增加态势。其中，印度尼西亚是"新兴11国"中研发投入最低的国家，而韩国的研发支出是"新兴11国"中最高的，从2009年的3.29%提高到2017年的4.55%，已接近甚至超过了一些发达国家水平。有数据显示，2017年，在韩国每百万人中就有1 252名研究人员，是印度尼西亚的70倍左右。而目前中国每百万人中，研发人员就超过了1 000人。此外，相对于其他金砖国家而言，印度与南非投入的研发经费较少。印度总理辛格在第99届印度科学大会上也承认，印度的研发支出占GDP的比例太小，并且停滞不前。但他明确表示，必须要强化科学部门的供应链，争取到"十二五"结束时使这一比例从0.8%的水平提高到2%，并将2010—2020年作为印度的创新十年。南非政府于2011年11月公布的《新经济增长路线》中明确提出要增加科技的研发支出，使整个社会研发支出占GDP的比重从2008年的0.93%提高到2014年的1.5%，并且力争在2018年使这一比重达到2%。但从表4-9的数据中不难发现，印度和南非两国均未达到计划目标。

虽然"新兴11国"或多或少地出台了诸如研发投资等方面的产业重点扶持政策，也取得了一些进展，但总体来看，"新兴11国"迄今为止尚未走出成功的特色化道路，一些国家并未平衡好一般产业与新兴产业以及政府引导与市场主导之间的关系，而且个别国家还过于强调政府的主导作用，从而弱化了市场对新产品的资源配置、市场需求以及研发技术的主导性作用。例如，在印度的研发总投入中，企业参与的研发投入只占了28%的比例，而其余2/3以上的部分都是政府投入。根据发达国家的产业发展经验，若想有效合理地实现创新技术产业化与商品化，就应当把企业作为研发主体。政府可以进行适度干预，但如果过度包办，就可能会出现投资失误与损失的事倍功半现象。其他新兴经济体吸取印度产业发展的教训，纷纷提高企业研发支出的比例。如俄罗斯政府提出了创新战略的要求，争取到2020年使俄罗斯企业研发支出占总研发投入的比例提高到50%以上，而创新产品产量占总产品产量的比例应当从当时的12%提高到2020年的25%~35%。据统计，在2012年全球创新指数排名中，俄罗斯一举超越澳大利亚、加拿大和英国等许多发达国家，位居世界第14位。中国企业研发的规模也呈现出扩大化趋势。有关数据显示，2014年中国的企业研发总支出额达到了299.6亿美元，比2013年增加了46%[1]，体现了中国企业研发支出的强劲增势，而且近年来越来越多的世界500强企业将研发中心向中国迁移。例如，微软最大的境外科研机构在中国北京设立研究院，贝尔实验室首次建立的基础科学研究院也设在北京，还有像三星、西门子以及飞利浦等跨国企业也在中国工业园区建立研发中心。

---

[1] 李晓喻. 中国企业研发支出大幅增长，增速显著高于全球 [EB/OL]. [2014-10-30]. http://finance.chinanews.com/cj/2014/10-30/6734257.shtml.

4.2.3　财政支持

"新兴11国"通过财政资金支持的方式来促进新兴产业的发展与结构升级主要体现在新能源汽车、新能源及新一代信息技术领域。在新能源汽车领域，财政补贴与税收优惠是最常见的两种方式。在财政补贴方面，为了促进本国电动车市场的发展，韩国政府首先对公共事业机构推广了电动车，并给予了电动车与汽车差价50%、最高可达到2 000万韩元（约合17 000美元）的政府补助。印度政府则提出要对购买纯电动汽车以及混合动力汽车给予补贴优惠，该补贴预计为1 400亿卢比（约合23亿美元），这一补贴计划对提振印度电动汽车制造业产生重要作用。同样，中国也对新能源汽车领域提供了财政补贴。中央财政在2011—2020年安排专项资金，重点对新能源汽车的研发技术与改造方面进行扶持。2011—2015年，重点扶持汽车推广工作，主要包括对节能环保和新能源汽车的推广，以及对个人购买新能源汽车给予财政补贴。在税收优惠方面，中央政府规定，2011—2020年，购买插电式混合动力汽车以及纯电动汽车将免征车辆购置税。其中，在2011—2015年间，对于中重度混合动力汽车实施减半征收车辆购置税、车船税以及消费税的政策。与此同时，2011—2020年，企业所销售的新能源汽车以及相关汽车零部件的增值税税率已调整为13%，而且这些企业在计算应纳税所得额时，可按照研发支出的100%加计扣除。此外，中国对符合相关条件的节能与新能源汽车及其相关核心零部件企业在中国境内外上市及发行公司债券给予优先支持策略，使企业再融资功能得到充分发挥。韩国政府也出台了有关私人购买电动汽车的税收激励政策。韩国知识经济部在2011年10月发布了最新的税收优惠政策：凡是购买新电动车的消费者，可以免除5%的消费税和7%的注册税，共计可免除的税收额达到420万韩元（约合3 600美元）。为了振兴本国的新能源汽车产业，2012年5月，巴西政府对乙醇燃料汽车采取了减免增值税与工业产品税的措施。规定购买灵活燃料汽车的可享受减税政策，以此来充分抵消因安装而产生的汽油与乙醇的识别配比装置成本。其主要包括：为在巴西投资设厂且国产化率高于65%的汽车实施减免税收政策；对于国产化率低于

60%的汽车，如果发动机的排量小于1升，工业产品税则从37%降至30%，如果发动机排量在1升~2升，并且使用诸如乙醇等清洁燃料的汽车，其工业产品税则从41%降至35.5%；对于所有国产化率低于60%的生产用车，税率则从34%降至31%。巴西政府出台的这些新政策旨在减轻税负，从而达到吸引并刺激新能源汽车消费的目的[①]。

巴西政府还为新能源产业提供信贷支持。2007年，巴西政府曾对铀浓缩以及核潜艇研发方面拨款7.4亿美元。为了改善融资环境，巴西政府帮助生物柴油企业从国际金融机构那里获得贷款，不仅给予了90%的专项融资信贷支持，还通过设立1亿雷亚尔（约合3 400万美元）的信贷资金来促使小农庄积极种植生物柴油原料，而且号召相关金融机构给予它们信贷支持，以便发展股权投资基金与创业投资。此外，为了大力支持新兴产业的创新活动，巴西国家经济社会发展银行目前已投放了600亿雷亚尔的信贷资金，并且通过降低贷款利率，鼓励那些具备相应条件的企业进行境外投资。

在新一代信息技术领域，韩国政府曾于2000年至2004年投资4万多亿韩元，主要用于光通信和互联网等6个新兴产业技术方面的研发，不仅如此，还投资了5 000多亿韩元用于光因特网技术的基础设置与配件方面的研发。在保证大企业优先发展的前提下，促进大企业与中小企业在高技术和新兴产业领域的合作，从而带动中小企业迅速成长。

4.2.4 国际合作

与传统产业相比，科技创新与技术应用对新兴产业发展的影响更加突出，因为具备关键核心技术就意味着发展新兴产业具备主动权。国际并购与国际合作可以促进关键核心技术的转移与应用，在提高企业自主创新能力的同时，能够进一步完善整个社会的创新驱动机制，而且"新兴11国"有意识地同发达经济体进行产业合作，也为企业发展开拓了更广阔的国际市场空间。例如，2007年巴西同美国正式签署了强化生物燃料合作的谅解备忘录，主要目的是两国携手促进新一代生物燃料的

---

① 周仁庆. 巴西运用税收优惠措施鼓励高科技产业发展的情况及借鉴 [J]. 四川财政, 2001 (6)：40-41.

研发。除此之外，巴西政府还提出了拉美地区一体化的科技合作机制，主要是指巴西经济社会发展银行、巴西科技部科研项目信贷局和巴西国家石油公司共同组成一个"铁三角"，以此来支持巴西国家的创新生产链以及拉美地区联合研发中心的建立。在 2010 年，印度与英国双方承诺要出资 6 000 万英镑用来应对气候变化，还要对水、食物安全以及疾病预防等方面进行相应的研究。不仅如此，两国还对携手创新实施了启动计划，旨在加强两国在信息与通信技术领域方面的合作。

2006 年，俄罗斯与南非签署了有关太空领域合作的协议，主要包括运载火箭的开发与发射服务。双方的科技合作领域还主要涉及太空医学、生物学、探测器、通信以及相关技术与服务等，而且两国还进行信息共享、培训并交换专业人才和科学家，促进服务市场及太空技术领域的合作。"新兴 11 国"除了开展双边合作，还开展多边合作。例如，巴西、印度与南非三国就开展了科技合作。2003 年，巴西、印度与南非成立了伊巴斯论坛（IBSA），这一论坛成立的目的是加强三国的交流与合作。从一开始，IBSA 就认为科技合作是主要合作领域，并于 2004 年 2 月设立了 IBSA 科技日。伊巴斯论坛的科技部部长每年召开一次会议，主要是对相关合作事宜进行讨论。IBSA 将替代能源、航空航天、生物技术、信息技术、外层空间以及农业确定为科技合作的重点，而且三国还明确了各自的主导合作研究领域：巴西主要涉及海洋学与疟疾领域，印度涉及纳米技术与艾滋病领域，南非涉及生物技术与肺结核领域。

4.2.5 法律保障

为了促进新兴产业更好更快发展，"新兴 11 国"推出了相应的法律法规为产业结构调整保驾护航，这些法律法规主要集中在新能源产业和节能环保产业领域。2005 年 1 月 13 日，巴西颁布了第 11097 号法律，对巴西新能源框架中关于采用生物柴油做出了强制性的法律规定：在燃料油中必须添加一定比例的生物柴油，而且在法律颁布的 3 年后，添加的比例应达到 2% 的过渡水平，而 8 年后这一比例应达到 5%。2005 年 5 月，巴西还公布了第 11116 号法律，对以各种油料作物为原材料提取的生物柴油的减免税比例作了规定，以此来提高生物柴油的产能。这一法律的颁布为政府出台的税收减免优惠政策提供了法律保障。出于对家庭农业生产者处于弱势的考虑，巴西政府规定，凡是种植用于提炼生物柴油原料作物的家庭农业生产者，均可享受到免税待遇。

国际金融危机后，韩国始终将低碳经济、绿色经济作为产业结构调整和升级的重心。为了实现低碳绿色增长模式，韩国政府于2009年公布了《低碳绿色增长基本法》，提出了绿色新政，以此来扶持新兴产业并带动经济发展。争取在2030年通过提高能源的自主性、绿色环保技术水平以及环境绩效指数来打造绿色国家，使其成为全球环境强国。此外，韩国政府自2003年开始将支持节能环保型汽车产业发展的相关法律纳入到立法程序中，2004年10月，《亲环境汽车开发与普及促进法》经国会审议通过。这项法律主要包含以下内容：大力支持政府制订关于扶持节能环保型汽车产业发展的年度执行计划以及五年基本规划；大力支持政府成立审议相关节能环保型汽车产业发展重要事项的专门委员会；大力支持政府针对节能环保型汽车以及汽车零部件的技术研发提供财政与技术方面的支援；大力支持政府及其他相关公共事务机关部门购买节能环保型汽车；大力支持各级政府机构编制出专门的预算来对节能环保型汽车进行推广与宣传；大力支持政府为购买节能环保型汽车的消费群体提供税收优惠政策；大力支持地方政府为节能环保型汽车消费群体提供减免城市道路拥挤费以及停车费等方面的优惠[1]。

总体而言，"新兴11国"新兴产业的快速兴起，与前几次产业革命存在共性，都是基于相关领域的重大核心科技突破发展起来的。而不同之处在于重点领域与产业融合所产生的一些不同新业态。进入21世纪以来，"新兴11国"产业结构调整以及科技创新的重点领域包含了节能环保、新能源、新能源汽车以及新兴信息技术网络等新兴产业，并取得了不同程度的进展。综合来看，"新兴11国"支持新兴产

---

① 顾金俊. 针对新能源汽车的政策支持 [N]. 经济日报, 2009-07-15 (16).

业发展的举措主要有以下特点：（1）政府的引导作用不可或缺，不仅培育了良好的发展环境，还提供了有力的政策及资金扶持；（2）重视科技的引领带动作用，着力提高自主创新能力；（3）"新兴11国"根据自身的经济发展水平、资源禀赋优势以及市场需求来科学合理地选择重点产业与优先发展领域；（4）以新能源等绿色产业为核心，将其作为产业发展的重点。但由于"新兴11国"产业结构调整以自我调整为主，相比发达国家，其在产业结构调整中缺乏外来产业导入，因此在调整的过程中遇到问题较多，难度也较大，但这也为"新兴11国"的产业结构调整与升级创造了机遇，如果调整得好，就可能实现产业的跨越式发展。

4.3 本章小结

本章通过对"新兴11国"的节能环保产业、新一代信息技术产业、生物产业、高端装备制造业、新能源产业、新材料产业、新能源汽车以及文化创意产业发展现状与趋势的分析，认为这些产业尤其是节能环保产业和新能源产业之所以成为"新兴11国"共同关注和着力发展的领域，主要是由于"新兴11国"大都处于加快经济发展和节能减排相矛盾的境地，所以新能源产业的发展能够带动节能环保产业的发展，不仅能有效地改善本国的能源结构、保障能源供应、减少环境污染，还能推动本国经济由高碳经济向低碳经济的转型。与此同时，由于"新兴11国"的部分成员国尚处于工业化阶段，所以新一代信息技术产业是带动工业化国家经济实现现代化的重要引擎，高端装备制造业则是提升工业实力及国际竞争力的必要条件，而生物产业的发展能够有效控制疾病，维护国民健康，从而提高人们的生活质量。

本章还分别从战略计划、研发投入、财政支持、国际合作与法律保障等方面来论述"新兴11国"是如何进行产业结构调整与升级的。通过"新兴11国"对新兴产业发展与结构升级采取的政策措施可以看出，由于各国之间存在资源禀赋、发展阶段、发展目标以及技术积累等诸多方面的差异，因此"新兴11国"的产业发展重点与扶持力度也存在差异。例如，俄罗斯、韩国、巴西、南非利用自然资源优势，大力发展新能源产业；韩国、印度大力发展新一代信息技术产业；俄罗斯、韩国、南非大力发展新材料产业；俄罗斯、印度大力发展生物产业等。但总体来看，"新兴11国"促进新兴产业发展与结构升级均呈现出以政府引导为主导、以科技创新为支撑、以新能源等绿色产业为核心的发展特点。

5 "新兴11国"产业结构调整与国际贸易发展

一国经济发展的标志是经济总量的增长以及产业结构的优化。调整产业结构不仅能够优化资源配置，提高资源配置效率，还能促进技术带动经济增长。国际贸易也是一国经济的重中之重，并且进出口贸易结构与产业结构调整存在十分密切的联系。理论上，一国的产业结构决定了贸易结构，而贸易结构的变化又会使产业结构发生变化。由于决定产业结构和贸易结构的要素存在差异，因此产业结构与贸易结构并不完全一致。二者是由一国的产业技术水平、国家经济发展程度以及产品价格等因素决定的，但产业结构与国内市场需求存在紧密联系，贸易结构则与国际市场需求存在一定的关联性。从短期看，产业结构可能与贸易结构存在变化趋势不同的现象，但从长期看，贸易结构变化是产业结构变化的必然趋势。在开放的经济系统中，一国能够通过产业结构调整来促使贸易结构的改变；反之，贸易结构的升级也能优化本国的产业结构，而且对外贸易的发展能否促进本国产业结构的优化与升级，是衡量国际贸易对经济增长贡献程度的一个重要方面。国际贸易可以通过竞争机制以及以国际市场为平台来进行产业结构调整。因为产业结构调整需要付出一定的代价，它是伴随着生产资料在各个部门间的转移而出现的。因此，一国如果能够顺应国际分工趋势、科技发展以及国际市场需求变化，就能迅速实现产业结构与贸易结构的调整，提高生产效率和国际竞争力，产业也将获取较多的贸易利益。

5.1 产业结构调整与国际贸易结构变化

国际金融危机后，"新兴11国"不仅在拉动全球经济复苏方面起到了关键性作用，而且在全球贸易中占据着十分重要的地位，国际贸易的发展能够为"新兴11国"产业结构调整带来深远影响。目前，国际贸易竞争持续加剧，因而促进产业结构调整成为转变经济发展方式的重要途径。从"新兴11国"产业结构调整的轨迹和经验来看，国际贸易存在由劳动密集型向资本密集型，再到技术密集型转化的特点，而且技术升级是促使产业升级的关键因素。

5.1.1 产品结构

产业结构决定了产品结构，反过来产品结构又能够反映出产业结构，因此，产品结构的变化是导致产业结构与国际贸易发生变化的根本原因。"新兴11国"拥有着30亿总人口的巨大消费市场需求，作为拉动全球经济的中坚力量，"新兴11国"已成为全球最重要的商品市场之一，也是全球商品主要进口地。

为了便于分析产业结构与国际贸易结构的变化，本书选取了国际贸易中心（ITC）货物贸易数据库中2016—2018年SITC第四次修订版（Rev.4）的贸易数据，将所有贸易商品分为0~9十大类，其中，SITC0（食物和活动物）、SITC1（饮料和烟草）、SITC2（不可食用的原料）、SITC3（矿物燃料、润滑油及相关原料）和SITC4（动植物油、油脂和蜡）主要是资源密集型产品，SITC5（化学品及相关产品）、SITC7（机械及运输设备）和SITC9（未分类的商品）主要是技术密集型产品，SITC6（制成品（以原料分类））和SITC8（杂项制品）主要是劳动密集型产品，见表5-1：

表5-1   **贸易商品分类**

商品分类	SITC（标准国际贸易分类）	商品名称
资源密集型	0，1，2，3，4	食物和活动物，饮料和烟草，不可食用的原料，矿物燃料、润滑油及相关原料，动植物油、油脂和蜡等
技术密集型	5，7，9	化学品及相关产品，机械及运输设备，未分类的商品等
劳动密集型	6，8	制成品（以原料分类）、杂项制品等

资料来源：由国际贸易中心（ITC）货物贸易数据库整理得到。

　　一般而言，贸易结构主要是以国际比较利益机制的形式来影响产业结构的。"新兴11国"的产品价格与生产要素价格会随着劳动生产率、生产要素禀赋以及技术水平等因素的变化而发生变化。当一国集中使用价格低廉且丰裕的生产要素进行生产时，成本就会下降，在国际贸易中就有可能获得比较利益。这种以生产要素差异产生的国际贸易，会对产业结构产生重大影响。随着"新兴11国"进行产业结构调整，贸易结构也发生了变化，图5-1和图5-2反映了2016—2018年"新兴11国"进出口贸易结构的变化：

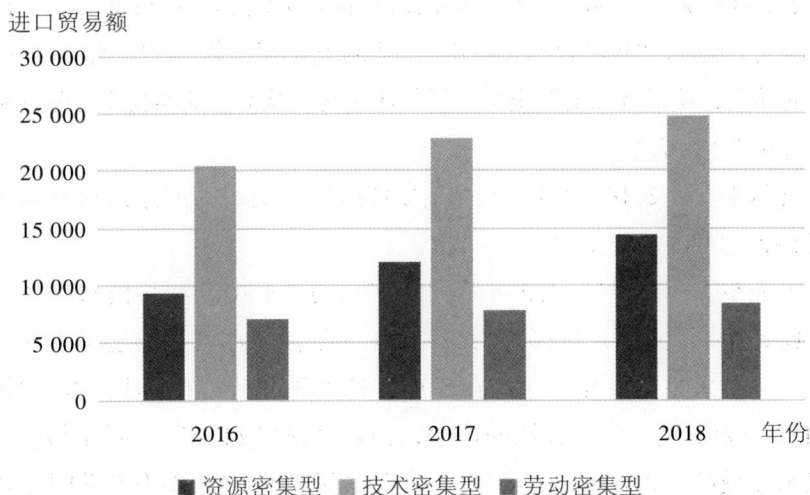

图5-1　2016—2018年"新兴11国"进口贸易额变化情况（单位：亿美元）

出口贸易额

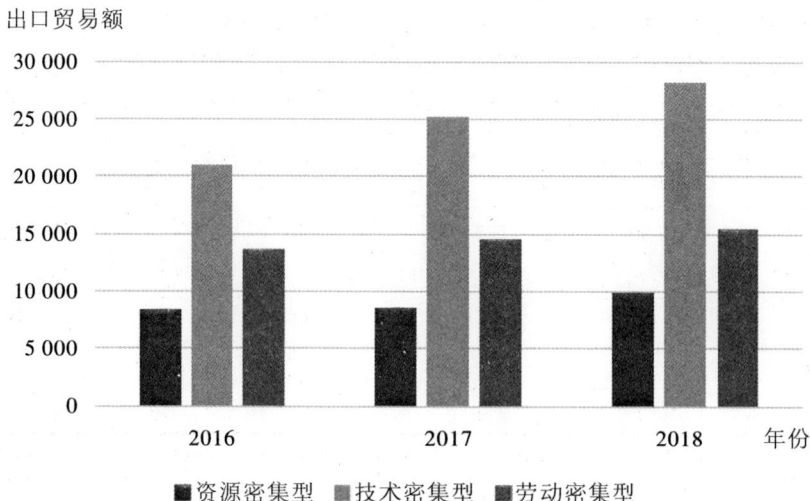

图5-2 2016—2018年"新兴11国"出口贸易额变化情况（单位：亿美元）

由图5-1和图5-2可知，总体来看，"新兴11国"技术密集型产品的进出口贸易总额最高，资源密集型产业的进口贸易额要高于劳动密集型产业，而劳动密集型产业的出口贸易额要高于资源密集型产业，这说明"新兴11国"的产业结构不断优化，而且三类产业的进出口贸易额均呈现出持续上升的趋势。其中，2017年资源密集型产品的进口贸易额涨幅最大，比2016年上升了2 642.73亿美元，尽管如此，技术密集型产品进出口贸易额的增长速度依旧是最快的。"新兴11国"的出口产品中技术密集型产品的出口比例越来越大，可见，"新兴11国"进出口产品结构逐渐由劳动密集型向技术密集型的转变，使得资源配置也发生了相应转变，从而产业结构也由劳动密集型转向技术密集型。

具体来看，2016—2018年"新兴11国"三类产品的进出口贸易额见表5-2、表5-3、表5-4。

由表5-2、表5-3、表5-4可知，在三类产业中，与其他新兴经济体相比，中国的进出口贸易额相对较高。尽管国际贸易增速正逐渐放缓，但"新兴11国"依旧对基础设施建设表现出明显的刚性需求，"新兴11国"无疑是一个成长性的市场，而且"新兴11国"之间在制造业和能源领域的外部需求不断扩大，使得"新兴11国"成为推动国际贸易增长的新动力。

表5-2　　　　2016年"新兴11国"三类产品进出口贸易额　　　　单位：亿美元

项目 国家 \ 类型	资源密集型		技术密集型		劳动密集型	
	进口	出口	进口	出口	进口	出口
阿根廷	79.35	394.17	374.18	150.49	105.57	34.14
巴西	286.49	1 075.47	853.86	507.52	235.19	269.37
中国	4 410.54	1 051.46	8 988.34	11 118.82	2 480.32	8 806.10
印度	1 285.97	643.84	1 589.02	851.93	692.06	1 107.50
印度尼西亚	408.63	705.64	647.27	326.96	300.61	412.30
韩国	1 303.15	396.19	1 862.76	3 513.69	895.92	1 044.29
墨西哥	523.33	522.84	2 465.13	2 571.00	882.23	645.64
俄罗斯	315.56	1 748.75	1 284.41	783.22	474.44	485.83
沙特阿拉伯	261.06	1 411.18	805.89	363.15	334.74	61.72
南非	178.65	257.54	407.80	266.68	161.01	216.89
土耳其	326.99	225.15	1 205.44	589.79	453.76	610.36

数据来源：由联合国统计司数据整理得到。

表5-3　　　　2017年"新兴11国"三类产品进出口贸易额　　　　单位：亿美元

项目 国家 \ 类型	资源密集型		技术密集型		劳动密集型	
	进口	出口	进口	出口	进口	出口
阿根廷	97.50	378.81	446.92	164.61	124.58	40.42
巴西	352.53	1 326.59	887.40	545.73	267.55	305.08
中国	5 796.37	1 177.33	9 946.89	12 296.61	2 694.65	9 159.76
印度	1 699.24	791.90	1 862.23	927.69	879.07	1 224.05
印度尼西亚	498.07	893.06	728.34	361.89	342.84	433.16
韩国	1 656.45	503.66	2 136.89	4 096.04	991.35	1 136.58
墨西哥	644.05	614.69	2 615.50	2 795.29	944.41	683.98
俄罗斯	376.96	2 225.20	1 629.18	991.40	593.51	575.48
沙特阿拉伯	270.08	54.21	749.75	2 096.47	325.37	67.65
南非	204.53	342.05	452.24	300.21	174.08	240.03
土耳其	426.67	251.17	1 407.36	653.62	503.97	665.15

数据来源：由联合国统计司数据整理得到。

表5-4　　　　　2018年"新兴11国"三类产品进出口贸易额　　　单位：亿美元

项目类型 国家	资源密集型		技术密集型		劳动密集型	
	进口	出口	进口	出口	进口	出口
阿根廷	126.06	368.71	406.29	225.44	122.07	21.43
巴西	403.15	1 503.74	1 097.33	579.32	311.83	315.81
中国	7 002.16	1 349.25	11 391.46	13 829.17	2 956.22	9 763.87
印度	2 131.73	918.88	2 040.85	1 073.60	903.58	1 232.45
印度尼西亚	590.70	934.00	887.08	389.06	409.34	479.09
韩国	2 080.82	626.50	2 224.15	4 266.51	1 046.84	1 155.05
墨西哥	782.79	716.70	2 852.92	3 064.89	1 007.25	724.97
俄罗斯	382.99	2 798.35	1 427.30	1 071.07	591.96	645.52
沙特阿拉伯	260.30	58.64	765.99	2 806.24	325.82	80.48
南非	257.66	347.19	474.26	323.16	194.24	265.63
土耳其	474.70	260.80	1 263.07	671.88	492.62	747.55

数据来源：由联合国统计司数据整理得到。

在资源密集型产品中，2016—2018年进口贸易额最高的3个国家依次为中国、韩国和印度。其中，中国的进口贸易额从2016年的4 410.54亿美元增加至2018年的7 002.16亿美元；而韩国这三年的进口贸易额中，2018年最高，达到2 080.82亿美元；印度则从2016年的1 285.97亿美元增加至2018年的2 131.73亿美元。此外，2016—2018年出口贸易额最高的3个国家依次为俄罗斯、巴西和中国。由于俄罗斯的自然资源十分丰富，因而在国际贸易中主要以资源出口为主。俄罗斯的出口贸易额从2016年的1 748.75亿美元增加至2018年的2 798.35亿美元。作为世界资源比较丰富的国家，俄罗斯已探明的资源储量占世界资源总储量的比例约为21%，位居世界之首。俄政府的数据显示，石油和天然气的出口收入占俄罗斯财政总收入的比例约为50%。由于俄罗斯的能源以及原材料等初级产品拥有比较优势，从而落入比较优势陷阱。虽然这在国际能源市场价格持续走高和国际能源供求失衡的情况下具有一定作用，但如果一旦技术进步对能源产生替代效应，或者由于全球经济衰退导致了能源价格下降，俄罗斯贸易结构的不合理性就会突显出来。

对中国而言，工业化发展对能源及原材料的巨大需求与消耗是造成资源密集型产品进口贸易额居于榜首的根本原因。在工业化进程中，矿产资源的日益紧张以及国际能源与原材料价格的调整，都使中国资源密集型产品贸易加剧①。无论是进口还是出口，中国资源密集型产业的贸易额都在逐年增加。受国际分工与产业转移的影响，中国在资源密集型产业贸易中扮演着资源需求大国与资源出口大国的双重角色，而且消费总量已超过了生产总量。尽管工业化进程在加快，但中国的出口依旧倾向于高耗能、高污染的资源型产品，而且出口产品价格也更为廉价。因此，从本质上说，中国对于资源使用的产业结构并未得到相应的优化。中国产业结构的发展方向是降低污染与能耗，虽然经济增长方式依旧处于粗放式阶段，但随着产业结构的调整，这种增长模式将不断被优化，资源消耗及污染强度也会随之减弱。

在技术密集型产品中，2016—2018年进口贸易额最高的3个国家依次为中国、墨西哥和韩国。中国、墨西哥和韩国在2011—2013年的出口贸易额也是"新兴11国"中最高的。总体来看，这3个国家的进出口贸易额均呈现出连年上升趋势。韩国技术密集型产业的贸易往来活动比其他新兴经济体更为频繁。有数据显示，早在1980—2009年间，韩国的中高技术和高技术密集型产品占制造产品的比重就从35%上升到55.1%，这一工业结构向高加工度以及技术密集化升级的过程带动了韩国高新技术产品的出口。

中国技术密集型产品的进出口贸易额十分可观，近年来高新技术产品在商品对外贸易结构中的比重不断加大，这主要归功于电子信息产业取得了较大突破。中国早在2008年就已超过美国成为世界信息技术产业第一大进出口贸易国，尤其是在通信设备与软件等领域。据美国信息技术创新协会的估计，中国电子信息产品的出口量占世界信息技术产品出口总量的比重已超过30%，而且关税减免政策为中国创造了年均120

① PERRY SADORSKY. The effect of urbanization and industrialization on energy use in emerging economies: implications for sustainable development [J]. American Journal of Economics and Sociology, 2014 (2): 392—409.

亿美元的电子信息产品的出口，降低了电子信息产业中间产品的进口成本。这表明中国的信息技术产业已更深地融入全球价值链中，形成了全球竞争优势。但值得关注的是，在中国出口电子信息产品中，有许多是加工转口贸易，还有的是为国外跨国企业所做的贴牌加工，只有少数是中国有效的技术出口。目前，中国拥有自主品牌的高科技含量产品的出口比重仍低于10%，全球市场需求旺盛的高加工度技术密集型产品依旧是中国竞争力较差的弱项产品。

就中国医疗器械领域的贸易而言，基本上呈现出出口强于进口的现象。根据中国海关数据，2017年中国医疗器械行业贸易总额为565.66亿美元，其中，出口额为292.08亿美元，比2016年上升了5.84%，而进口额为273.58亿美元，比2016年增长了10.6%，见表5-5①：

表5-5　　　　　　　　2017年中国医疗器械贸易统计

分类	进口情况			出口情况		
	出口额（亿美元）	同比（%）	占比（%）	进口额（亿美元）	同比（%）	占比（%）
诊疗设备	94.02	4.11	32.19	146.30	9.60	53.48
医用耗材	36.07	9.53	12.35	29.30	11.27	10.71
医用敷料	24.26	2.97	8.31	3.68	9.16	1.35
保健康复	54.33	6.29	18.60	16.50	12.70	6.03
口腔器材	83.40	17.00	28.55	77.80	26.77	28.43
合计	292.08	5.84	100	273.58	10.6	100

数据来源：由中国海关数据整理得到。

一直依赖资源密集型产品出口的俄罗斯，其技术密集型产业发展缓慢。据统计，目前俄罗斯技术密集型产品占全球市场的比重仅为0.3%~0.5%，其中，生物技术产品在近20年来在全球市场的年增长率约为6%~15%，占GDP的比重不足0.1%②。这是由于俄罗斯陷入能源技术困

①　蔡天智.2013年中国医疗器械对外贸易进强出弱 [J]. 中国医疗器械信息，2014（2）：28-34.
②　王海运.俄罗斯重新崛起的前景及其世界影响 [J]. 俄罗斯中亚东欧研究，2007（1）：1-7.

境中，对欧洲的商品与技术的依赖性较大，这种在进口设备、消费品和高附加值产品方面的非对称性贸易模式，对俄罗斯产业结构调整与国际贸易往来产生制约作用。

在国际贸易体系中，具有生产要素比较优势的新兴国家，其产业结构主要倾向于劳动密集型产业，并且这种成本较低的专业化生产将在国际市场中处于有利地位，进而对该国的产业结构调整产生有利影响。在劳动密集型产业中，2016—2018年进口贸易额最高的3个国家依次为中国、韩国和墨西哥。这3国的进口贸易额均出现了连续上升趋势。此外，2016—2018年出口贸易额最高的3个国家依次为中国、韩国和印度，这3国的出口贸易额也呈现出了连续上升趋势。

从产业优势来看，中国、印度和土耳其具有劳动力资源丰富、劳动力成本低等特点。对于中国而言，劳动密集型产业在国际贸易中具有很强的竞争优势。这是由于中国经济发展以制造业为主并拥有廉价及过剩的劳动力，出口导向型的经济发展战略以及投资主导型的贸易鼓励政策使中国劳动密集型产品出口较多，中国也因此被誉为"世界工厂"。但是，如果考虑生产率差异这一因素，那么，中国在产品出口方面就不再显示出劳动力成本较低的优势，甚至与某些国家相比还处于劣势。

5.1.2　贸易结构

"新兴11国"的国际贸易流动结构正发生日新月异的变化，从出口导向型的增长模式逐渐转向内需导向型的增长模式，在导入经济资源以及吸引消费的同时，能够对国际贸易产生深远影响。各国充分发挥资源与产业的互补优势，促进经贸合作，开拓新兴市场，确保能源与资源供应。就中国而言，以往中国的对外贸易主要是与发达国家的贸易，出于对资金回流与市场秩序等问题的考虑，中国对与发展中国家的贸易存有顾虑，而更愿意与发达国家进行贸易往来。优越的投资环境、良好的市场信誉、快速的资金回转都使得中国企业宁肯以较低的价格向发达国家出售商品。但由于近年来"新兴11国"加快了"走出去"的战略步伐，并更多地采用在外投资设立企业的方式，因此，与发达国家间的贸易联系逐渐由互补转向竞争，尤其是在新能源、新一代信息技术等新兴产业存在更加激烈的竞争，导致贸易摩擦和贸易纠纷问题增多。因此，随着产业结构的不断调整，中国近年来与新兴经济体国家贸易往来十分频繁，而且存在明显的依存关系。在中国与其他新兴经济体的贸易结构中，劳动密集型低技术产品的出口比例依旧很高，尽管此类产品在发达经济体市场上的竞争力十分有限，但在技术相对落后的大部分新兴经济体中却占有一定优势。据统计，自2001年加入世界贸易组织以来，中国对新兴经济体商品出口的平均增速为24.5%，高于对发达经济体15.5%的出口增速。特别是承受着国际贸易保护主义抬头以及对产品需求骤降的双重压力，与对发达经济体7.9%的年均增长速度相比，中国对新兴经济体商品出口的年均增长率依然保持在14.7%的水平。

（1）中国与印度

随着中印经贸合作关系的不断深入，两国合作领域由一般商品贸易逐渐向投资与经济技术领域扩展，并且合作潜力巨大。据印度商业信息统计署与印度商务部统计，2019年中印双边货物贸易额为854.9亿美元，比2018年下降了5.3%。其中，印度对中国出口贸易额为171.3亿美元，同比增长了3.9%，占印度出口贸易总额的5.3%，同比增加了0.2个百分点；而印度自中国进口贸易额为683.7亿美元，同比下降了7.3%，占印度进口贸易总额的14.1%，同比下降了0.2个百分点。中国是印度第一大贸易逆差来源国，印方贸易逆差额为512.4亿美元，同比下降了10.5%。截至2019年12月，中国是印度第三大出口目的地，也是印度的第一大进口来源地。

从贸易结构看，矿产品、化工产品和机电产品是印度对中国出口的三大类商品。2019年，印度对中国矿产品出口额为48.5亿美元，下降了3.3%，占印度对华出口总额的28.3%；印度对中国化工产品出口额为36.8亿美元，增长了2.1%，占印度对华出口总额的21.5%；印度对中国机电产品出口额为16.6亿美元，增长了21.6%，占印度对华出口总额的9.7%。而印度自中国进口的产品包括机电产品、化工产品和贱金属及制品。其中，印度从中国进口机电产品总额为338.3亿美元，下降了8.6%，占印度从中国进口总额的49.5%；印度从中国进口化工产品总额为136.0亿美元，下降了0.5%，占印度从中国进口总额的19.9%；印度从中国进口贱金属及制品的总额为 52.8 亿美元，下降了 3.2%，占印度从中国进口总额的 7.7%。

但总体来看，中印之间贸易规模相对较大的是以制造业为主体的劳动密集型产业，而对于像服装业这种劳动密集型产业在中印间的贸易往来并不多。再加上中印的人口数量众多，劳动力过剩，因此，两国的比较优势产业均为劳动密集型产业。而技术密集型产业虽然在两国间的贸易中也占据了一定规模，但并不具备优势。就印度而言，绝大多数技术密集型产品均呈现出贸易逆差，如仪器仪表、机械、化工等。

近年来，虽然中印贸易量飞速增长，但两国的贸易结构也存在一些问题。如双边贸易不平衡，印度不断制造贸易壁垒，印度对华投资设限，印度基础设施落后等。其中，贸易不平衡是最大问题，两国存在贸易间的完全不平衡，印度对华贸易逆差较大。有 3/4 的商品是中国出口印度，而中国从印度进口的产品主要包括原材料和矿产品等。这主要是由于两国经济结构差异所致，中国的制造业发展强劲，而印度则相对缓慢，并且对生活用品的需求量大，因此其对中国产品高度依赖，致使大量逆差存在。

（2）中国与韩国

中国与韩国建交后，双方的贸易合作有了突飞猛进的发展，尤其是国际金融危机以后，中韩两国的贸易额保持着持续增长的趋势，但近年来出现了小幅回落。据韩国海关统计，2019 年中韩双边货物贸易总额为 2 434.3 亿美元，同比下降了 9.4%。其中，韩国对中国的出口贸易额为 1 362.0 亿美元，同比下降了 16.0%，占韩国出口贸易总额的 25.1%；而韩国自中国的进口贸易额为 1 072.3 亿美元，同比增长了 0.7%，占韩国进口贸易总额的 21.3%。韩国对中国的贸易顺差为 289.7 亿美元。截至 2019 年 12 月，中国是韩国最大的顺差来源国以及第一大贸易伙伴国。

从贸易结构看，2019 年，韩国对中国出口的产品包括机电产品、化工产品以及塑料橡胶，出口贸易额分别为 707.8 亿美元、199.7 亿美元和 109.3 亿美元，其中，机电产品出口额同比下降了 19.6%，而化工产品和塑料橡胶出口额同比下降了 10.5% 和 5.5%，这三类产品的出口贸易额占韩国对中国出口贸易总额的 74.7%。而在韩国自中国进口的商品中，排名前三位的分别是机电产品、贱金属及制品和化工产品，2019年进口贸易额分别为538.5亿美元、122.4亿美元和103.2亿美元，占韩国自中国进口总额的50.2%、11.4%和9.6%，其中，机电产品进口额同比增长了6.8%，贱金属及制品进口额同比增长了0.6%，而化工产品进口额同比下降了9.9%。此外，在纺织品及其原料以及家具等劳动密集型产品上，中国继续在韩国市场上保持优势，主要竞争对手是越南、印尼和日本等国家。由此可见，中国对韩国出口的商品逐渐由初级产品转向附加值更高的产品，两国的贸易比重也不断升高。其中，中国机电产业的不断发展使得中国从韩国进口的零部件规模也随之扩大，这也是韩国在中国进口市场的份额不断增加的主要原因。

综合来看，中韩两国技术上的差距使得两国产业分工层次不同，中国处在产业分工的低端。随着中国人均收入水平的提高，对韩国技术密集型产品的需求量也不断增加，而且韩国将中国廉价劳动力作为投资的核心动力，以此来降低产品的生产成本并返销到韩国，这种技术溢出效应促进了中国产业结构的转型与升级。不仅如此，中韩两国的贸易壁垒逐渐减少。根据中韩签订的贸易协定，韩国生产的最终产品（如汽车）无须重复装卸便可抵达中国的相关企业或销售部门，并且关税的不断降低使得韩国越来越多的技术密集型产品进入中国市场，而中国的中间产品及零部件也相应地进入到韩国。

（3）中国与俄罗斯

除了亚洲国家以外，"新兴11国"中唯一一个欧洲国家并与中国同属金砖国家的俄罗斯，也与中国保持着密切的贸易关系。据俄罗斯海关统计，2019年，中俄双边货物贸易总额为1 106.5亿美元，同比增长了2.2%。其中，俄罗斯对中国的出口贸易额为565.3亿美元，同比增长了0.9%，占俄罗斯出口贸易总额的13.4%，提高了0.9个百分点；俄罗斯自中国的进口贸易额为541.2亿美元，同比增长了3.6%，占俄罗斯进口贸易总额的22.2%，提高了0.3个百分点。俄方对中方贸易顺差24.1亿美元，同比下降了36.4%，截至2019年12月，中国已成为俄罗斯第一大出口市场以及第一大进口来源地。

从贸易结构看，据俄海关统计，2019年1—9月，俄罗斯对中国出口的主要产品是矿产品，出口额为294.8亿美元，同比下降了5.1%，占俄罗斯对中国出口贸易总额的75.2%。不仅如此，同比俄罗斯对中国出口的运输设备延续了高速增长的态势，2019年1—9月，增长了282.9%。俄罗斯自中国进口的商品为机电产品，2019年1—9月，机电产品的进口额为183.9亿美元，同比下降了3.8%，占俄罗斯自中国进口总额的47.7%，占俄罗斯机电产品进口总额的35.8%，高于德国（第二位）24.8个百分点；在贱金属及制品、纺织品及原料、家具玩具杂项制品、塑料橡胶、鞋靴和伞等轻工产品、光学钟表医疗设备六大类商品中，中国商品依旧在俄罗斯进口市场中占有较大的份额。其中，2019年1—9月，俄罗斯自中国进口的陶瓷玻璃类商品占俄罗斯同类商品进口总额的34.6%，高于白俄罗斯（第二位）24.9个百分点。由此可见，中俄贸易结构依旧以初级产品为主，高科技与高端装备制造业产品的出口比例较小。中国下一步将扩大来自俄罗斯等重点新兴国家技术设备的进口，促进节能环保领域的先进技术进口。就中俄两国而言，工业生产机器人、现代化数控设备等技术密集型产品的贸易量有望快速增长。

（4）中国与巴西

巴西与中国也存在一定程度上的贸易往来。据巴西外贸秘书处统计，2019年，中巴双边货物贸易总额为981.4亿美元，同比下降了0.8%。其中，巴西对中国的出口贸易额为628.7亿美元，同比下降了2.1%，占巴西出口贸易总额的28.1%，同比提高了1.3个百分点；而巴西自中国的进口贸易额为352.7亿美元，同比增长了1.6%，占巴西进口贸易总额的19.9%，同比提高0.7个百分点。巴西与中国的贸易顺差为276.0亿美元，同比下降了6.4%。截至2019年12月，中国成为巴西第一大出口目的地与第一大进口来源国。

从贸易结构来看，巴西对中国出口的第一大类产品是矿产品，2019年出口额为295.4亿美元，增长12.6%，占巴西对中国产品出口总额的47.0%。巴西对中国出口的第二大类产品是植物产品，2019年出口额为205.9亿美元，下降25.0%，占巴西对中国产品出口总额的32.7%。巴西对中国出口的第三大类产品是动物产品，出口额为45.6亿美元，占巴西对中国产品出口总额的7.3%，增长74.2%。2019年，巴西对中国产品出口下降2.1%，低于其总体出口降幅4.5个百分点。巴西对中国出口产品集中度较高，大豆、原油和铁矿石三种产品占巴西对中国总出口的八成以上。其中，铁矿石出口增长21%，原油出口增长6%，但大豆出口下降25%。巴西自中国进口的商品包括机电产品、化工产品和运输设备，2019年合计进口243.2亿美元，占巴西自中国产品进口总额的69%。此外，纺织品及原料、贱金属及制品等也为巴西自中国进口的主要大类产品，在进口中的比重均在5%以上。巴西自中国进口主要大类产品除运输设备等少数产品外已大多恢复增长，但进口增幅则多不及10%，大类商品中只有机电产品进口增幅略高于10%。总体来看，在巴西对外贸易进出口双双持续下降的背景下，中巴双边进出口贸易也双双下降，但降幅均显著低于其总体进出口降幅。

（5）中国与土耳其

在贸易结构方面，无论是进口还是出口，与中国始终保持着双向较强贸易互补关系的国家是土耳其。据土耳其统计局统计，2019年中土双边贸易额为210.8亿美元，同比下降了10.8%。其中，土耳其对中国产品出口额为25.9亿美元，同比下降了11.2%，占土耳其产品出口总额的1.5%，降低0.2个百分点；土耳其自中国进口产品额为184.9亿美元，同比下降了10.7%，占土耳其产品进口总额的9.1%，降低0.2个百分点。土耳其对中国的贸易逆差为159.0亿美元，同比下降10.6%。截至2019年12月，中国是土耳其第十七大出口市场以及第二大进口来源地。

从贸易结构来看，土耳其对中国出口的第一大类产品是矿产品，2019年出口额为13.2亿美元，同比下降了10.4%，占土耳其对中国产品出口总额的51.2%。在土耳其对中国出口的矿产品结构中，大理石矿出口下降14.3%，在总体出口中所占比重降为30.5%；矿砂出口下降4.4%，所占份额降低至20.5%，另外，矿物燃料在土耳其对中国出口的占比较低，约为0.1%。此外，化工产品是土耳其对中国出口的第二大类产品，占土耳其对中国产品出口的比重为10.7%，同比下降了28.8%。机电产品是土耳其对中国出口的第三大类产品，占其对中国产品出口的比重约为7%。同期，土耳其对中国食品、动植物产品等出口逆势增长，且增幅都在20%以上，是对中国出口为数不多保持增长的大类产品，但绝对金额较低。由于土耳其对中国出口产品连续下降，中国已跌出土耳其前十五大主要出口市场行列，仅为第十七位。土耳其自中国进口的商品主要为机电产品、纺织品及原料和化工产品，2019年合计进口额为131.9亿美元，占土耳其自中国进口产品总额的71.3%，其中仅机电产品就占土耳其自中国进口产品总额的近一半。除上述产品外，贱金属及制品、塑料橡胶等也为土耳其自中国进口的主要商品（HS类），在进口总额中的比重均超过或接近5%。当前，中土双边贸易持续大幅下降，双边贸易降幅超过土耳其对外贸易总体降幅约6个百分点。中国在土耳其进口中的份额也逐渐走低，继俄罗斯超过中国成为土耳其最大进口来源地后，德国在土耳其进口中所占比重也逐渐接近中国，有赶超之势。中土双边贸易需寻找新的增长动力。

同印度一样，中土两国的贸易结构也存在不均衡的问题。土耳其对中国出口额约为其自中国进口额的十分之一，且出口下降较快，而自中国进口额为持平或轻微下降，土耳其对中国贸易赤字也进一步扩大。尽管两国的贸易结构日益优化，但近几年土耳其为了保护本土产业，不断对中国出口产品发起贸易救济措施，导致两国贸易摩擦不断增多，不仅案例数量不断增加，而且影响也越来越大，所涉及的商品具有数量多、范围广以及政治色彩浓厚等特点。从经贸关系因素来看，主要是土耳其对中国有着巨额的贸易逆差，而且两国的相关产业与商品存在同质化的特点；从国际因素来看，由于美欧国家的暗中支持等原因，近些年土耳其经常对华实施反倾销。

（6）中国与墨西哥

近年来，墨西哥与中国的双边贸易快速发展。据墨西哥经济秘书处统计，2019年，中墨双边货物贸易总额为783.6亿美元，同比下降了13.6%。其中，墨西哥对中国的出口贸易额为47.4亿美元，同比下降了34.1%，占墨西哥出口总额的1.4%，减少了0.2个百分点；而墨西哥自中国的进口贸易额为736.2亿美元，同比下降了11.8%，占墨西哥进口总额的20.9%，提高了2.9个百分点。墨方对中方贸易逆差688.8亿美元，同比下降了9.7%。截至2019年12月，中国是墨西哥第五大产品出口市场以及第二大产品进口来源地。

从贸易结构来看，2019年1—9月，墨西哥对中国出口的第一大类产品为矿产品，出口额为17.0亿美元，下降13.2%，占墨西哥向中国出口总额的51.5%。运输设备、机电产品和贱金属及制品是墨西哥对中国出口位列第二位、第三位和第四位的商品，出口额分别为6.4亿美元、5.4亿美元和1.1亿美元，分别下降42.4%、36.6%和79.8%，三类商品共计占墨西哥对中国产品出口总额的39.3%。墨西哥自中国进口的第一大类产品为机电产品，2019年1—9月进口额为344.1亿美元，下降10.7%，占墨西哥自中国产品进口总额的63.0%，同时占墨西哥机电产品进口总额的32.3%，与占墨西哥机电产品进口市场份额第二位的美国仅相差1.1个百分点。另外，贱金属及制品、运输设备、光学钟表医疗设备、家具玩具杂项制品以及塑料橡胶分别位列墨西哥自中国进口商品排名的第二位至第六位，2019年1—9月进口额分别为27.8亿美元、27.4亿美元、26.5亿美元、22.7亿美元和21.7亿美元，其中贱金属及制品、运输设备和塑料橡胶进口额分别下降11.2%、9.3%和10.7%，光学钟表医疗设备与家具玩具杂项制品进口分别增长28.7%和1.8%，五类商品合计占墨西哥自中国进口总额的23.1%。从中国商品在墨西哥进口商品的占比情况来看，中国最大的竞争对手是美国，在墨西哥贱金属及制品、运输设备、光学钟表医疗设备、塑料橡胶、纺织品及原料、化工产品及陶瓷玻璃七大类商品进口市场上，美国均占首要份额，并与中国所占份额差距较大。以运输设备为例，美国占据56.7%的份额，而中国仅占10.1%的份额，相差46.6个百分点。目前，高新技术产品已逐渐成为中墨贸易中的重点商品之一。以医疗器械为例，在过去几年中，墨西哥的医疗器械行业发展十分迅速，并在拉美地区具有一定的市场地位。中国与墨西哥在这一领域的贸易往来较多，且进出口贸易发展潜力巨大。随着国民经济与技术的不断发展，中国医疗器械行业的产业结构调整效果也日益明显，虽然尚未完成整体调整目标，但从进出口贸易的数据可以发现，中国的医疗器械产业正在不断扩大，而且呈现出产业链进一步改善与优化的趋势。可见，中墨两国的贸易发展不仅存在较大的市场需求，而且还有很大的增长空间。尽管两国双边贸易结构存在差异，但并未影响到双边贸易的持续快速增长，中国这样一个庞大的市场，将使中墨的双边贸易合作前景更加广阔，中墨的贸易结构也正在不断优化。

总体而言，"新兴11国"产业结构调整与国际贸易发展主要具备以下特征：

第一，目前"新兴11国"产品出口结构的大致趋势是：初级产品、农工产品以及与能源资源相关产品的出口不断下降，而非能源产成品的出口比例持续上升。这表明在政策引导与市场倒逼的共同作用下，"新兴11国"的出口企业逐渐加大了对产品质量管控、品牌塑造培育以及技术研发的力度，并且出口产品的技术附加值明显提高，标志着出口产品结构出现优化。

第二，"新兴11国"都有其各自的优势产品，如俄罗斯的能源产品、矿产品以及航空航天产品，印度的纺织品及软件产品，巴西的矿产品、农产品及航空航天产品等，都在国际贸易竞争中占有优势。而中国作为世界第一大贸易出口国，不仅在全球大宗商品市场上发挥重要作用，而且在纺织品、食品、化学产品以及机电产品等领域独具出口优势。

第三，"新兴11国"进出口商品结构具有多元化的特征，并且在国际市场上具有一定的竞争力。但由于中国与其他新兴经济体产业及贸易具有同构化的特点，尤其是对于"金砖"五国而言，多半是中间物品的贸易，不仅贸易结构不合理，而且生产力水平还与中国十分接近，同样具备资源和劳动力两个方面的比较优势，使得中国与这些新兴经济体的产业竞争十分激烈。例如，中国和印度同为能源进口国与劳动密集型产品出口国，两国在境外开发能源资源以及扩大在全球劳动密集型产品的市场份额等诸多方面无法达成共识。不仅如此，由于资源密集型产业和劳动密集型产业是"新兴11国"的出口主导产业与支柱产业，如轻工产品、纺织产品以及贱金属等，而产业结构的趋同导致中国长期处在与邻竞争的状态，这也使得有的新兴经济体对中国的出口产品产生贸易壁垒，而且还加剧了反倾销案件的频发。世界银行报告显示，2011年中国对其他新兴经济体出口的商品中，有10.8%遭遇到临时的贸易壁垒。此外，中国对外贸易出口市场的选择范围非常有限，而且十分依赖主要贸易伙伴，这种状况极易引发贸易摩擦，不仅会扩大市场风险，还会引发中国对外贸易动荡。因此，产业结构完善且能及时调整的国家，在出现贸易摩擦时能够拥有更大的周转空间。

第四，目前中国已经成为"新兴11国"最重要的贸易大国之一，这与中国充分发挥后发优势是分不开的。其他新兴经济体国际贸易的迅速发展也证明，在稳定的国际环境中，生产要素禀赋优势在合理的政策引导下，通常会形成强大的国际贸易优势，实现"新兴11国"国际贸易的高速发展。但如果这种优势未能得到合理发挥，那将为国家带来严重的后果。从中国与其他新兴经济体的贸易结构来看，工业制成品的贸易规模比较庞大，其在加工使用过程中，以羊毛、合成纤维、化工原料以及原油等高污染、高能耗产品为主。部分国外的跨国企业进口此类初级产品，并利用中国廉价的劳动力进行生产后，通过优惠的税收政策，将制成品出口国外，一进一出的贸易模式无疑将塑料、化工以及印染等高污染产品及其在生产过程中产生的环境成本转移到中国。更有甚者，还将对环境造成严重污染的有毒废弃物转运到中国，使中国环境的污染程度进一步加剧，导致了外贸交易的不可持续性。

综上所述，"新兴11国"产业结构调整与国际贸易存在密切的关系，产业结构的状况直接决定了国际贸易结构层次的高低。"新兴11国"在进行国际贸易活动时，会根据利益比较机制，自发地进行产业结构调整，使其朝着更加优化的国际贸易产业结构模式转变。由于技术密集型产业的经济利益要比资源密集型产业和劳动密集型产业的经济利益高，因此，"新兴11国"的产业结构会由资源密集型与劳动密集型逐渐向技术密集型转变。在国际贸易中，由于较低的生产成本会有助于"新兴11国"的生产资源聚集在优势产业中，因此，成本较低的专业化生产会更具竞争力，从而促使"新兴11国"的产业结构调整。但国际贸易的进出口在产业调整过程中对产业结构的影响程度是不同的。进口变动会对"新兴11国"本国的产品造成冲击，产业内也将重新分配生产资源，在促进竞争力较高企业不断前进的同时，也淘汰了生产效率较低的企业。当产品进入国内时，"新兴11国"将不断积累经验，并为企业提供良好的发展平台与环境，从而对产业结构升级的过程产生影响。而出口变动则会引发产业结构的改变，提高"新兴11国"适应国际贸易市场的能力，促进产业新技术的研发。从目前的变化情况来看，"新兴11国"国际贸易对产业结构的优化与升级产生了重要影响，主要体现在促进科技进步、优化资源分配、分享全球经济市场以及提升产业国际竞争力等方面。

5.2 产业结构调整与国际贸易发展趋势

随着经济全球化的持续推进以及高新技术产业的蓬勃发展，生产要素流动以及资源有效配置使"新兴11国"的产业结构调整通过国际贸易来实现，这也使"新兴11国"的国际贸易发展出现了新趋势，主要体现在新兴产业、服务贸易以及技术贸易三个方面。这种新趋势成为当今国际贸易发展的主流。

5.2.1 新兴产业

随着社会的进步及产业结构的不断调整，新技术、新产品、新工艺不断涌现，新兴产业也应运而生，国际贸易竞争力的后发优势也不断提高。在知识经济时代，随着高新技术产业的不断发展，不仅技术密集型产品的贸易额占贸易总额的比重越来越大，新兴产业的诞生也使贸易结构由资源密集型向技术密集型方向发展，而且"新兴11国"进行产业结构调整主要向以高新技术产业为主的高级化方向发展。未来国际贸易的趋势将随着"新兴11国"产业结构的不断调整而向拥有高技术含量的新兴产业靠拢。

（1）信息技术产业

信息技术产业发展十分迅速，使得"新兴11国"软件业在国际贸易中获得了超额利润，而且出现了更加多元的贸易方式，通过技术创新而跨过传统发展阶段直接进入到新技术革命阶段，由此来实现产业结构调整。不仅如此，信息技术产品的升级换代速度也会更快，生命周期逐渐缩短，各种新型信息产品的大量出现及广泛应用也会使产业结构发生改变[①]。在信息技术产业领域，印度和中国的信息技术产业发展势头比较强劲，这主要是由于受到了以IT产业为主的高新技术产业在国际市

---

① CHAMINADE, FUENTES. Competences as drivers and enablers of globalization of innovation: the swedish ICT industry and emerging economies [J]. Innovation and Development, 2012（2）：209-229.

场转移的刺激。这种产业转移趋势主要通过市场机制来促进中国的产业结构调整,而且促使贸易结构发生了变化,加速了中国产业由劳动密集型向技术密集型升级。

此外,信息技术的跨国企业将更加符合"新兴11国"的消费和市场需求,还会建立更多的研发与设计机构。一些跨国企业考虑到市场风险、要素成本以及再工业化政策等因素,会对已存在于"新兴11国"的部分外资向发达国家回流,这将对"新兴11国"的外资企业出口、关键原材料进口、劳动密集型产品生产、传统营销方式等产生十分重要的影响。随着现代数字化产业与跨境电商服务业的发展,"新兴11国"在信息产业领域的营销模式也将会由"批次少、批量大"的旧有模式逐渐演变成"批次多、批量小"的新模式,而且跨境电子商务近年来也呈现出爆发式增长,这为以往的出口渠道带来了很大挑战。

(2)新能源产业

发展新能源产业已逐渐成为"新兴11国"的共识,核能、太阳能、风能、生物能等新能源将逐渐取代石油、天然气等传统能源,未来新能源在全球能源贸易中的比重将不断上升。实践表明,国际贸易对"新兴11国"新能源产业发展具有重要影响,而且在很大程度上能够决定新能源产业的发展水平,而新能源产业的发展在一定程度上又决定了国际贸易的结构。

就生物能源产业而言,其发展不仅从本质上改变了农业的生态系统,还改变了"新兴11国"农产品的贸易结构。自2007年以来爆发的全球粮食危机开始,生物燃料对粮油价格、能源安全、气候变化、农业发展等方面产生了潜在影响,成为全球争论的话题。事实表明,生物柴油与生物燃料乙醇的大力发展,使得对玉米、甘蔗、大豆等粮油及制成品的消耗日益增多,导致了粮食短缺,农产品贸易结构也正发生着日益明显的改变。而作为生物燃料最大出口国的巴西,却并不承认生物燃料是造成粮油价格上涨的主要原因。目前,"新兴11国"包括生物燃料在内的新能源国际贸易不断攀升的趋势,已成为不可争辩的事实。2000年以前,大多数新兴经济体生物燃料乙醇的出口贸易量较小,基本上都局限在国内消费。近年来,随着国际能源消费需求的不断上升,"新兴

11国"对乙醇燃料的需求和出口量逐渐增长，推广应用力度也不断加大。2008年，全球乙醇的出口量为108亿升，出口金额为64.78亿美元。其中，巴西的出口量位居世界第一，达到51.1亿升，出口金额为23.9亿美元，占全球出口总量的47%。而中国在2006年取消了酒精出口退税政策，使得乙醇的出口量连续三年出现大幅度萎缩，2006年中国乙醇的出口量为10.18亿升，而2008年下降到1.08亿升。无论是价格，还是技术及原料来源，与巴西相比，中国的乙醇燃料产业没有出口优势，但总体来看，中国对巴西的新能源产业的出口表现出比较强劲的增长趋势。

总体来看，中国、印度、巴西等"新兴11国"国家都是新能源产业领域的贸易逆差国，处于劣势地位，而发达国家普遍是顺差国，掌握着国际贸易的主动权，但竞争力却呈现出逐渐下降趋势。而以中国为代表的新兴经济体正处于崛起状态，竞争力不断上升，不仅在国际市场的竞争中占有一席之地，还具有了更大的话语权，形成了一定的赶超趋势。在出口方面，中国、韩国等国家都是新能源产品出口大国，而且近年来中国和印度的出口贸易呈现明显的上升趋势；在进口方面，中国与韩国新能源产品进口贸易具有一定的规模，而印度和巴西的进口额甚至比一些欧洲发达国家还要高。

就中国新能源产业而言，在开放的市场经济条件下，许多外国能源企业将一部分技术专利转移到中国，在与中国形成良好贸易合作伙伴关系的同时，还与中国新能源产业形成了优势互补，极大地促进了相关前沿技术的进一步研发。这意味着开展新能源贸易为中国优化产业结构带来莫大帮助。虽然中国在技术方面相对欠缺，但在人力和资源成本、消费市场等方面均有很大优势，因此，如果能以国际贸易为契机，加强与新能源技术处于国际领先地位国家的合作，那么中国新能源产业发展就能更上一层楼。

但值得注意的是，"新兴11国"由于能源需求不足在新能源产业领域所导致的贸易摩擦也不断增多。近年来，发达国家不断对"新兴11国"构筑贸易壁垒，最典型的是美国，主要是针对中国实施反倾销、反补贴调查，尤其是光伏产业领域的贸易摩擦不断加剧。中国光伏产业具有两头在外的特点，一些进行多晶硅提纯项目的企业具备了批量生产能力。相关数据显示，2015年中国多晶硅产量达到16.9万吨，占全球产量的12.8%，而中国太阳能多晶硅的需求量达到25.3万吨，占全球需求量的79%①。不仅如此，中国光伏电池产能占据了全球3/4的份额，这种爆发性的增长极易打破国际贸易平衡。相关数据显示，2011年中国光伏产能占世界总产能的比例已经超过70%，而将近98%的下游光伏系统及组件出口海外市场，导致了中国围绕新能源产业的贸易摩擦越来越多。2011年美国对中国采取贸易限制措施的太阳能光伏产品企业共计75家，而2012年中国有百余个光伏产品的生产厂商及产品出口商被美国征收了31%~250%的关税及反补贴税。发达国家不仅对中国产品的"双反"调查呈逐年上升趋势，而且技术性贸易壁垒也愈演愈烈，这对中国新能源出口的影响也越来越大。

除光伏电池与组件产品以外，发达国家对中国的反倾销调查还涉及风能和太阳能产品。2014年4月，在联合国贸易与发展会议发布的《可再生能源贸易救济报告》中指出，自2008年以来，在全球范围内发起的对风能、生物燃料以及太阳能产品的反补贴与反倾销案件中，有50%的贸易救济措施都是围绕太阳能产品，而且适用的贸易救济措施呈现出扩大化趋势，与各国的相关环境保护政策严重相悖。

不仅发达国家对中国产品的贸易壁垒不断加大，随着中国对其他新兴经济体贸易出口的快速增长，包括俄罗斯、巴西、印度、南非和墨西哥在内的新兴市场针对中国的贸易保护措施也出现了扩散趋势，对中国商品的反倾销案件调查日渐增加。例如，印度反倾销局在2012年9月收到业界申请，对原产于中国、马来西亚等国家和中国台湾地区出口的太阳能电池组装板及部分组装板开展反倾销调查。中国新能源产业出现的贸易摩擦，反映出的不仅是简单的制造纠纷，还映射出了世界各国对未来能源和资源的竞争。为了维护国际贸易平衡，减少贸易摩擦，中国一些新能源企业开始在海外建设生产基地，提高了品牌的影响力，而且通过进一步改善新能源产业的扶持政策，加强关键

---

① 佚名. 2015年多晶硅行业运行特点和未来展望 [EB/OL]. [2016-03-16]. http://guangfu.bjx.com.cn/news/20160316/716546.shtml.

技术和设备研发方面的补贴，逐渐改变传统上直接对产品制造给予补贴的方式，严禁实行进口替代补贴与出口补贴等措施，逐渐学会了利用WTO规则进行反击。

（3）新能源汽车产业

在新能源汽车产业领域，市场进入的贸易壁垒标准将逐渐提高。新能源汽车是技术密集度很高的产业，附加值高、投资周期长、研发成本高等特点以及行政性进入贸易壁垒的限制，导致新能源汽车产业的进入门槛不断提高。这与行业集中度存在很大关系，一般来说，行业集中度越高，对新企业的进入越不利。

总体来看，大多数新兴经济体新能源汽车的产量及出口尚未形成规模经济，并不存在国外对新能源汽车的出口限制问题。但随着新能源汽车的不断推广，近年来，国外出现了制定有关新能源汽车进出口贸易措施的趋势，引起了"新兴11国"的重视，尤其是在进军欧美国家市场的道路上，存在重重阻力，主要体现在发达国家实行的新能源汽车补贴和减税免税政策，不仅阻碍了"新兴11国"新能源汽车产业的发展及出口贸易，还严重削弱了全球贸易的竞争力。除此之外，关税限制措施对新能源汽车贸易的影响也逐年增大。目前与新能源汽车市场开放相关的谈判议题主要有非农（NAMA）市场准入标准和环境产品市场开放谈判两项。其中，非农市场准入标准是包括了新能源汽车在内的减少工业品关税及减低非关税壁垒、开放市场的谈判。按照谈判机构主席案文中所提到的削减公式，"新兴11国"的非农产品关税将减少一半以上，而且包括新能源汽车在内的全球工业品市场将逐渐开放。就中国而言，目前对进口的整车征收25%的关税，而对汽车零部件则征收10%的关税，虽然税收水平低于印度、巴西等主要新兴经济体，但依旧远远超过了欧美发达国家。而环境产品市场开放谈判主要是关于环保产品清单的谈判，虽然各成员方在哪些产品应被列入清单的问题上依旧存在分歧，但一些发达国家开始提出将新能源汽车划入到环境产品清单中，并将其关税削减为零，而且"新兴11国"将成为主攻目标。未来关税的削减依旧是新能源汽车产业发展的主流趋势。

（4）生物产业

在生物产业领域，当今生物技术及其产品的蓬勃发展，为社会带来了巨大的经济效益。转基因产品层出不穷，对"新兴11国"的生物多样化、人类健康甚至生态环境产生重大影响，而且通过贸易渠道进行跨境转移受到了国际社会的广泛关注。转基因产品对国际贸易的影响不仅体现在对世界粮油、食品、化肥、农业机械等方面，还更多地体现在贸易政策、检验制度、风险评估、知识产权等方面。鉴于此，国际上纷纷出现了有关限制转基因产品贸易的措施条款，如《卡特赫纳生物安全议定书》。大多数新兴经济体由于自身生物技术水平的局限性，对处理生物安全问题的能力也相对较弱，对转基因产品贸易采取了谨慎态度。一些国家主张通过制定国际法规来约束转基因产品贸易，并提出要以保证生物安全为前提来发展转基因产品的国际贸易，尽量减少对人体健康以及生物多样性的威胁。一些新兴经济体加强了转基因技术研究及生物立法工作。例如，中国利用先进的生物技术对原有的农业进行创新和改造，逐步建立起技术密集型的农业生产体系，而且也正逐步完善生物安全管理法规体系，维护了国家利益，保证了生物安全。

此外，生物医药将成为"新兴11国"医药产业领域国际贸易的新增长点，并将受到各国医药界的广泛关注。总体来看，"新兴11国"生物医药产业的国际贸易呈现出产品集中、快速增长、贸易总量逐年增大等趋势。就中国而言，生物医药产业随着生物技术的不断发展而迅速壮大，生物医药工业体系相对完善，并将成为整个医药产业中成长最快的领域，但生物医药出口也将面临严峻的挑战，国外药品的大量涌入将对国内市场带来冲击，国外医药企业在中国境内建立的研发机构也加剧了对中国科技人才的竞争。发达国家采用的技术标准、技术法规要求、质量管理要求以及相关认证体系等隐形的技术壁垒，将成为中国生物医药出口的又一障碍。因此，中国开始加大产业的整合力度，通过技术创新来优化产业结构，利用"走出去"和"引进来"相结合的战略推动生物医药产业的国际化进程。

（5）节能环保产业

在节能环保产业领域，为了进一步加快"新兴11国"国际贸易的发展，在调整产业结构时大力发展污染少、能耗低的节能环保产业成为新趋势，而且绿色产品占出口产品的比重也将不断增加。可以说，环保产业与国际贸易息息相关。一方面，良好的生态环境能够为国际贸易的可持续发展提供源源不断的资源；另一方面，制定了环保政策的多边贸易体制能够对资源进行有效配置，维持环境的可持续发展。

随着国际社会对气候变化关注程度的不断加深，一些国家以应对气候变化的名义设置贸易壁垒，虽然为本轮贸易保护趋势注入新特点，但在一定程度上也限制了国际贸易的发展。就"新兴11国"而言，其环境成本要低于发达国家，尽管产品在国际贸易中具备价格优势，但环境政策影响着"新兴11国"的出口。"新兴11国"采取的外资引进政策使得污染产业由对环境标准要求较高的发达国家转移到对环境标准要求较低的新兴经济体。由此可见，环保政策的制定影响着国际贸易的发展。

不仅如此，在全球金融危机的影响下，贸易保护主义有所抬头，其手段也日益趋于复杂多样化，反补贴、反倾销等传统保护手段依旧存在的同时，技术壁垒、绿色壁垒等新贸易壁垒也不断涌现出来。不仅很大程度上影响着"新兴11国"的出口企业，还为"新兴11国"的商品出口带来冲击。这无形中加大了"新兴11国"拓展新兴产业国际市场的难度，外部环境的不断恶化将不利于国际贸易的良性发展。就技术壁垒而言，虽然其本身并不是有意设置的贸易壁垒，而且也有利于保护环境，但往往在实践中起着贸易壁垒的作用。就绿色壁垒而言，资源密集型产品的贸易势必会带来环境问题，而发展低碳经济不仅成为产业结构调整的一项重要课题，而且还对国际贸易产生极大影响。在当前国际贸易中，一些国际组织为了实现温室气体减排的目标，提出了碳标签、碳关税政策，为国际贸易增加了一道新的贸易壁垒。其中，碳标签逐渐开始在"新兴11国"中推广并使用，其中就包括中国和韩国[①]。碳标签主要针对的是出口产品，随着"新兴11国"对低碳经济理念理解的不断深入，将会有更多的进口方要求为其所提供的贸易产品加上碳标签。

① CHAN-YUAN WONG, MOHAMAD, ZEEDA FATIMAH. Examining the patterns of innovation in low carbon energy science and technology publications and patents of Asian emerging economies [J]. Energy Policy, 2014（73）：789-802.

西方发达国家对碳关税政策的引入，也为"新兴11国"的高碳商品带来巨大挑战，不仅资源密集型产品的出口成本会增加，而且在国际贸易中的比重将不断下降。最突出的实例是，从2012年开始，欧盟计划将所有国家的航空产业都纳入其碳排放交易体系，以此来实现单边航空产业碳税。此举遭到了中国、印度、俄罗斯等新兴经济体国家的强烈抵制。发达国家将碳关税披上了保护环境/节能减排的华丽外衣，但实质上削弱了中国、巴西、印度等新兴经济体的制造业出口竞争力。虽然从短期来看，碳关税会增加资源密集型产品的成本，对一国的国际贸易造成负面影响，但从长期来看，尽早实施碳关税政策的国家要比只依靠强制性法律手段进行节能减排的国家更具贸易竞争力，而且新能源、新材料等新兴产业产品的出口比重将逐步上升，无形中促进了"新兴11国"的产业结构调整，如调整"新兴11国"附加值、技术含量和环保标准都较低的产业结构，以环保手段"绿化"增长，形成绿色发展体系，将发展目标与气候政策相结合，从能源消耗型产业向技术密集型产业转变，并在发展中寻求减排，实现产业结构的整体低碳化。因此，积极把握国际贸易保护主义的发展趋势，利用世界贸易组织通报咨询机制，加强双边磋商，引导本国企业根据国际标准研发生产，及时进行相关认证，才能使"新兴11国"突破贸易壁垒的限制。

总之，"新兴11国"新兴产业的发展浪潮，不仅为今后产业结构调整指明方向，而且还将促进技术密集型产业贸易作为国际贸易的新增长点。在新兴产业初始发展阶段，通过出口贸易，能够获得产业成长所需的规模经济利益，产业结构也因此得到了升级。不可否认，"新兴11国"的国际分工地位随着参与程度的不断深化得到了改善，新兴产业出现了向着高端化递进的趋势，部分民族企业也走出国门，积极加入跨国企业的竞争行列中。

5.2.2 服务贸易

服务贸易已成为带动一国经济发展速度最快的产业，在"新兴11国"中的地位也日益提高。服务贸易成为拉动世界经济的推动力已是全球经济发展的大趋势。受到欧洲债务危机与美国次贷危机的影响，国际贸易格局发生了重大转变，呈现出经济复苏根基不牢、经济发展动力不足等态势。随着国际经济交流的不断强化，国际服务贸易异军突起，贸易结构的不断调整使服务贸易不仅在"新兴11国"经济中所占比重提高，而且发展速度超过了货物贸易，表现出低耗能、低污染、低投入、高效率、高附加值的"三低两高"优势，全球贸易经济竞争的主要内容也正由货物贸易向服务贸易转移。在此情形下，服务贸易将成为21世纪国际贸易增长的主要力量。发展国际服务贸易并实现自由化，将成为"新兴11国"经贸合作的重要课题，而且产业结构调整在很大程度上也受到服务贸易的影响①。

在以往大多数新兴经济体服务贸易的出口结构中，旅游、运输服务、建筑服务以及其他传统商业服务贸易部门占主导地位，而计算机和信息服务、金融服务等现代服务业部门的比例非常小。最典型的两个国家是中国和俄罗斯，两国均在传统服务贸易部门占有优势，而技术、知识密集型服务产业的发展比较薄弱。但是，由于"新兴11国"积极推动服务贸易实现新突破，国际服务贸易也出现了新的发展趋势。总体来看，"新兴11国"国际服务贸易的发展逐渐趋于自由化和扩大化。其主要表现在以下方面：

（1）方式

从国际范围来看，"新兴11国"服务贸易的方式出现了新变化，其范围与内容逐渐拓展。随着生产力发展，国际分工日益明显，"新兴11国"根据资源与技术的优势差异以及自身经济发展情况，在产业内部形成了产品、工艺以及零部件专业化分工，增加了对商品服务的需求。在由工业经济向新型经济转变的过程中，随着现代科技的不断进步以及产业方式的不断发展，许多新兴服务业快速崛起，走向国际市场，丰富了服务贸易的内涵，形成了一种新兴的技术密集型国际服务贸易。新兴服务贸易主要包括金融、保险、旅游、产品批零销售、国际海陆空运输等服务贸易方式，而"新兴11国"更趋向于发展以生产管理信息化、国际贸易信息化、国际金融信息化为主的信息技术产业，促进了国际服务

---

① HAMILTON,KNIEST.Trade liberalisation, structural adjustment and intra-industry trade: A note［J］. Review of World Economics，1991（2）：356-367.

贸易的深入发展。国际服务贸易将在未来的发展进程中，不断完善发展结构，实现服务贸易类型、方式以及商品等方面的突破。

此外，"新兴11国"服务贸易的知识、技术密集化趋势更加明显。随着知识与技术经济的发展，服务贸易的变动趋势正由劳动密集型向技术密集型转变，而且其中大多都是生产者服务部门。国际服务贸易通常以高新技术为载体，而且服务业与高技术产业在全球经济中扮演着越来越重要的角色。许多新兴服务产业是独立经营的，其中，知识、技术密集型服务业的发展速度最快，而其他如运输、金融等服务业由于采用了先进技术，也将迅速在全球范围内扩大。

在未来大力发展服务贸易不仅能够使"新兴11国"积极参与到服务业的国际分工中，还能通过服务业吸引更多的人力资源，提高就业人口数量，在一定程度上缓解一些新兴经济体的高失业率问题，而且在"新兴11国"中，服务业一直以来也是吸纳劳动者就业的重要渠道。不仅如此，大力发展服务贸易还将有助于"新兴11国"发展低碳经济，对高污染、高能耗产品的出口政策也将起到进一步完善的作用，从而实现产业结构调整。

（2）地位

"新兴11国"在世界服务贸易中的地位不断上升，并发挥着越来越重要的作用。虽然目前全球主要发达国家在服务贸易中依旧占据着主导地位，但随着"新兴11国"产业结构调整的深化，其国际服务贸易水平不断提高，尤其是自20世纪90年代以来，"新兴11国"的服务贸易出口呈现出快速增长态势。据统计，"新兴11国"服务贸易出口的年均增速已达到20%，远超过发达国家的服务贸易出口增速，而在旅游和劳务出口方面的成就尤为显著。

（3）政策支持力度

"新兴11国"逐渐加大了对服务贸易的政策支持力度。为了加快产业结构调整和促进服务业发展，近年来，"新兴11国"普遍实施了财税金融支持政策。具体来看，主要分为保护性与自由化两种策略，服务贸易地位较弱的部门通常采用保护性策略，而服务贸易地位较强的部门则采用自由化策略。

（4）出口退税政策

"新兴11国"愈发意识到出口退税政策的重要性。其实不只是"新兴11国"，只要一国想实施国际服务贸易的保护性措施，就必须以WTO的贸易规则为根本，避免出现国际贸易摩擦。但由于在WTO协议中未将服务贸易的出口退税政策划分到禁止补贴的范围内，这就相当于服务贸易的出口退税政策具有合法性，"新兴11国"也因此开始普遍使用服务贸易出口退税政策。

就中国而言，货物贸易一直占据主导地位，服务贸易发展还比较落后，绝大多数服务需求主要由进口商品来满足。目前，中国服务贸易发展呈现出逆差额越来越大、结构不合理、发展不平衡的趋势。具体来看，2013年中国服务贸易的出口额为2 106亿美元，进口额为3 291亿美元，贸易逆差为1 185亿美元，而且自2014年开始，逆差额不断扩大，这主要是由于供给方的技术与资金不足以及外国服务供给占据了大部分市场，导致中国服务业发展难上加难，服务贸易的发展也因此受到限制，尤其是保险、运输等现代服务贸易产业，成为造成中国服务贸易逆差的主要产业。

此外，中国的服务业出口依旧集中在旅游及运输这两大传统产业，对于像保险、金融等这样的新兴产业出口很少，而且并未出现增加趋势。一方面，中国科技创新力度不足严重制约着高新技术服务业的快速发展；另一方面，中国经贸发展一直依靠劳动密集型产业带动，而技术密集型产业起步较晚，并不具备较强的国际竞争力。因此，在面临各国竞争与挑战的背景下，企业加大自主创新力度并积极引进服务贸易人才，政府加大对服务贸易发展的政策倾斜力度并完善相关法律法规，才能使中国服务贸易不断发展壮大。

5.2.3　技术贸易

产业结构调整使科技创新要素的资源配置在全球范围内呈现出竞争与流动，未来国际贸易的结构与方式也将随着产业结构调整而发生较大变化。目前，"新兴11国"已经清楚地意识到技术发展水平是决定国家经济实力的主要力量。技术水平的提高不仅与国家自身的研究、开发及运用有关，还取决于对别国先进技术的吸收程度。因此，在经济全球化的趋势下，技术贸易成为"新兴11国"调整产业结构、增强经济实力、加速技术进步的重要手段之一。

（1）"新兴11国"与发达国家

目前，在全球技术贸易总额中，有将近80%集中在发达国家之间。随着信息手段的日新月异，发达国家间不仅在技术竞争上愈演愈烈，技术贸易也日益深入，"新兴11国"则因技术上的差距很难参与其中，与发达国家间的技术贸易量占全球技术贸易总量的比例也很小，但这恰恰说明了"新兴11国"与发达国家间存在较大的技术贸易潜力。

发达国家的某些跨国企业，起初为了降低生产成本以及调整产业结构，会将一些标准化的技术向"新兴11国"转移，随着产业结构的不断调整，这种技术转移逐渐由劳动密集型产业向技术密集型产业转变，尤其在新兴电子产业表现得尤为明显。"新兴11国"利用这一产业结构调整的有利时机，致力于自身的经济建设，实现了经济的高速增长，这对经济活力十分欠缺的发达国家产生了强烈的吸引力，使得发达国家对"新兴11国"进行了更多的对外直接投资与技术转让。从发展趋势看，"新兴11国"与发达国家间的技术贸易只会有增无减，这将使"新兴11国"的产业结构更加高级化。但是，发达国家对技术转让的态度十分谨慎，为了维护自身利益与竞争优势，发达国家会垄断一些高新技术，以防止"新兴11国"搭顺风车。同时，未来部分新兴经济体也将面临发展能力低下、资金短缺、就业人口过多等问题，这将成为它们与发达国家之间广泛深入开展技术贸易的障碍。

（2）"新兴11国"之间

目前，"新兴11国"间的贸易关系依旧以商品贸易为主，技术贸易相对较少，这主要是由于大多数新兴经济体属于发展中国家，技术水平不高，各自面临提高自身技术水平的问题，因此"新兴11国"间相互转让的技术并不多，技术贸易额自然不大。但随着产业结构的不断调整以及经济的飞速发展，一些国家已成为或将成为成熟的工业国，劳动密集型工业也开始出现了向别的国家和地区转移的趋势，这就意味着"新兴11国"间的技术贸易将逐渐增大。

从"新兴11国"技术贸易的整体状况来看，各国的重视程度不断加大，而且贸易的方式和渠道逐渐多样化。随着科技革命的深入发展，"新兴11国"加快了产业结构调整的步伐，产品的生命周期趋向缩短，这预示着"新兴11国"技术转让将进一步扩大，产业也会随之迅速发展。

总之，无论是发达国家还是"新兴11国"，产业结构的演进来源于科技的进步，技术贸易是优化产业结构的加速器。实践经验表明，产业结构调整较快的国家都是将技术引进作为提升科技水平的最重要手段之一，以此来实现经济的高速增长。尽管对于一些新兴经济体而言，开展技术贸易还存在一定的难度，但它依旧是加快产业结构调整的法宝，各国应当根据自身的技术实力，利用技术贸易来优化产业结构，并坚持"以进代出、进出结合"的贸易方针。

根据世界贸易结构发展趋势，以科技为先导，以比较利益为着力点，降低初级产品的出口比例，提高出口工业制成品的技术含量，在扩大工业制成品出口的同时，尽量减少低技术含量产品的出口，将有利于中国产业结构朝着合理化方向调整，既保留了原有的竞争优势，又产生了新的优势。采取赤松要雁行形态理论，避免"两头在外"的低级模式，在提高国内市场消费能力和保护国内朝阳产业发展的同时，通过研发和引进国外的高新技术，能够对中国的高科技体系起到完善作用，从而促进中国产业的合理化与高级化。中国应当摒弃以往外贸发展不计环境成本以及忽视资源利用的传统模式，倡导绿色化的对外贸易。在进口方面，通过积极培养创新理念并引进先进技术，提高中国进口产品的环境标准；在出口方面，将目光转向高附加值、低污染低耗品的出口，减少贸易障碍。在保护环境的同时应尽量避免出口产品存在农药残留及使用有害化学物质的问题，提倡出口产品绿色化。不仅如此，外贸企业也要在保证外贸增长数量与质量的同时，跟随国际贸易绿色化的潮流，树立环保意识，将企业经营与环保相结合，采取绿色化生产、管理及营销的可持续发展战略。

中国未来劳动力成本还将上升，这会削弱中国在劳动密集型产业方面的优势。而实际上，中国已经出现了将一部分劳动密集型产业向其他新兴经济体转移的苗头，这不仅为中国带来挑战，也提供了一次新机遇。中国应当加快产业结构调整，实现产业链由低端向高端的转变。在保证货物贸易平稳发展的基础上，大力发展服务贸易，提高国际竞争力，是下一步中国产业结构调整的重点之一。虽然中国在金融、保险等方面的国际竞争力与贸易强国相比差距较大，在短期内难以形成出口优势，但在卫星发射、劳务输出等领域具备竞争优势。因此，一方面，通过科技进步来实现货物贸易结构的优化与升级，深化国内产业生产链条，完善服务贸易的要素市场体系与法律体系，进而实现产业结构调整；另一方面，减少对出口贸易的依赖，强化国内消费的地位，重视生产性服务贸易的发展，实现由传统服务贸易向生产性服务贸易的转变，从而实现经济发展的华丽转身，这是中国由工业经济过渡到服务经济的必然趋势。

5.3 本章小结

本章从产品结构与贸易结构方面研究了"新兴11国"产业结构调整与国际贸易结构的变化。"新兴11国"贸易逐渐由劳动密集型和资源密集型转向技术密集型，并且技术密集型产品进出口贸易的规模以及占产品总进出口贸易额的比重不断扩大，这意味着"新兴11国"的产业结构得到优化。但"新兴11国"的资源禀赋、生产要素、技术水平、发展模式等的不同，使得各国的优势产业也存在差异。在资源密集型产业中具有国际竞争优势的国家是沙特和俄罗斯；在技术密集型产业中具有国际竞争优势的国家是韩国和墨西哥；在劳动密集型产业中具有国际竞争优势的国家是中国和印度。此外，虽然近年来中国与新兴经济体的贸易往来频繁，并成为新兴经济体重要的贸易伙伴，但也出现了贸易结构不合理、贸易摩擦增多的问题，这也在一定程度上为"新兴11国"进行产业结构调整带来了动力。

本章从新兴产业、服务贸易与技术贸易方面探讨了"新兴11国"产业结构调整与国际贸易的发展趋势。从新兴产业来看，"新兴11国"节能环保产业、信息技术产业、新能源产业等产品与服务的进出口贸易额在贸易总额中所占比重持续上升，但同时"新兴11国"面临"双反"调查的困境；从服务贸易来看，"新兴11国"的国际贸易结构逐渐得到改进，出口结构逐渐从资源与劳动密集型产业向技术密集型产业转变，尤其是在进入到21世纪以后，这种趋势越来越明显；从技术贸易来看，"新兴11国"的贸易方式和渠道逐渐多样化。随着科技革命的深入发展，"新兴11国"加快了产业结构调整的步伐，产品的生命周期也将缩短。

6 中国战略性新兴产业发展与结构升级

6.1 战略性新兴产业发展重点

战略性新兴产业不仅能够支撑国家经济社会的发展，还能够为未来可持续发展指明方向。因此，发展战略性新兴产业成为维持一国经济长久发展的重大战略抉择。应当根据战略性新兴产业的特征进行合理选择，并遵循六个选择准则：一是国家意志准则，这就要求战略性新兴产业能够充分体现一国的意志及战略，指出一国未来的产业发展重点以及能够率先取得成果的领域；二是市场需求准则，也就是要拥有广阔且稳定的市场前景与市场需求；三是技术自主准则，这反映出战略性新兴产业应当具备较好的经济技术收益，而并非受制于人；四是产业关联准则，这说明战略性新兴产业应当对一批相关及配套的产业具有带动作用；五是就业带动准则，这体现了战略性新兴产业不仅提高了劳动力的吸纳能力，还能够提供大量的就业机会；六是资源环境准则，也就是对资源的消耗低、对环境的污染少。基于此，2010年10月18日，国务院颁布了《国务院关于加快培育和发展战略性新兴产业的决定》（以下简称《决定》），这是中国首部关于落实战略性新兴产业发展的纲领性文件，该文件发出中国要从战略层面进行产业结构调整与升级的信号，明确指出了中国战略性新兴产业发展的重点方向和主要任务[①]。此外，继《"十三五"国家战略性新兴产业发展规划》发布之后，为了使各地区、各部门更好地开展培育和发展战略性新兴产业工作，2017 年 2 月，国家发改委公布了 2016 年版的《战略性新兴产业重点产品和服务指导目录》（以下简称《目录》），这一版本是对 2013 年版的修订和补充。对比 2013 年版《目录》，2016 年的新目录主要涉及五大领域八个产业，40 个重点方向，174 个子方向以及将近 4 000 项细分的产品与服务。战略性新兴重点产业主要包括节能环保产业、新一代信息技术产业、生物产业、高端装备制造产业、新能源产业、新材料产业、新能源汽车产业以及数字创意产业[②]，体现了融合化、生态化、数字化及工业智能化的特点。

6.1.1　节能环保产业

节能环保产业是中国的新的经济增长点，具有广阔的发展前景。为了打造资源节约型与环境友好型社会，中国应当加大对节能环保以及循环利用领域的产品技术与装备方面的研发力度，进而加快节能环保产业的发展。具体而言，应当重点研发并推广高效节能环保的技术装备与产品，促进水泵、内燃机、变压器、高效风机、空调机组等技术装备与产品的发展，加深节能产品的惠民程度，要突破关键核心技术，提高能效利用的整体水平；围绕节能潜力大、应用面积广的热电联产、高效锅炉窑炉、电机系统、余热余压利用技术、能量系统优化等领域，对先进环保的技术装备、产品及园区进行示范与推广；以大气污染治理装备、水污染治理成套装备、固体废弃物处理装备以及土壤污染环境应急装备为重点，通过大力推进节能环保服务体系的建设以及提升主要污染物监测

[①]　中华人民共和国中央人民政府网. 国务院关于加快培育和发展战略性新兴产业的决定 [EB/OL]. [2010-10-18]. http://www.gov.cn/zwgk/2010-10/18/content_1724848.htm.
[②]　工业和信息化科技成果转化联盟网站. 战略性新兴产业重点产品和服务指导目录（2016 版）[EB/OL]. [2017-02-06]. http://www.niita.cn/shownews.aspx? id=1536.

防治技术来促进污染防治水平的提高；加速建设以先进技术为根本的废旧品回收再利用体系，着力推进海水资源、农林废弃物、低值废弃物和新品种废弃物的综合利用；加速研发资源循环利用的核心共性技术并建立技术先进的废旧品回收利用体系，实施再制造产业化及产业废弃物回收再利用示范工程，提高装备产业化和成套化水平、再生资源利用技术水平以及资源的综合利用效率；加速发展对生态效率的评价、对绿色产品的评估认证、对清洁生产的审核、对环境投资及风险的评估以及对合同能源的管理，继续大力拉动市场需求，将产业发展推升至规模以上水平；建立以全面化、系列化、现代化、标准化、国产化为导向的健全的节能环保产业体系。

6.1.2 新一代信息技术产业

在当前和今后的一段时期，无处不在的共享信息网络体系必不可少，中国应当实施网络强国战略，开辟出一条普惠、安全可靠以及成本低廉的工业信息化新道路，加快建设数字中国。具体而言，要加速建设广泛存在的、安全性高的、相互融合的宽带光纤连接网络设施，加快第四代移动通信（4G）网络全面建设及延伸覆盖，推进第五代移动通信（5G）的联合研发与试点试验，实现互联网协议第六版（IPv6）的升级与应用，构建新型网络体系与配套技术试验床，完善网络安全体系，形成相对完善的互联网技术标准，加大对下一代移动通信、互联网核心设备以及智能终端的研发力度并实现产业化；全面实施广播电视数字化改造，推进三网融合，组织关键技术、设备以及智能终端的研发与产业化，确定合理适用的先进技术路线，对网络建设、产业发展、业务应用以及监督管理等各项工作进行协调，探索出符合中国现代化发展的三网融合模式；推进"互联网+"行动，培育"互联网+"生态体系，拓展对"互联网+"的应用，实现"互联网+"新业态创新，在商业模式及云计算业务模式创新的基础上，构建行业云和公有云平台以及互联网技术管理与服务平台；加快大数据资源开放与共享，发展大数据新业态，强化大数据及资源的安全保障，建立健全数据资源交易机制以及数据跨境流动安全保障制度，整合现有各类数据资源，构建数据共享与开放平台；加快人工智能支撑资源库与服务公共平台体系建设，推动人工智能技术在制造业、交通运输业、环保产业、商业、网络安全等重要领域的试点示范，建立健全人工智能"双创"服务体系，使人工智能新技术遍及各行各业，实现人工智能应用系统的产业化。

6.1.3 生物产业

在生物医药产业领域，只有将中国的传统医学优势与现代生命科学前沿相结合，才能提高生物医药产业领域的国际竞争力。具体来看，加大生物医药品种的研发创新力度能够提升生物医药产业的发展水平，药物品种主要包括用于重大疾病的预防及治疗的生物技术药品、诊断试剂、新型疫苗、新型佐剂、化学药品以及现代中药等，加强疫苗研发与供应体系建设，突破纯化、质量控制、高效筛选等环节的技术壁垒，推进新产品的研发及产业化发展；建设具备国际先进水平的医学影像诊疗设备研发与技术集成平台，加速医疗设备开发与产业化，并推进临床应用；重点研究后基因组、再生医学以及生物医药，对生物医学工程及远程等技术进行研发，加速实现科研成果的产业化；合理布局并规划生物医药产业园区，对综合竞争力强并拥有自主知识产权的一批骨干企业加以扶持；规范生物技术药品的市场秩序，鼓励企业加入到质量安全的国际认证体系；积极以规模化的方式促进医用材料与先进医疗器械设备等生物医用产品的研发及产业化发展；着力推广绿色生物农产品并促进生物育种，重点研发航天育种、转基因、胚胎工程、分子设计等生物育种技术，加速培育主要作物及重要畜禽水产新品种并实现产业化，引领生物农业快速发展；推动海洋生物技术以及产品的研发和产业化，促进生物制造核心技术的研发、示范与应用；加强生物基产品应用与示范，打造生物基原材料生产加工及应用产业链，加快生物基产品的产业化，利用自主创新生物技术提高传统产业发展水平；建立绿色低碳环保、生态安全稳定、良性循环发展的高效生物转化技术体系，使绿色生物工艺全面进入各行业领域并加以示范与应用，降低能源物资消耗以及生产过程中的污染物排放。

6.1.4　高端装备制造产业

高端装备制造业逐渐成为衡量一国产业核心竞争力的重要标志。中国若想迈进制造业强国的行列，就必须拥有世界领先的高端装备，也就是要用中国装备来装备中国。具体而言，中国应当重点研发高性能控制器、精密仪器、高精度减速器等关键技术，特别是数控机床技术，大力推进关键零部件、工业机器人、自动控制系统的开发及产业化，推进智能制造技术与装备的示范应用；在离散制造领域，推进数字化设计、智能物流、精益生产等试点应用，促进业务流程智能化整合；在流程制造领域，提高企业在安全生产、过程与质量控制、工艺优化等方面的智能化水平。重点建设城市轨道交通及客运专线，开发交流与传动快速机车、大型施工设备、高寒及城际动车组、多功能高效工程及养路机械等，研发列车制动、磁悬浮、通信信号等现代轨道交通装备关键技术，提升创新能力，促进交通轨道运输装备的升级；建设全天时的对地观测卫星系统以及地面配套设施，完善全球导航定位系统以及空间环境监测卫星系统，研发核心部组件、先进卫星平台等关键技术，实现重点行业及领域的卫星系统应用示范，进一步提升产业化水平，从而推动卫星研发及应用产业的发展；加快航空发动机自主发展，突破关键技术，发展涡轴发动机和涡桨发动机的生产，满足国产直升机和运输机的动力需求，完成大型民用客机研制，研发宽体客机，改进新型支线飞机，大力开发市场需求较大的多用途飞机、工业级和民用级无人机；积极开发并利用海洋资源，将海洋航空装备作为重点发展，突破共性技术，加快发展观测与监测、深水半潜式平台、环境探测等装备及相关配套设备与系统，建设新型装备总装制造平台，完善设计建造体系；提高基础设施的配套能力，促进集智能化、数字化以及柔性化于一身的高端智能装备制造业的发展；促进重点经济区域率先发展，如环渤海地区、长江三角洲和珠江三角洲，这三个区域对中国高新技术产业的发展具有举足轻重的地位。

6.1.5 新能源产业

据统计，中国一次性能源的人均可采储量远不及世界平均水平，加快发展以清洁能源和可再生能源为主线的新能源产业已刻不容缓。具体来看，应当推进新一代核反应堆与先进核能技术的研发，采用国际安全系数最高的标准，重点发展高温气冷堆、快堆等技术装备，加快建设示范工程，整合行业资源，推动核电加快"走出去"的步伐；促进太阳能规模化及多元化发展，大力发展太阳能集成技术，实现多元化的太阳能资源综合开发与利用，构建太阳能产品测试与新能源产业监测服务平台，降低先进太阳能产品发电成本；提高风电技术装备的水平、风电消纳能力及风电装机容量，制定并实施容量配额及技术标准，积极促进风电的规模化发展，加快建设并适应智能电网及其运行体系；大力发展"互联网+"智慧能源，促进新能源产业链上下游信息的无缝对接，实现生产消费智能化，推动集智能用电设备、互联网金融、物联网等衍生服务于一体的智能绿色发展，发展能源共享经济，实现能源自由贸易；对生物质能源应适当地开发生物燃料技术以及重点发展沼气的综合循环利用；实现对煤炭的合理、高效、清洁的利用，从中长期来看，要将多联产技术作为产业发展战略选择；对于可再生能源电力开发集中区域，示范建设电力系统，选择经济条件较好、可再生能源充足的城市，推进新能源技术的综合应用与示范，在利用条件相对较多的中小城市及偏远农牧区，示范建设新能源微电网系统，促进新能源装备产业化。

6.1.6 新材料产业

中国水泥、钢铁等传统材料的生产能力位居全球榜首，对一些新材料领域的研发也进入到了全球前列，但与发达国家相比依旧差距较大。若要实现由材料大国向材料强国的成功战略转型，就必须重点关注核心器件与材料。具体来看，要扩大先进无机非金属材料、高性能纤维、动力电池材料等新型特种功能材料的规模化应用范围，鼓励优势新材料企业"走出去"，打造新材料品牌，提高国际竞争力；加强新材料产品标准与高端装备制造业、新一代信息技术产业以及节能环保产业等下游行业规范设计的衔接与配套，开展对前沿新材料标准的预先研究，加快国际化进程；提高石墨、稀土、锂等稀缺和特色资源的加工工艺和技术水平，建立专业的稀缺和特色资源回收利用基地，实现开采、分离、加工等环节的先进化、智能化和绿色化；重点突破石墨烯、纳米材料、仿生材料、超材料、生物环境材料和医学组织工程材料等前沿新材料的产业化应用技术，并拓展前沿新材料在其他新兴产业领域的应用范围，加大海、陆、空等极端环境所需材料的研发与生产力度，形成具有较强带动性的创新成果；加速制定高温合金、齿轮钢、宽禁带半导体、人工晶体、特种玻璃等材料的绿色建材标准，完善节能环保材料的配套标准，在航空铝材、核电用钢等领域进行试点示范，建立协同应用平台，初步实现中国从材料大国向材料强国的转变。

6.1.7　新能源汽车产业

在新能源汽车领域，要突破关键零部件核心技术，加速电动汽车安全标准制定和智能化技术应用，实施电动汽车与分布式新能源的联合应用示范，使电动汽车与新能源融合发展；加大动力电池技术的研发力度，加快创新可靠性高、性能好的动力电池的生产、控制及检测设备，突破高安全性、高容量性、高功能性隔膜与正负极材料的电解液技术，开展锂硫电池、燃料电池和金属空气电池等领域的创新技术研发，培育一批创新能力强的关键材料及动力电池龙头企业，形成具有竞争力的电池产业链；加快提高燃料电池基础材料可靠性和工程化的过程机理研究，促进车载储氢系统储运设备和加注技术的发展，实现燃料电池企业研发与批量化生产及示范应用；按照"因地制宜、适度超前"的基本原则，优先在城市推进居民区和工作单位停车位充电桩的基础设施建设，重点推动"互联网+充电基础设施"模式，加快推动适用性高、转换率高、功率高等新型充电装备与技术的研发，提高汽车充电的智能化服务水平，推进充电基础设施的相互联通，推动低排放、高能效的新能源汽车产业的持续发展。

6.1.8 数字创意产业

以数字技术和现代文化理念促进创意文化产业发展以及推动文化科技与相关产业的深度融合渗透是中国战略性新兴产业发展的新任务。具体来看，要加快裸眼3D、虚拟现实、互动影视、全息成像等重点技术的创新发展，重点研发数字艺术呈现技术，提高艺术文化信息化、数字化和智能化水平，优化数字文化创意相关服务体系及设施装备的质量监管体系，建立并推广动漫和影视等数字文化创意产业的智慧博物馆以及保护和传承的标准；以地方特色文化为基础，创造特色显著的艺术品、非物质文化遗产等产品，尤其是鼓励创造数字创意内容精品，提高网络视频、游戏动漫、在线演出的市场价值和文化品位，加强美术馆、智慧文化遗产地、图书馆和体验馆的建设，努力打造具有国内影响力的数字创意品牌，实施"互联网+"创意产品行动与扶持计划，推动中华民族文化"走出去"；推动数字创意在教育、旅游、社交网络、电子商务等领域的应用，加强数字文化教育领域产品的开发与共享，通过创意民宿方式来推动乡村旅游振兴发展；建立对数字创意产业在法律法规、行政监管以及技术标准等方面的保护措施，加大打击数字创意剽窃侵权行为力度，解决网络游戏、网络直播等因推广应用而产生的风险问题，加强事中与事后监管，保护人们的心理和生理健康。

科学地选择最具战略意义的新兴产业，对经济社会的发展进步至关重要，不但能够推进产业结构升级还能实现跨越式发展。对于战略性新兴产业，不同的新兴经济体各自的产业发展重点以及各个产业的扶持力度也有所不同。通常情况下，主要依据国家的具体情况来选择发展最适合本国国情的新兴产业。一方面，要根据国家的经济发展水平、科技水平以及产业基础来选择并培育重点产业；另一方面，要在不同的经济发展阶段及时确定并调整未来的新兴产业，以新兴产业取代传统产业，从而维持经济的长期稳定发展。因此，中国不仅要合理选择战略性新兴产业，还要根据全球发展形势及自身发展水平，及时对产业结构做出调整并提升中国产业的国际核心竞争力。战略性新兴产业的选择应当注重长远性、可行性以及合理性，根据自身条件和总体目标，遵循比较优势的原则，通过对战略性新兴产业进行对比分析，选择具备竞争优势并符合中国国情的产业进行重点培育，促进创新技术的突破与提升，避免出现因盲目选择而导致的失误与浪费。

6.2 战略性新兴产业发展目标

中国发展战略性新兴产业主要实现"三步走"的思路和战略目标。第一步是到2015年，要分别实现提升产业创新能力、完善创业创新环境、增强引领带动作用以及提升国际分工地位四个目标；第二步是到2020年，提高战略性新兴产业的吸纳与带动就业能力；第三步是到2030年，推进战略性新兴产业的发展水平，使创新能力达到国际领先标准。2012年，国务院相继出台了《工业转型升级规划》以及《"十三五"国家战略性新兴产业发展规划》（以下简称《规划》）。《规划》指出要积极培育新型工业化产业的示范基地，并详细制定了到2015年和2020年七大战略性新兴产业的发展目标，详见表6-1[①]：

表6-1 　　　　　　　　**中国战略性新兴产业发展目标**

产业		发展目标	
		2015年	2020年
节能环保	高效节能	装备研发及创新能力接近国际先进水平；技术与装备市场占有率达到30%；节能产业销售额年均增长达到30%以上	形成符合中国国情的节能技术装备以及产品；主要行业单位和节能装备的产出能耗指标达到国际领先标准
	先进环保	突破技术瓶颈，形成骨干企业和先进环保产业基地；城乡污水、生活垃圾、脱硫脱硝处理设施建设和运营实现市场化与专业化	重点领域技术与装备达到国际先进水平；建立开放有序的环保市场与体系；环境污染治理设施建设及管理运营实现社会化与专业化
	循环利用	工业固体废弃物的综合利用效率达到72%以上；以先进技术为基础的废旧产品回收率达到70%	形成技术创新和回收利用体系；建立技术装备以及产品制造企业

---

① 国务院. "十三五"国家战略性新兴产业发展规划［EB/OL］.［2016-03-08］. http://sh.xinhuanet.com/2016-03/18/c_135200400.htm.

续表

产业		发展目标	
		2015 年	2020 年
新一代信息技术	下一代通信网络	城市与农村家庭的宽带接入能力分别达到 20 兆及 4 兆以上，部分发达城市的宽带接入能力达到 100 兆；IPv6 实现规模商用；电视数字化转换初步完成；三网融合实现全面推广；网络装备产业步入国际前列；信息智能终端实现创新与产业化	具有国际先进水平的信息基础设施全面覆盖城乡；掌握通信网络领域的关键核心技术；构建卫星移动通信服务体系；产业发展能力处于国际领先地位
	电子核心	高性能集成电路达到 22 纳米，大生产工艺技术达到 12 英寸 28 纳米；初步形成装备与材料配套；新型平板显示面板的产量满足国内彩电整机需求量的 80% 以上；突破显示技术；提升电子元器件自主保障能力；实现设备、材料和仪器的研发与产业化	高性能集成电路的设计、制造、封装测试技术以及下一代显示器件达到国际先进水平；新型关键元器件、电子仪器设备及专用材料满足国内市场需求并具有核心竞争力
	高端软件	掌握关键技术；提升技术水平与集成应用能力；增强辐射力与带动力；形成标准体系；培养世界知名企业	形成创新能力强、具有世界先进水平及安全性的技术服务产业体系、电子商务信息服务体系以及网络信息安全服务体系；增强自主品牌的国际影响力与竞争力；信息化程度与国际先进标准相近
生物	生物医药	形成具有国际标准水平的新药研发平台；大幅提升产业集中度、技术与装备研制水平；将 30 个以上自主知识产权创新药品投放到国内医药市场，200 个以上药品制剂投放到国际主流市场	形成新药创新与安全评价体系；新医药产品生产技术水平达到国际领先水平；5 个以上创新药品完成国际注册并在市场销售；制剂药品在国际主流市场能够规模销售
	生物医学	形成生物医学工程技术与产品研发平台；突破关键技术与核心部件；医疗设备基本能够满足医疗卫生机构需求；提升产业集中度	形成创新体系与新产品研发能力；提升关键技术自主发展能力；技术水平与产品质量达到国际领先标准
	生物农业	形成创新平台；培育动物新品种或新系 20 个；培育农作物新品种 180 个并累计推广 5 亿亩；实现绿色农产品产业化	形成创新、安全评价及监督体系；1~2 家种子企业进入世界种业领域 20 强；10~15 家生物农业制品企业具有国际竞争优势
	生物制造	提高制造能力与生物基产品占工业化学品的比重；聚丁二酸丁二醇酯和聚乳酸等工业生物与有机化工材料品种实现规模化生产；生物新工艺达到规模化应用；生物污染物排放与能耗总量下降	形成规模化发展能力；生物基产品占工业化学品的比重提升至 12%；生化行业 30% 的生产制造采用生物工艺；生物污染物排放与能耗总量下降

续表

产业		发展目标	
		2015年	2020年
高端装备制造	航空	大型客机完成首飞；ARJ21支线飞机批量生产并交付使用；实现新型通用飞机以及民用直升机的发展与应用；形成航空研发生产体系以及关键部件的研制生产能力	大型客机批量进入市场；新型支线飞机与大型商用航空发动机研发制造完成，实现系列化发展；完成大型商用航空发动机的研发制造；形成竞争优势；提高国际化发展水平
	航天	初步建成空间基础设施；形成完整产业链；建立健全应用与服务体系；实现民用航天技术向业务化的转变	建成国家空间基础设施、应用服务网络以及信息服务平台；航天产业发展水平达到国际领先标准
	轨道交通装备	掌握核心技术；实现产品自主研发设计制造；建成生命周期服务体系；满足中国需要；具有国际竞争力	实现国际化认证与标准体系；技术水平领先；形成综合能力；打造大型企业
	海洋工程装备	初步具备自主设计研发建造及产品配套能力；形成自主资源开发体系；产品具有国际竞争力；提升国内市场占有率	全面具备自主设计建造及配套能力；形成完整的产业体系；进一步提升国内市场占有率及产品国际竞争力
	智能制造装备	智能装置有所突破并达到世界领先水平；大幅提高成套装备和生产线系统集成化水平；提高国内市场占有率及智能化水平	建立健全产业体系；国内市场占有率达到50%；形成企业集团与产业集聚区；总体水平达到国际领先标准

产业		发展目标	
		2015年	2020年
新能源	核能	核电运行装机达到4 000万千瓦；核电装备制造能力保持在1 000万千瓦以上；提高产能；掌握核电技术；实现自主化创新发展	具备先进技术的设计、开发以及装备制造能力
	太阳能	太阳能装机容量达到2 100万千瓦以上；在用户侧实现平价上网；太阳能热利用安装面积达到4亿平方米；掌握关键技术；提高研发制造能力；开展试验示范	太阳能装机容量达到5 000万千瓦以上；在发电方面实现平价上网；太阳能热利用安装面积达到8亿平方米；研发与制造技术达到国际领先标准；实现规模化及产业化发展
	风能	累计并网风电装机达到1亿千瓦以上，年度发电总量达1 900亿千瓦时；初步建立产业链；具备整体设计能力；掌握设备制造及工程施工能力	累计并网风电装机达到2亿千瓦以上，年度发电总量超过3 800亿千瓦时；实现装备大规模商业化应用；装备具有国际竞争力；创新能力达到国际领先标准
	生物质能	生物质能发电装机达到1 300万千瓦；固体燃料年利用量达到1 000万吨；液体燃料年利用量达到500万吨；燃气年利用量达到300亿立方米；纤维素制乙醇提炼技术取得重大进展；突破液体燃料技术	生物质能发电装机达到3 000万千瓦；固体燃料年利用量达到2 000万吨；液体燃料年利用量达到1 200万吨；燃气年利用量达到500亿立方米；液体燃料实现商业化推广

续表

产业		发展目标	
		2015年	2020年
新材料	特种功能材料和高性能复合材料	具备一批专利核心技术；形成自主知识产权产品；制造技术达到国际领先标准；培育骨干龙头企业20家，成为生产大国；提高自给率	突破尖端技术与规模化生产技术；核心技术与制造技术达到国际领先标准；形成产业链；提高市场竞争力；打破国外垄断；进一步提高自给率
新能源汽车	插电式混合动力汽车以及纯电动汽车	技术取得重大进展；动力电池模块比能量达到150瓦时/千克以上；插电式混合动力汽车以及纯电动汽车累计产销数量达到50万辆；电驱动系统功率密度达到2.5千瓦/千克以上；大体构建充电设施体系与商业运行模式	形成技术创新发展能力；动力电池模块比能量达到300瓦时/千克以上；插电式混合动力汽车以及纯电动汽车累计产销量超过500万辆；实现规模化商业运营；充电设施网络能够满足纯电动汽车需要；达到国际领先标准

　　国务院发展研究中心"重点产业调整转型升级"课题组研究认为，2015年中国环保产业和未来数字电视终端及服务的产值可达到2万亿元，而2020年广义的生物产业市场规模将达到6万亿元。此外，从增加就业来看，根据IBM与中国相关部门的综合分析，如果中国能够对宽带、智能电网以及智慧医疗等领域的投资达到1 000亿元，则将带动超过150万人的就业[①]。

　　为加快培育并发展战略性新兴产业，中国先后出台了"十二五""十三五"战略性新兴产业发展规划。自中国提出战略性新兴产业以来，由国家发改委组织召开的战略性新兴产业发展部际联席会议目前已成功召开六届，每一届会议都对往年战略性新兴产业发展情况进行总结

---

① 张和平. 对于大力发展战略性新兴产业的思考与建议 [J]. 经济界, 2010 (3)：56–57.

与分析，并就下一年战略性新兴产业发展计划做出重大战略部署，提出相应的政策建议。总体来看，2015年中国战略性新兴产业的发展势头良好，顺利实现了其增加值占国内生产总值比重8%的目标，尤其是先进环保装备、高端软件、生物医药、新能源等产业出现了投资与销售两旺的发展势头。"十二五"期间战略性新兴产业的发展为中国向"十三五"目标迈进形成了良好开局。2018年，中国战略性新兴产业继续保持了较高增长态势，前三季度中国战略性新兴产业工业增加值占国内生产总值的比重同比增长了8.8%，比规模以上工业增加了2.4个百分点。其中，中国高端装备制造业和技术制造业增加值占国内生产总值的比重同比分别增长了8.6%和11.8%，分别比规模以上工业增加了2.2个百分点和5.4个百分点。从发展趋势来看，虽然中国战略性新兴产业工业增加值占国内生产总值的比重增速一直高于规模以上工业增速，但近年来二者的差距逐渐缩减，这意味着战略性新兴产业在中国经济中既发挥了辐射带动作用，又存在动力不足的现象，而且中国战略性新兴产业发展出现大起大落的情况主要与产业本身高风险、高回报的特性有关①。"十三五"规划要围绕抢占国际产业竞争制高点和满足国计民生重大需求两个方面进行考虑，而且对战略性新兴产业的概念边界需要进一步清理，尤其是在制定发展规划时应当更加注重顶层设计。再经过几年的努力，战略性新兴产业的发展及创新能力水平的提升将成为拉动中国经济社会可持续发展的重要引擎。

6.3　战略性新兴产业发展的制约因素

6.3.1　自然资源的制约

中国是世界上煤炭资源储量相对丰裕的国家，长期以来，由于受到资源禀赋的制约，中国在能源消费结构上高度依赖煤炭资源。在1990—2018年中国一次能源消费结构中，煤炭所占的平均比重高达60%，

---

①　佚名. 2019年中国战略性新兴产业发展形势展望报告［EB／OL］.［2020-02-24］. https://max.book118.com/html/2020/0224/6132123100002143.shtm.

石油与天然气的占比分别为18%与4%左右，一次电力及其他能源（如水电、核电、风电和太阳能发电）的占比约为10%，虽然比重有所上升，但在一次能源消费总量中所占的比重依旧较低（如图6-1所示）。

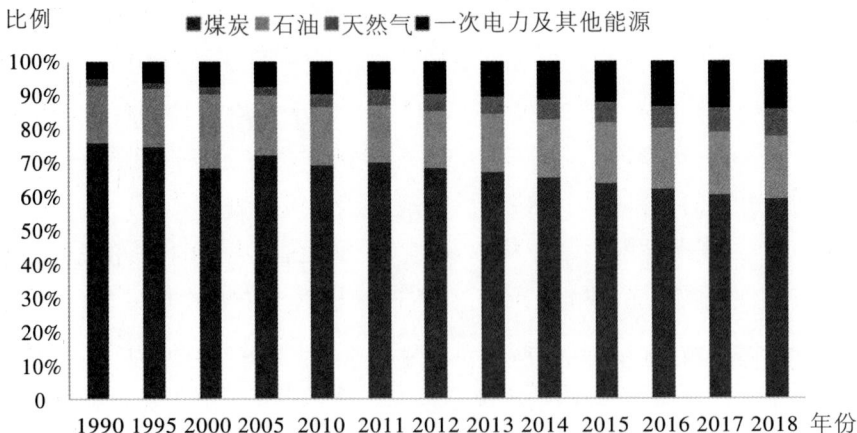

图6-1　1990—2018年中国一次能源消费结构

资料来源：由2019年《中国统计年鉴》数据整理绘制得到。

对煤炭资源的高度依赖与过度开采，使得中国长期处于以煤炭为主的能源生产与消费格局中。燃烧煤炭所释放的二氧化碳导致了碳排放的增加与严重的环境污染，而且尽管中国近年来大力发展风能、核能、生物质能等新能源，但新能源产业尚处起步阶段，新能源的消费量占总能源消费量的比重始终较低，2018年这一比重为14.3%左右，还不能满足国内生产与消费需求。由此可见，目前中国对自然资源的消费模式不仅严重阻碍了新能源产业的发展，而且不利于大力发展节能环保产业。据相关数据统计，由于中国的能源消费长期以煤炭为主，其二氧化碳排放强度较世界平均水平高出了30%以上，温室效应、雾霾天气、海平面上涨等一系列恶劣环境问题接踵而至。

此外，除了资源消费模式对新能源产业和节能环保产业产生制约外，稀有金属的短缺也成为新能源产业发展的瓶颈。以中国的铀资源为例，按照国家发改委颁布的《国家核电中长期发展规划（2005—2020年）》，核电装机容量在2020年要力争提高到4 000万千瓦，这意味着要消耗约13万吨的铀资源。由于中国的铀资源相对短缺，再加上前期的消耗，在2020年以后的铀资源更加紧缺，从而进一步阻碍了中国未来核电产业可持续发展的步伐。

不仅如此，资源制约因素还成为生物产业及新一代信息技术产业发展的绊脚石。就生物产业而言，生物资源流失、生物安全隐患以及外来物种入侵，都对中国生物产业的可持续发展造成严重威胁。在新一代信息技术产业领域，纵向与横向资源的整合也存在严重缺陷。纵向上主要体现在信息产业的链条中，各个环节的资源尚未得到充分整合；而横向上则表现为尚未通过整合手段使各类信息资源达到促进信息化建设的效果。由此可见，以上资源供给瓶颈将会对产业的增长方式、增长速度以及产业结构产生制约。

6.3.2 政策与服务体系的制约

战略性新兴产业的发展需要相关政策与服务体系的大力支持，但从目前情况来看，由于中国战略性新兴产业的发展尚不成熟，因此相关的配套政策与服务体系还并不完善。地区、部门、行业间相互分割的情况依旧存在，而且在财政、税收、金融等方面存在一系列的制度性缺陷，主要体现在国际合作、政策制定、融资渠道以及管理体制四个方面。

在国际合作方面，中国与新兴经济体间开展战略性新兴产业的合作时间并不长，相关的政策不配套，社会服务体系不完善。开展战略性新兴产业的国际合作需要涉及外贸、海关、财政等多个部门，由于中国科技体制和法律法规尚不健全，部门间的条块分割问题难以避免，导致中国难以对国际合作进行有效的管理与指导，而且中国与新兴经济体间的国际合作尚未成熟，国内企业与境外企业依旧存在环境不熟、信息不畅以及资金不足等问题，使得中国在参与国际合作时处于不利地位，制约了战略性新兴产业的发展。

在政策制定方面，主要是税收政策的制约。特别是在新一代信息技术与生物等产业，往往会出现出口退税政策体系不完善、增值税税率偏高、个人所得税无法抵免、引导性资金存在短缺等问题，导致了由于无法享受政府税收优惠政策而造成企业负担过重问题。因此，很难通过高新技术的发展打造出世界知名品牌。

在融资渠道方面，目前中国尚未形成完整且具体的促进战略性新兴产业发展的投融资政策。行业、企业以及建设项目向社会、银行的融资还存在较大难度，尤其是企业，同国有企业相比，民营企业的融资难度较大，其主要原因，一是新兴产业大多是无形资产，而且民营企业的固定资产数量较少，不足以进行抵押或担保，因此很难从银行贷款；二是缺乏合理有效的风险投资运作体系来支撑民营企业从萌芽、成长直至产业化的发展壮大；三是民营企业还没有形成固定的融资联合体，因此其承担金融风险的能力还不足以将资本市场的目光由大企业向自身转移。这些都对高技术成果的孵化与产业化产生了直接的不利影响。

在管理体制方面，由于主管产业发展的部门很多（如商务部、科技部、工信部等），因此管理体制很容易造成多头与无序管理的局面。就多头管理体制而言，由于各个部门以自身职能为出发点来制定相关政策，并缺乏合理有效的协调机制，因此政策间的冲突在所难免，直接引发了管理效率低下与资源分散等问题。以中国的生物产业为例，与该产业发展相关的部门多达十余个，不仅部门间的平衡难度相当大，而且政策上的矛盾冲突也非常多。这些部门连最基本的消除相互间的矛盾都十分困难，更谈不上形成方向统一的集中力量，因而国家的整体战略也就无法从根本上落实。

6.3.3　技术创新的制约

科技创新已成为带动各国经济发展的主要力量，其对经济增长的贡献日益明显。金融危机加快了中国技术创新的速度，但目前技术创新激励制度落实不到位，并且对创新成果的保护力度不够，使得中国战略性新兴产业面临核心技术方面的欠缺。再加上中国自主创新能力不足，导致缺乏发展战略性新兴产业所必需的长远性技术储备，尤其是缺少具有自主知识产权的产业创新成果，使得经济和科技"两张皮"问题依然突出。

从各个新兴产业来看，在新一代信息技术领域，中国缺乏信息产业核心领域的共性技术和该产业的高级领军人才，使得产业内缺乏自主创新的动力，技术创新难以为继。在生物领域，中国的生物技术与国外的领先技术相比尚存差距。就生物医药而言，不仅申请专利的品种少、制药企业规模小，而且生物技术多为仿制技术，因而缺乏国际竞争力。在生物农业领域，中国对生物资源开发与利用的水平依旧较低；而在生物制造业又缺乏核心技术，因此制约了生物产业的发展。在高端装备制造领域的航空航天业，中国对原材料的研究滞后，进而对高性能复合材料的研制也停滞不前；而在海洋工程装备业，勘探和开发技术、造船技术与运输技术等关键技术间的差距严重阻碍了整体技术创新的进程。在新能源领域，中国自主研发企业的数量少之又少，并且核心技术研发的滞后导致多晶硅的生产成本居高不下，造成了生产过程中的高耗能、高污染现象。在新材料领域，复合材料的发展规模与体系不能符合高新材料生产所具备的多功能、高性能及低成本等条件，造成了材料间的无法替代。在新能源汽车领域，中国核心技术则面临空心化问题。一方面，有的技术只能以引进为主，无法掌握发展的主动权；另一方面，在产品范围上，只能选择国外汽车企业所提供的传统且附加值低的配套产品，而无法涉足先进且附加值高的关键零部件，导致国内企业的生产技术停滞不前。从整体上来看，技术创新的缺乏几乎对中国所有战略性新兴产业的发展产生制约作用。

6.3.4　产业化能力的制约

产业化能力是指产业的市场消化能力，它是维持企业发展与持续创新的源动力。发展战略性新兴产业不仅要重视技术创新，还应当重视应用导入期的条件以及快速推动产业化的阶段。从目前中国七大战略性新兴产业来看，普遍存在运营风险大、消化能力弱、本土市场成熟度低、研发与应用严重脱钩等缺陷，致使许多创新成果被"束之高阁"，造成科研成果转化率低下，且无法转化成为现实产品投放社会。据国家有关部门调查，中国对高科技研发成果的产品转化率为25%，而产业化的转化率却只有7%，远不及韩国等一些新兴工业化国家。在中国"863计划"已通过鉴定的科研成果中，被应用的仅占38.2%。其中，真正形成产品的仅有10%，具有较大经济效益的仅有2.5%，而将近90%的科技成果都未转化成生产力[①]。

　　从各个产业的情况来看,在节能环保领域,以中国的HF节能环保柴油为例,虽然这种产品具有良好的性能,并为企业带来了很好的预期收益,但由于没有广泛应用到各个加油站,久而久之这种产品不再是人们需求范围之内的物品,因此其产业化进程迟迟得不到推进。在新一代信息技术领域,随着产业信息化的增长速度加快以及市场需求的不断扩大,政府与应用产业本应该形成足够的采购力度,但由于资金与市场力量的分散,造成采购力度与市场规模不配套,使市场机制配置资源的作用无从发挥,从而降低了信息产业化效率。在生物领域,由于产学研一体化的科研体制难以形成、社会化服务力量薄弱、企业无力规模化生产科研产品,以及缺乏科技成果的评估机构等,科研成果转化率普遍低于15%。在高端装备制造领域,如海洋工程装备业,不仅技术间的断层造成了经济产值低,而且海洋科技对海洋经济的贡献率与先进国家相比水平较低;在航空航天业,布局分散、资产规模小、企业经营水平与专业化程度低,这些问题都造成了中国产业化能力与发达国家相比尚存差距并受到很大束缚。在新能源领域,由于资金投入量大、开发成本与准入门槛高、基础设施建设不到位以及没有足够重视新能源开发战略的重要性,致使新能源产品很难在市场上推广。在新能源汽车领域,短期内,政府通过积极推进项目开发与刺激新产品的研发和生产来拉动增长的方式,会引发产能过剩与产业集中度低等一系列问题;而从长期来看,由于政府刺激性政策力度的减弱,企业不得不面对供过于求的市场以及回升的税率,为其生存与发展带来挑战的困局。

　　由此可见,在战略性新兴产业发展的早期阶段,将科研成果推广到现实社会具有一定难度,并且阻碍的原因是多层面的。从生产层面来看,企业的经营水平与专业化程度较低;从中介层面来看,主要体现在评估体系不健全;从需求层面来看,社会认同度相对较低、政府和应用产业的采购力度薄弱、工业布局相对分散、应用领域难以进入。这些都对战略性新兴产业的发展产生制约,只有逐步解决这些问题,才能实现

---

① 李文增,王金杰,李拉,等. 国内外发展战略性新兴产业的比较 [J]. 产权导刊,2011（1）：49-51.

科研成果的市场转化。

6.3.5 就业与人才的制约

首先，若想使战略性新兴产业健康、持续、稳定发展，就必须解决中国的就业问题。中国人口位居世界第一，就业水平密切关系到社会稳定与经济发展命脉，这一特殊的国情决定了中国在发展战略性新兴产业时不能以牺牲就业、抛弃劳动力为代价。如果就业问题得不到合理有效解决，那么就会对国民收入水平产生影响，降低国民生活质量，严重阻碍社会的共同进步，这种产业发展就不能称作战略性的，对产业发展也将起到制约作用。

其次，发展战略性新兴产业关键是要以拥有高素质的领军人才为支撑。虽然中国人口众多，但人才资源并不丰富，具有数量不足、素质不高、结构不优等特点。不但高级经营管理人才严重缺乏，而且具备相关专业知识及参与国际化经营的复合型人才更是凤毛麟角。此外，由于有些研发人员的素质不高、产权意识薄弱，导致中国发展战略性新兴产业的相关研发资料外流，使中国丧失了产业竞争力。不仅如此，境外企业甚至还利用优待等手段致使中国人才大量流出，不仅不利于中国的人才储备，还削弱了研发力量，从而制约了中国战略性新兴产业的发展。

6.4 推动战略性新兴产业发展的政策措施

作为"新兴11国"发展的典型代表，中国已充分认识到进行产业结构调整与升级的必要性。根据中国当前的具体国情，在借鉴其他新兴经济体产业发展与结构升级举措的基础上，可以从多个层面提出推动中国战略性新兴产业发展的政策措施。

6.4.1 转变经济增长方式，优化产业内部结构

近年来，中国的经济发展表现不俗，成为"新兴11国"跨越式经济增长的典型代表。但中国尚未进入结构优化与创新驱动模式下的经济发展成熟期。中国之所以经济增长率较高，是凭借自身的资源禀赋优势

以及全球化红利才取得了高速增长，但这一增长模式不仅代价高昂，而且还是一种持续性低、畸形的增长。现有的经济增长方式无法使中国将目标投向长远，只有经济增长模式发生转变，才能为产业结构的调整与升级铺平道路、打好基础。因此，通过转变方式来推动经济的可持续发展成为中国的当务之急。就目前来看，世界各国均推行绿色振兴方案（Green stimulus package）。联合国环境规划署（UNEP）的相关资料显示，截至2009年6月，在世界经济振兴方案中，用于绿色经济相关领域的财政支出占到了15.4%。鉴于此，中国也要顺应世界的发展主流，吸取韩国的发展经验，大力发展"低碳经济"，开发应用"低碳技术"。具体来看，一是要构建一套与"低碳经济"相适应的保障体系，以及发展"低碳经济"的长效机制；二是要促进低碳产业的快速发展，形成新的经济增长极；三是要构建能够为"低碳经济"发展提供科技支撑的低碳技术创新体系；四是要打造并发展与"低碳经济"相匹配的融资市场与政策法规体系；五是要加强"绿色技术"的研发，如太阳能技术、碳捕捉技术、智能电网技术、生物技术及低碳汽车技术等，为"低碳经济"的发展建立稳固基础。

此外，虽然自20世纪末开始，中国的产业结构调整初具成效，但继续依靠传统的产业结构调整与升级方式来促进经济增长的潜力并不大。传统经济发展战略的侧重点是对农业、工业、服务业的结构调整，而现代经济发展战略则注重每次产业内部结构的优化。就中国的经济发展现状与趋势而言，应当将注意力由调整农业、工业、服务业间的比重转向调整并优化每个产业的内部结构，主要包括对产品结构、投资结构以及价值结构的调整，使资源在不同产业内部进行合理的优化配置，从而提高资源利用率与全要素生产率，引导产业内部结构高级化，推动中国经济的可持续增长。

6.4.2 推动科技创新，提高产业核心竞争力

虽然中国紧跟世界的产业发展潮流，并且在战略性新兴产业领域也取得了一定进展，但与发达国家相比，进展尚不理想，差距依旧较大，而且模仿性和依托性的发展特点比较突出。例如，中国通过代工生产

（OEM）等方式，依靠对专利技术的引进与转让和吸引外资来发展新一代信息技术产业、高端装备制造业以及新能源产业，使这些产业具有竞争力。据统计，用于战略性新兴产业的外资比例高达85%以上，这说明中国缺乏自主创新能力。尽管一些高新技术产业的发展比较迅速，但主要是依托外在的发展模式。因此，为了避免在市场拓展与资源配置方面撞车，差异化战略的实施就显得尤为重要，独特的技术、产品及服务可以达到以异取胜的效果。

战略性新兴产业发展的重要前提之一是提高科技的自主创新能力，中国经济若要真正从金融危机中走出来，就必须依靠科技革命。高科技的进步能够带动产业升级，形成新的产业链和消费市场，从而推动经济的发展。而研发技术创新的滞后不但会严重阻碍中国战略性新兴产业的顺利发展，而且极易形成技术依赖。因此，中国首先应当突破关键核心技术，还要通过人才引进来进一步实现科技创新，从而达到提高产业核心竞争力的目的。

第一，中国应当加强原始创新与科技创新相结合的技术创新体系。以市场为依托，采取科技创新的可持续发展模式，在巩固国内原始创新的同时，根据经济社会的发展需求，结合知识创新工程和国家科技计划等项目的实施，通过利用全球创新资源，加强引进并吸收再创新，集中实现产业关键核心技术的突破。此外，应当走出一条传统与科技创新相结合的特色道路。通过加强政策引导来推动创新基地建设，依托产业创新基地，结合产业特点，在梳理完善传统知识文化的同时深入挖掘中国的传统特色产业，搭建传统与科技创新间的桥梁，并吸引外商的更多关注与投资。提前部署海洋、信息以及生物等具备前沿性、基础性、技术性特点的领域，对产业交叉领域的产品和技术进行深度研发，促进技术研发水平的提高。与其他新兴经济体相比，中国应当依据创新要素和结构变化来确定科技体制、决策机制以及政策发展的基本方向，从而深入分析产业结构调整与升级的必要性和可行性。

第二，中国应当加强官产学研相结合的技术创新体系。所谓官产学研相结合就是指政府、企业、高校与科研院所在科技创新、产品研发、人才培养等方面的高效互动，而且它们都发挥着各自的职能。一般来说，高校和科研院所具有丰富的知识储备量及较高的学术研究能力，是顶尖人才和知识产权的发源地。因此，应当建立起科研院所的创新型尖端人才向企业流动的机制，扩大企业的高技能人才队伍。企业不仅拥有较强的创新需求，还具备催生高科技产业的物质能力，同时能够敏锐地捕捉到市场的最新动态与人们的需求。因此，企业应当加大研发力度，增加研发投入，努力构建产业聚集区的技术共享平台。在提高企业技术创新能力的同时，对中小企业的创新发展予以关注。政府则拥有丰裕的资金及组织调控能力，在制定技术创新政策的同时承担了一定的技术创新风险，维护了市场环境的稳定。因此，政府应当调动企业主体的积极性，鼓励跨地区和跨部门的横向联合研发；加强财税政策的引导扶植作用，激励企业进行研发投入；打造产业与科技相融合的科技城，构建从研究到应用的完整产业体系。这样不仅能够有效缩短技术研发和应用的周期，还能加速形成新兴产业链。虽然官产学研分工明确，但都应当指向一个共同的发展目标。企业、高校、科研院所应当联手强化战略性新兴产业技术的开发并建设以新产品、新工艺研发为主的研究中心，使规模化工程成果得到推广与应用。对市场前景广阔、面向应用的政府科技计划项目，骨干企业应当与科研机构、高校达成创新战略性联盟，支持联盟成员出台技术标准并形成专利池，建立官产学研共同参与的有效创新机制。只有将上述部门有效地结合起来，通力合作，才能实现创新发展模式，转变经济增长方式，带动战略性新兴产业快速驶入持续发展的轨道。

第三，中国应当尽快落实人才强国和知识产权战略。培育和引进高素质研发和管理人才不仅能够促进国际产业合作，提高技术的自主创新能力，还是产业结构优化与升级的重要保障。政府部门应当加大对人才的政策支持和协调指导力度，吸引来自国内外的各类专才，并为他们提供各种激励政策，如分红、技术入股、期权等，以此来调动科研人员发明创造的积极性。与此同时，还要鼓励海外高端人才来华创业，依托"千人计划"以及国内外高层次创新创业人才培养基地建设，为海外专家及研发团队创造良好的环境，并提供更多的发展平台。此外，积极制定专门人才培养政策和行之有效的人力资源战略管理体系，强化与战略性新兴产业有关的专业学科建设，增设相关专业学位类别，改革创新人才培养模式，充分发挥科研院校的引领和支撑带动作用，培养出一批应用型、技能型、创新型和复合型的高素质人才团队，以此来加速创新成果的转化，进一步加深产业化进程。所谓高素质，不只是人才的研发能力和技术水平高，还包括对本国研发成果的管理与保护意识高。任何一个国家的产业结构调整与升级都高度依赖于对知识产权的创造、运用及保护。良好的知识产权保护体系不仅能够激励创新，还能促使中国朝着自主研发创新驱动型的模式发展。因此，应当加强重大发明专利与商标等方面的申请、注册与保护，激励国内企业申请国外专利，建构公共专利信息查询与服务平台、知识产权投融资机制以及高效的知识产权评估交易体制，制定知识产权政策，完善科研院校知识产权转移的利益安全保障机制和国际贸易领域的法律法规，加大海外侵权行为的执法力度以及对能够为社会带来重大效益的创新成果的奖励力度，培养具备知识产权保护意识和海外维权能力的高素质人才。此外，还应当借鉴国外的人才培养经验，通过政府、企业、高校等各方的共同协作，建立企校联合育人机制，推动产业结构调整与升级。

第四，中国应当建设产业创新体系，使重大科技成果实现产业化发展。以产业规模化为发展目标，选择能够实现突破并具有带头作用的重点发展方向。着力发展技术成果转化、知识产权、技术交易、信息服务、研发服务、创业服务等多种高技术服务业，以及投资、管理咨询、人力资源等商务服务业，着力培育并发展环境服务业与现代物流业，充分发挥知识密集型服务业的基础作用，并带动技术密集型产业的发展。要以产业优势为依托，构建工程化、技术研发、标准制定以及市场应用等相对完整的产业体系，实施产业创新发展项目工程，促进技术集成与要素整合，建设产业创新体系。构建标准化与产业化协同发展机制，在关键共性技术与重点产品领域实施标准化机制，完善科技创新成果产业化机制与科研院所的创新成果发布制度，积极进行产业化示范，推广重大装备的研发应用，加快技术的转移与扩散，将技术成果转变为现实生产力。以特色优势产业聚集区为依托，充分发挥沿海区域经济带的对外开放作用，集各种创新要素于一身，建设一批特色较为突出、创新能力较强、创业环境较好的产业科技平台及示范基地，提高科技的支撑能力以及对区域经济发展的辐射带动作用，形成多层次、多主体、统筹发展的科技创新体系。

6.4.3 推进体制机制改革创新，加强宏观规划引导与组织领导

新时期发展阶段，中国始终把培育和发展战略性新兴产业作为经济社会发展的首要任务，而体制机制的改革创新、宏观规划引导以及政府的组织领导成为战略性新兴产业发展的驱动力和必要条件。

第一，建立健全政策与服务体制，提供良好的产业发展环境，尤其应当对科技成果转化、采购、基础设施等给予高度重视。既要加大对应用基础性研究的扶持力度，还要对产品的研发、推广及应用给予相应的扶持；既要为大型企业提供参与国际合作的平台，还要为中小企业的投融资活动营造宽松的环境。完善采购、国际合作、基础设施配套等相关政策，建立一个健全的政策体制，为战略性新兴产业的发展助力。

第二，正确选择重点产业并加大培育力度。首先，要对战略性新兴产业进行总体布局和统筹规划，把握科技和产业发展的新动态、新方向，明确产业发展时序，促进整体与重点领域的协调发展。其次，应当及早部署重大前沿性领域，积极培育并发展先导产业，要以最具基础和优势的领域为突破口进行重点推进，对产业集群加大培育力度，使重点区域率先发展。最后，加快推进那些对经济发展制约能够起到缓解作用的产业发展，通过高新技术产业的发展推动传统产业的转型与升级。例如，在新材料产业领域，在巩固并提升传统产业的同时，应当重点培育化工新材料、生物化工以及现代煤化工等战略性新兴产业。其中，化工新材料要以特种橡胶、高端聚烯烃塑料以及工程塑料等重点领域为突破，生物化工领域要重点推动生物基化学品和生物燃料等的规模化与商业化应用。此外，还应当建立健全重点产业领域的调节机制，促进形成生物新药、新能源以及资源性产品的价格与税收机制，还应深化电力体制改革，对新能源采取配额与发电全额保障性收购制度，建立适应风电及太阳能光伏发展的电网运行管理体系。构建能效"领跑者"制度，加

速建立主要污染物与碳排放的交易制度，并完善生产者的连带责任制度。构建再制造产品标识管理制度以及物质资源循环利用产品认证体系，促进政府绿色采购制度及环境标志产品认证，鼓励群众绿色消费。对于新一代信息产业中的三网融合领域，推进运营机构转企改制，实现有线电视网络整合，完善相关法律法规体系，实施高效有序的政策。加大生物安全管理力度，完善价格管理、安全评价以及监督管理等机制，制定并实施能够促进绿色生物基产品发展的相关政策。积极推进空域管理体制的改革，制定民用航空相关工业法律法规，使飞行繁忙地区空域结构及航路航线得到优化，促进低空空域开放。制定完善卫星应用数据共享政策法规。

第三，加强对战略性新兴产业的宏观规划与引导。在对现有产业规划进行完善的基础上，制定国家新的战略性新兴产业发展规划及与之相关的专项计划，不断更新发展思路，为原有产业发展规划注入新能量。此外，还应当编制战略性新兴产业发展的指导目录，对战略性新兴产业进行统计调查与检测，时刻掌握战略性新兴产业发展的动态与趋势，衔接好政策与产业发展规划。积极对各地区的战略性新兴产业发展进行引导，优化区域内的产业布局，充分发挥不同地区重点产业的比较优势，明确不同地区产业重点发展方向，逐渐形成协调、特色鲜明、优势互补、结构清晰合理的产业发展格局。同时，对各地区自身的发展而言，应当以国家的总体部署为基础，对当地的实际情况加以考虑，突出产业发展的重心，避免造成产业的盲目发展与重复建设，尽量减少事倍功半现象，这样才能带动中国产业的整体优化与升级。

第四，应当充分发挥政府的组织协调作用，统筹推进建立战略性新兴产业发展的部际协调机制。加大对战略性新兴产业的培育力度，集中支持关键技术研发、产业创新发展工程、创新成果产业化、创新能力建设以及应用示范工程等，强化与科技重大专项的关联性，充分发挥科技重大专项的引领作用，激发并调动市场主体积极性，加速使战略性新兴产业成为中国的先导与支柱产业，为中国现代化建设与可持续发展做出贡献。

6.4.4 促进政府与市场相互配合，营造良好且稳定的市场环境

新兴产业的出现，需要许多企业进入到产业链中进行学习与发展，在此过程中，完全依靠政府力量是无法实现的，应当是政府与市场联手，才能够打造出完整的产业链。

第一，政府与市场应当相互配合，形成良好而稳定的市场运行机制。健全的市场运行机制能够为战略性新兴产业的发展创造舒适宽松的发展环境。市场的主导作用与政府的引导推动作用二者缺一不可、相辅相成，应采取高效市场化运作机制为主、政府引导扶持为辅，市场需求与政府扶持相结合的策略。市场需求应以市场应用和科技成果转化为基础，除了应当遵循市场的供求关系以外，需求层次的支持还不能缺少政府商业化政策的制定以及对科技发明的引导。因此，要充分发挥市场需求优势，创新及转变消费模式。市场需求、国际资本市场的构建及民间资本与风险投资十分重要，而政府过度的干预并不一定起到如虎添翼的作用，可能会适得其反。因此，政府的适度干预以及宽松的投资、市场准入、专利保护及人才机制能够为战略性新兴产业的发展营造良好的市场环境。

第二，政府应当组织对重大应用示范工程的实施，培育发展产业示范基地。坚持以应用带动发展的原则，从缓解环境资源压力、提高人民群众健康水平等重点问题出发，对那些正处于产业化发展初期、难以充分发挥市场机制作用的，以及为社会带来显著收效的重大技术与产品给予重视，并与现有的试验应用示范工程做好统筹衔接，对那些益于全民健康、材料更新换代、健康绿色发展以及高端智能制造的重要应用示范工程加以实施，实现拉动产业发展并营造良好市场环境的目标。此外，依托现有优势产业集聚区，推动资金、技术及人才等要素向具备技术创新优势的产业集聚，建设一批辐射带动强、市场活力大以及具有国际竞争力的示范基地，充分发挥创新环境良好区域及创新资源集中的比较优势，推进先行先试，培育战略性新兴产业增长极。

第三，应当积极推进商业模式的创新并拓展市场。积极推行创新、

绿色、循环的消费模式，进而达到产业结构升级的目的。对于新能源产业、高端装备制造业以及新能源汽车产业，要强化并网与大容量储能系统，加强与支线航空和通用航空市场相配套的基础设施建设，扩大终端用能产品能效标志的实施范围。此外，在八大战略性新兴产业的部分重点领域，还应积极打造有利于扩大市场需求与专业服务的新业态。

第四，应当完善相关标准体系与市场准入制度。加快完善有助于战略性新兴产业发展的重要产品研发技术与行业标准体系，对审批管理程序进行优化。以生物产业为例，应当建立药品的注册管理机制，完善生物药品的集中采购制度，优先将那些临床必备、使用安全、疗效确切以及价格合理的创新性生物医药列入医保目录中。此外，对于新能源汽车产业的产品与项目，应当完善准入制度；对节能环保产业的相关法律法规标准，应当进行完善并严格执行。

6.4.5 政府给予金融财税扶持性政策，鼓励并引导社会投入

政府的金融财税扶持性政策对加快培育和发展战略性新兴产业发挥积极作用，这些政策主要包括财政补助、优惠性投资及减税免税等。借鉴巴西和韩国的成功经验，并结合中国的实际情况，应当建立健全政策性金融财税扶持体系，政府要加大扶持力度，积极鼓励并引导社会资金的投入。

第一，加大政府财政支持力度。以规范资金来源和现有政策资源为基础，为战略性新兴产业设立单独的专项资金，形成良好而稳定的财政投入增长机制，增加中央财政资金的投入与政府补助，对政府的支持方式也要不断创新。此外，应当对重大关键技术的研发与应用、重大创新科技成果的产业化、重大创新产业的发展与应用示范工程给予政府扶持与引导。以节能环保产业为例，节能环保产业是一国发展其他战略性新兴产业的前提，良好的环境是中国全面健康发展的先决条件。从国民自身的角度来看，应当提高人们的节能环保意识，为节能环保产业的发展做出力所能及的贡献；从国家的角度出发，政府应当加大对节能环保产业的投资力度，积极研发、应用并推广高效节能、先进环保的可循环利用产品，以维持其他战略性新兴产业的可持续发展。为了进一步了解政

府资金投入的有效性，还应当制定并完善政府财政政策的绩效考核与评价体系，创新政府管理财政资金的机制，从而提高财政资金的使用效率，充分发挥财政资金对战略性新兴产业发展的引领带动作用。

第二，着力发展股权投资基金以及创业投资资金。对于能够带动股权投资及创业投资行业发展的监管政策体系应加以完善。在可以控制的风险范围之内，为社保基金、保险公司以及其他机构投资者提供创业投资和参与股权投资的机会与条件。政府应当引导产业的创业投资资金充分发挥其应有的作用，逐渐扩大产业的创业投资规模，设立创业投资引导基金，以市场机制为条件，鼓励并引导社会资金流向正处在创业早期或中期阶段并具有创新能力的企业。与此同时，还应当建立健全投融资担保体系，鼓励民间资本投向战略性新兴产业。

第三，政府应当制定并完善战略性新兴产业的税收激励政策。根据支持高新技术产业发展的税收政策，以及全面落实现行的税收政策，并结合战略性新兴产业的特点、税种特征以及税收制度的改革方向，提出并完善促进产业创新、鼓励并引导投资和消费的支持性政策，对于与消费者终端联系紧密的高新技术产品给予政策性补贴。

第四，激发多层次、多元化资本市场的融资潜能。进一步完善二级市场制度，鼓励那些符合条件的企业上市，并给予融资支持，减少融资约束。支持建设场外证券交易市场，以此来满足处于不同创业期企业的各种需求。通过建立并完善转板机制来进行有机衔接。通过扩大中小企业集合票据和集合债券的发行规模来培育并发展债券市场。积极探索并开发类似私募可转债以及收益高、信用等级低的金融产品，稳步促进短期融资券、企业债券、中期债券以及公司债券的发展，进一步拓宽企业债务的融资渠道。

第五，鼓励并支持金融机构加大对企业的信贷力度。正确引导金融机构建立并规范与战略性新兴产业发展特点相符的贷款评审以及信贷管理制度。推动创新型的产业链融资及知识产权质押融资。加速建立并完善包括社会资金投入及财政出资在内的多元化担保体系。推进新型金融服务及中小金融机构的发展。运用综合性的风险补偿与减税免税等财政税收优惠政策，积极鼓励并引导金融机构大力支持战略性新兴产业的发展。

6.4.6 促进国际合作，提升国际化发展水平

中国在2012年成功将北斗系统推广到老挝、泰国及巴基斯坦，又于2015年分别与俄罗斯和罗马尼亚签订了第一单高铁项目协议及核电项目协议。通过促进国际合作，不仅能够尽快掌握重要的核心技术，还能提高中国自主研发能力以及产业的核心竞争力。通过深化国际交流，能为中国准确把握全球产业与经济发展的新动态、掌握经济全球化的新特点提供保障。因此，中国应当积极开展国际交流与合作，努力探索交流与合作的新模式，将各种形式的合作划分成不同等级，实现优惠与支持政策的分级化，使国际合作迈上更高台阶，为战略性新兴产业打造良好的发展与合作平台。

第一，加强产业合作。制定积极的贸易扩展政策，鼓励中国战略性新兴产业积极参与到经济全球化进程中，加强中国与其他国家及地区间的产业合作，特别是加强与新兴经济体的贸易关系，提高中国战略性新兴产业的影响力。

第二，着力深化国际科技领域的交流与合作。通过各种合作机制的相互协调，进行多渠道、多层次和多方位的国际科技交流与合作。大力支持符合条件的内资公司、外商投资企业及科研机构联合申请国家科研基金项目，鼓励境外企业与科研院所在中国设立研究机构。支持国内研发机构和国有企业在境外设立研发机构并开展联合研发，积极开展全球研发服务外包业务并在国外申请专利项目。鼓励研发机构和国有企业参与到国际标准的制定中，吸引外商投资企业参与中国的技术示范应用项目，共同合作形成国际标准。

第三，切实提高国际投资融资领域合作的质量和水平。制定并完善外商投资产业的指导目录，支持外商在中国设立创业投资企业，进一步引进先进设备及关键核心技术，吸引外资投向战略性新兴产业，拓宽外资投资渠道，丰富外商投资方式，打造良好的外商投资软环境。对于有条件的企业，应当开展境外投资，以发行股票和债券等各种方式在境外进行融资。增加企业在境外投资的自主权，简化审批管理程序，对境外

投资的企业，应当进一步加大外汇的支持力度。积极探索在境外建设产业与科技园区。制定并完善国别产业的导向目录，带动并引导企业开展跨国投资。

第四，加大对企业跨国经营的支持力度。制定并完善保险与出口的信贷政策，通过与对外援助相结合，使战略性新兴产业的重点技术、产品及服务向国际市场拓展，推进自主知识产权技术在国外推广应用。不仅如此，还应当引导企业以境外收购与商标注册的方式，形成具有国际影响力的品牌效应，通过加强产品及企业的国际认证合作，创造更多的品牌价值。

6.4.7　强化政府职能，化解过剩产能

产能过剩问题不仅会出现在传统产业中，还会出现在新兴产业中。中国工信部数据显示，2012年在中国24个工业行业中，有22个行业的产能出现严重过剩现象。其中，钢铁业是产能过剩最为严重的行业。除传统行业的产能出现过剩以外，一度热销的如甲醇、电石等化工产品以及有色金属也出现了销售困难。不仅如此，这一现象甚至还出现在风电设备、多晶硅以及新材料等战略性新兴产业领域。相关资料显示，风电整机行业的产能保持在30GW~35GW，而且产能过剩达到了50%；多硅晶的全年产能过剩高达13.2万吨，其供应量超过市场需求量的67%；同样，新材料行业的产能过剩达8 000吨，超过市场需求量的62%，这直接导致了制造业企业的"去库存"进程放缓。从行业情况来看，家具制造、木材加工等行业的原材料库存增加，而汽车制造业、专用设备制造业等行业的原材料库存有所减少。中国产能过剩问题已迫在眉睫，成为新兴产业发展的羁绊，而且抑制过剩产能的任务依旧艰巨。从目前的实际情况来看，政府投资或由政府主导的投资所占比重较大。当出现市场需求与政府决策发生矛盾时，生产能力过剩问题就无法避免。因此，化解产能过剩是产业结构调整的关键。

第一，加强对产能过剩的宏观调控。首先，政府应当充分了解国民经济发展的趋势与潜力。在中国每五年制订的发展计划中，应当对主要产业的产能与需求变化情况给予关注，确定产能的增长量，对新增项目

进行审批，不能随意扩张，还应定期向社会发布战略性新兴产业产能规模及产能利用率等信息。其次，应使宏观调控手段多样化，尽量避免"硬着陆"。宏观调控应当避免政府对项目投资的直接干预，而应将注意力转移到货币政策、财政政策以及汇率政策上。最后，严管项目审批工作。制定严格规范的水耗、能耗、资源综合利用以及质量、安全、技术等标准，以市场效率为检验标准，以此来提高准入门槛。此外，对投资主体应实行公正、公平、公开的审批原则，避免出现人情项目和腐败项目。

第二，减少政府投资的直接干预，加强政府公共服务职能。一方面，政府对企业投资的侧重点应当是创造投资环境，而非进行主导投资或直接投资。这就意味着政府无法通过行政权力来提供政府信用。另一方面，提高人民对产能的消费能力。产能过剩的根源就在于供过于求，缺乏有效需求就会为生产者与消费者的福利带来损失。因此，政府应当对公共产品与服务供给、社会保障等方面进行改革，从而达到刺激公众消费的目的。

第三，加强企业自主选择能力。首先，政府应当收回对国有企业的保护，使其自己到市场上参与竞争，真正做到产权清晰、权责明确、政企分开、管理科学。其次，非国有企业不能盲目利用政府提供的信用保证，要经过充分论证，以市场需求为根本来决定企业未来的投资方向。最后，国有商业银行要担负起独立自主的金融职能，应当以市场手段来分配资金。

6.5 本章小结

中国已将节能环保、新一代信息技术、生物、高端装备制造、新能源、新材料、新能源汽车以及数字创意产业这八大产业作为战略性新兴产业，旨在通过充分发挥这些产业的引擎作用来推动下一轮的经济增长。通过借鉴其他新兴经济体产业发展并基于中国的基本国情，本书认为，中国战略性新兴产业重点发展的领域应当主要包括节能环保、新一代信息技术、生物医药、生物育种、航空航天、海洋工程、地质勘探、新能源、新材料、电动汽车，创意文化等。但中国战略性新兴产业的发展会受到自然资源、政策与服务体系、技术创新、产业化能力、就业与人才等因素的制约，因此全面应对这些挑战以保证战略性新兴产业的顺利与健康发展，成为中国的当务之急。

基于中国产业发展的实际国情以及其他新兴经济体产业发展与结构调整的成功经验，本书提出了推动中国战略性新兴产业发展的政策措施。第一，优化产业内部结构，特别是大力发展"低碳经济"，开发应用"低碳技术"。第二，强化科技创新。首先，要加强原始创新与科技创新相结合的技术创新体系；其次，要加强官产学研相结合的创新体系；再次，要尽快落实人才强国和知识产权战略；最后，要建设产业创新体系，推动重大科技成果的产业化发展，这样中国的产业核心竞争力才能真正得到提高。第三，深化体制机制改革，建立健全政策与服务体制，加大对重点产业的培养力度，加强战略性新兴产业的宏观规划引导以及充分调动政府组织协调的积极性。第四，加强政府与市场的配合。首先，政府应当组织重大应用示范工程的实施；其次，政府应当积极推进商业模式创新与市场拓展；最后，政府应当完善相关标准体系与市场准入制度，形成良好而稳定的市场环境。第五，实行金融财税扶持政策。由于中国正处于产业结构调整的关键期，因此要加大政府财政方面的支持力度，着力发展股权投资基金与创业投资资金，制定并完善对战略性新兴产业的税收激励政策，激发多层次资本市场的融资潜能。第六，深化国际科技、国际投资融资等领域的国际交流与合作。同时，加大对企业跨国经营的支持力度。第七，从宏观调控、政府职能以及企业自主选择能力方面来化解产能过剩问题。

总之，中国的产业发展与产业结构调整必须以体制机制改革为基础，以科技创新为动力，以金融财税政策扶持为后盾，以政府与市场配合为主线，把握产业国际化合作的新机遇，在化解产能过剩问题的同时优化产业内部结构，探索促进产业结构调整的新模式。

7 结论

根据本书对"新兴11国"产业发展与产业结构调整的研究，可以得出以下结论：

第一，"新兴11国"是推动世界经济增长与发展的重要新兴力量，对世界经济发展产生着越来越大的影响。随着全球产业结构调整的深化，这些新兴经济体也进入了产业结构调整的快速发展期。其中，发展新兴产业成为"新兴11国"加快产业结构调整、转变经济发展方式的必经之路和必然选择。因为其一，新兴产业的发展具有长远性，其对经济社会发展的贡献是利好的、长期的、可持续的；其二，新兴产业的发展具有动态性和对新的科技革命及经济发展阶段的不断适应性；其三，战略性新兴产业具有明确的战略取向性，也就是科技创新、就业创造、绿色增长、企业家精神，从而能够充分体现出产业结构调整的增长效应、就业效应、环境效应和分配效应。

第二，"新兴11国"新兴产业的发展由于各国国情不同，尤其是经济发展水平的不同而各不相同，甚至存在较大的差异。但在产业发展的不同阶段，根据自身的发展条件选择适合本国发展的新兴产业，则是

"新兴11国"产业结构调整和产业发展的共同选择。中国在这方面堪称典范。《"十三五"国家战略性新兴产业发展规划》（以下简称《规划》）明确指出节能环保产业、新一代信息技术产业、生物产业、高端装备制造产业、新能源产业、新材料产业、新能源汽车产业和数字创意产业的重点发展方向和主要任务。《规划》规定，战略性新兴产业的增加值占国内生产总值的比例在2015年要达到8%，并且对产业结构调整、节能减排以及提高人们健康水平等方面起到明显的带动作用。为了使战略性新兴产业进一步成为国家经济与社会发展的支柱产业，在2020年这一产业增加值占国内生产总值的比例要力争达到15%，而且一些产业的关键核心技术要达到国际领先标准，特别是节能环保、新一代信息技术、生物、高端装备制造等产业将成为重要支撑产业，而新能源、新材料、新能源汽车等产业也将成为国民经济的先导产业。韩国、巴西、印度、墨西哥等新兴经济体的实践也表明，每个国家都应当根据自身的发展条件，大力发展具有相对比较优势的新兴产业，尤其要着重发展那些潜力巨大且能够带动整个产业结构调整与发展的新兴产业。

第三，为了加速新兴产业的持续发展，"新兴11国"应采取相应的政策措施和推进策略。一是根据不同的产业特点，采取相应的培育及发展模式：对那些技术基础相对牢固的产业，要继续坚持创新；对那些尚未具备关键核心技术但发展速度较快的产业，应当通过引进带动科技创新；对那些具有重大前沿性特点的领域，要在保持原始创新的基础上，掌握并巩固知识产权，从而实现跨越式发展。二是为新兴产业的发展营造信息网络环境。信息通信技术是传统产业升级与新兴产业发展的动力，应通过信息化来带动工业化、提升城市化、加快国际化，为新兴产业发展奠定坚实基础。三是大力发展"低碳经济"，加大对"低碳技术"的研发力度。不仅要建立起与低碳经济相适应的保障体系，还应当建立起低碳技术创新体系。在加快发展低碳产业的同时加强绿色技术的研发，为"低碳经济"的发展奠定稳固基础。

第四，从发展趋势来看，"新兴11国"新兴产业将会朝着绿色环保化、技术融合化、产业高端化、区域集聚化、发展国际化的方向发展。在高端装备制造产业中，由发达国家和"新兴11国"共同推进的绿色制造和智能制造两种生产方式，将为制造业生产及全球产业链重组带来革命性的变化。而在节能环保、新能源、新材料、新一代信息技术等产业领域，也会出现"新兴11国"间的群体创新突破及共同合作发展的新局面。例如，中国与俄罗斯在电子和信息通信技术、节能技术、生物技术等产业领域的合作；中国与印度在电子信息、纳米技术与材料、生物制药等产业领域的合作；中国与巴西在清洁能源、节能环保、新材料等产业领域的合作；中国与南非在信息通信技术、生物技术等产业领域的合作，都取得了丰硕成果，而且未来良好的创新合作前景也特别令人期待。

总之，培育并发展新兴产业是"新兴11国"调整产业结构，转变经济发展方式，实现经济可持续与赶超发展的"助推剂"，也是"新兴11国"加强新领域产业合作及相互借鉴的参照物。"新兴11国"产业发展所反映出的问题也正是应引起中国关注的重点。分析研究"新兴11国"的产业发展道路和模式，有助于促进中国产业更好、更快地发展。当然，对"新兴11国"产业发展与产业结构调整的研究尚待深入，需要进一步加以关注。

参考文献

[1] 蔡天智. 2013年中国医疗器械对外贸易进强出弱 [J]. 中国医疗器械信息，2014（2）：28-34.

[2] 蔡业新，田贵贤. 印度产业结构调整及对我国的启示 [J]. 山东纺织经济，2013（6）：13-14.

[3] 曹宗平. 巴西城市化"超前"与产业和就业结构"滞后"间失衡性研究 [J]. 求索，2014（9）：52-53.

[4] 崔恒虎. 我国服务业内部结构优化研究 [D]. 南京：南京大学，2011：29-33.

[5] 崔日明，张玉兰. 基于增加值视角下新兴经济体贸易竞争力评估 [J]. 经济问题探索，2019（1）：127-138.

[6] 戴伯勋，沈宏达. 现代产业经济学 [M]. 北京：经济管理出版社，2001：279.

[7] 董鸿英. 金砖国家数字内容产业发展概况 [J]. 文化产业导刊，2014（7）：27-29.

[8] 俄罗斯信息技术产业发展战略和前景展望 [J]. 中国信息化，2014（12）：67.

[9] 方甲. 产业结构问题研究 [M]. 北京：中国人民大学出版社，1997：27.

[10] 封颖，徐峰，许端阳，等. 新兴经济体中长期科技创新政策研究：以印度

为例 [J]. 中国软科学, 2014 (9): 182-192.

[11] 付景新, 夏京文. 对韩国与巴西利用外资调整产业结构的对比分析 [J]. 工业技术经济, 2002 (4): 70-72.

[12] 高更和, 李小建. 产业结构变动对区域经济增长贡献的空间分析 [J]. 经济地理, 2006 (2): 270-273.

[13] 葛新元, 王大辉, 袁强, 等. 中国经济结构变化对经济增长的贡献的计量分析 [J]. 北京师范大学学报 (自然科学版), 2000 (1): 43-48.

[14] 顾金俊. 韩国: 加强核心技术研发 培育新增长动力 [N]. 经济日报, 2009-11-05 (16).

[15] 顾金俊. 针对新能源汽车的政策支持 [N]. 经济日报, 2009-07-15 (16).

[16] 郭连成, 谷方杰, 马晓雪. 新兴经济体产业发展与产业结构调整——以 "新兴11国" 为视角的分析 [J]. 新兴经济体研究, 2015.

[17] 郭连成, 杨宏, 王鑫. 全球产业结构变动与俄罗斯产业结构调整和产业发展 [J]. 俄罗斯中亚东欧研究, 2012 (6): 36-43.

[18] 黄娅娜. 韩国促进产业转型升级的经验及其启示 [J]. 经济研究参考, 2015 (20): 83-87.

[19] 黄烨菁, 权衡, 黎晓寅. 印度 IT 服务外包产业的可持续发展: 产业价值链为视角的分析 [J]. 世界经济研究, 2014 (5): 81-86.

[20] 贾根良. 评佩蕾斯的技术革命、金融危机与制度大转型 [J]. 经济理论与经济管理, 2009 (2): 5-11.

[21] 贾宁, 丁士能. 日本、韩国环保产业发展经验对中国的借鉴 [J]. 中国环境管理, 2014 (6): 49-52.

[22] 柯徒勤. 巴西的高技术产业及其发展政策 [J]. 国外科技政策与管理, 1989 (5): 55-63.

[23] 郎建江. 刍议环保经济面临的困境与解决策略 [J]. 中国战略新兴产业 (理论版), 2019 (22): 65.

[24] 李东阳, 鲍洋, 李文钰. 中国战略性新兴产业国际贸易网络布局及其优化策略——基于社会网络分析视角 [J]. 产业组织评论, 2018 (2): 221-223.

[25] 李江, 和金生. 区域产业结构优化与战略性产业选择的新方法 [J]. 现代财经, 2008 (8): 70-73.

[26] 李金华. 供给侧改革背景下新兴经济体发展现实比较及延伸思考 [J]. 财贸经济, 2020 (4): 82-98.

[27] 李朴民. 如何培育战略性新兴产业 [J]. 科学技术产业, 2010 (3): 60.

[28] 李淑华，崔基哲. 论韩国信息产业发展中的政府推进作用 [J]. 延边大学学报（社会科学版），2014（3）：20-25.

[29] 李文增，王金杰，李拉，等. 国内外发展战略性新兴产业的比较 [J]. 产权导刊，2011（1）：49-51.

[30] 廉勇，李宝山，金永真. 分工协作理论及其发展趋势 [J]. 青海社会科学，2006（2）：26-29.

[31] 林肃娅，梁田. 促进我国软件产业发展的相关制度研究：以印度软件产业发展的法律保护为鉴 [J]. 西南民族大学学报（人文社科版），2014（12）：99-103.

[32] 林跃勤. 金砖四国"新"光几何？[J]. 北大商业评论，2011（1）.

[33] 林跃勤. 金砖国家新兴产业发展战略与管理比较 [J]. 产经评论，2012（4）：5-13.

[34] 林中萍. 加快我国物联网发展的政策建议 [J]. 中国经贸导刊，2011（13）：22-24.

[35] 刘伟，李绍荣. 产业结构与经济增长 [J]. 中国工业经济，2002（5）：14-20.

[36] 刘志彪，安国良，王国生. 现代产业经济分析 [M]. 南京：南京大学出版社，2001：105.

[37] 罗仁权. 人工智能与物联网结合再创新市场 [J]. 高科技与产业化，2019（11）：54-56.

[38] 罗斯托. 从起飞进入维护增长的经济学 [M]. 贺力平，等译. 成都：四川人民出版社，1988：5-7.

[39] 波特. 国家竞争优势 [M]. 李明轩，邱如美，译. 北京：华夏出版社，1990：33-67.

[40] 欧阳峣，生延超，易先忠. 新兴大国产业结构变迁对经济增长贡献的演变 [J]. 湘潭大学学报（哲学社会科学版），2013（5）：37-42.

[41] 佩雷斯. 技术革命与金融资本：泡沫与黄金时代的动力学 [M]. 田方萌，胡叶青，刘然，等译. 北京：中国人民大学出版社，2007.

[42] 钱纳里，等. 工业化和经济增长的比较研究 [M]. 吴奇，王松宝，等译. 上海：上海人民出版社，1989：73-90.

[43] 钱纳里，赛尔奎因. 发展的型式：1950—1970 [M]. 李新华，译. 北京：经济科学出版社，1988：32.

[44] 曲永军，毕新华. 后发地区战略性新兴产业成长动力机制研究 [M]. 长春：吉林大学出版社，2014：122-137.

[45] 石磊. 中印信息产业的发展前景窥探 [J]. 商情，2014（36）：185-186.

[46] 史忠良，何维达．产业兴衰与转化规律［M］．北京：经济管理出版社，2004．

[47] 苏东水．产业经济学［M］．北京：高等教育出版社，2000：237．

[48] 苏泽玉．南非的产业结构变化与调整——兼论我国的对策［J］．西亚非洲，1993（5）：51-57．

[49] 孙杰贤．数字经济下的IT产业变革［J］．中国信息化，2019（4）：7．

[50] 孙莹．对俄罗斯产业的结构分析［J］．佳木斯职业学院学报，2015（7）：463-464．

[51] 田珍．我国战略性新兴产业发展的国际经验借鉴［J］．现代管理科学，2014（4）：87-89．

[52] 万钢．把握全球产业调整机遇 培育和发展战略性新兴产业［J］．求是，2010（1）：30．

[53] 王海运．俄罗斯重新崛起的前景及其世界影响［J］．俄罗斯中亚东欧研究，2007（1）：1-7．

[54] 王厚双，盛新宇．高端装备制造品出口复杂度及其影响因素研究——基于新兴经济体与发达经济体的比较分析［J］．新疆财经，2020（2）：39-50．

[55] 王凯．巴西软件产业发展迅速［J］．全球科技经济瞭望，2002（2）：44-46．

[56] 王守贞，石海峰，施卫华．印度高科技产业发展评析［J］．改革与开放，2010（11）：24-26．

[57] 王忠．印度电子信息产业政策研究［J］．亚太经济，2013（4）：69-73．

[58] 吴传清，周勇．培育和发展战略性新兴产业的路径和制度安排［J］．理论参考，2010（11）：12-13．

[59] 吴广印．从印度、巴西软件业看中国软件产业的发展［J］．中国信息导报，2000（11）：40-46．

[60] 吴进红．开放经济与产业结构升级［M］．北京：社会科学文献出版社，2007：78-79．

[61] 吴玉督．国外信息产业发展经验研究［J］．宏观经济管理，2014（5）：88-90．

[62] 库兹涅茨．各国的经济增长：总产值和生产结构［M］．常勋，等译．北京：商务印书馆，1985：4-126．

[63] 谢晶仁，郑小鸣．印度新能源发展的现状和做法及其对中国的启示［J］．农业工程技术（新能源产业），2013（10）：12-15．

[64] 徐波，邹东涛．环保产业发展动力体系的构成与应用［J］．西北大学学报（哲学社会科学版），2002（3）：25-29．

[65] 徐恩华．巴西产业发展及其对徐州产业发展的借鉴［J］．徐州建筑职业技

术学院学报，2009（3）：94-96.

[66] 徐菲．后危机时代印度信息技术产业发展新动向［J］．南亚研究季刊，2015（1）：46-49.

[67] 余洋，谢晶仁．巴西新能源产业发展及对我国的启示［J］．农业工程技术（新能源产业），2012（6）：16-19.

[68] 张冬杨．俄罗斯信息技术产业现状及发展趋势［J］．欧亚经济，2015（2）：68-82.

[69] 张二震．国际贸易分工理论演变与发展述评［J］．南京大学学报（哲学·人文科学·社会科学版），2003（1）：65-74.

[70] 张和平．对于大力发展战略性新兴产业的思考与建议［J］．经济界，2010（3）：56-57.

[71] 张乐天．"一带一路"倡议引领新经济形势下产业结构变化分析［J］．市场周刊，2018（7）：29-32.

[72] 张丽娟．俄罗斯发布信息技术产业发展路线图［J］．科学中国人，2014（8）：34-36.

[73] 张尼．新兴经济体将成可再生能源开发利用主力［N］．中国社会科学报，2013-07-08.

[74] 张平，王树华．产业结构理论与政策［M］．武汉：武汉大学出版社，2009：28-29.

[75] 张月花，李艳，薛平智．战略性新兴产业专利运营效率评价［J］．中国科技论坛，2020（3）：34-43.

[76] 张文云，徐润萍．珠三角经济发展、产业结构升级与金融支持的效应分析［J］．南方金融，2004（6）：22-25.

[77] 赵春哲，李丹．全球高技术产业发展趋势与经验启示［J］．全球化，2019（11）：71-83.

[78] 赵刚，林源园，程建润．巴西大力发展新能源产业的做法与启示［J］．高科技与产业化，2010（1）：22-23.

[79] 赵西君．区域战略性新兴产业选择研究：以北京市昌平区为例［J］．中国能源，2011（5）：29-32.

[80] 郑冬冬．2012年十大新兴产业为半导体市场注入增长因素［J］．半导体信息，2012（1）：33-34.

[81] 郑东升，鲍洋．"金砖国家"引进FDI产业结构效应比较研究［J］．东北财经大学学报，2013（4）：54-59.

[82] 郑婧渊．我国高科技产业发展的金融支持研究［J］．科学管理研究，2009（5）：101-103.

[83] 郑若谷，于春晖，余典范. 转型期中国经济增长的产业结构和制度效应 [J]. 中国工业经济，2010，（2）：58-67.

[84] 支宏娟. 中印利用FDI优化产业结构的实证研究 [J]. 投资与合作，2014 （1）：6.

[85] 周仁庆. 巴西运用税收优惠措施鼓励高科技产业发展的情况及借鉴 [J]. 四川财政，2001（6）：40-41.

[86] 朱瑞博. 全球产业重构与中国产业整合战略 [J]. 改革，2004（4）：73-79.

[87] THILAGARAJ，NATTAR. IT industry performance and future [J]. Market Survey，2010（12）：32-35.

[88] AGGARWAL，ARADHNA. Technology polices and acquisition of technologial capabilities in the industrial sector：a comparative analysis of the indian and Korean experiences [J]. Science Technology and Society，2001，6（2）：296.

[89] KUDINAA，PITELISB. De - industrialisation，comparative economic performance and FDI inflows in emerging economies [J]. International Business Review，2014，23（5）：887-896.

[90] PEREIRA，COSTA，MARRECO，et al.Perspectives for the expansion of new renewable energy sources in Brazil [J]. Renewable and Sustainable Energy Reviews，2013（23）：49-59.

[91] ANATOLI，PREDRAG，YURI，et al. Nano and Giga Challenges in Electronics Photonics and Renewable Energy （NGC2011） Moscow - Zelenograd，Russia [J]. Nanoscale Research Letters，2012，7（1）：326.

[92] DONGRE.Policy changes in the wake of globalization and its impact on Indian industries [J]. Journal of Policy Modeling，2012，34（3）：476-496.

[93] ASONUMA，TAMON.Essays on emerging economies [D]. Boston：Boston University，2011.

[94] YANIKTEPE，SAVRUN，KOROGLU.Current status of wind energy and wind energy policy in Turkey [J]. Energy Conversion and Management，2013（72）：103-110.

[95] ABEGAZ，BASU.The elusive productivity effect of trade liberalization in the manufacturing industries of emerging economies [J]. Emerging Markets Finance and Trade，2011，47（1）：5-27.

[96] BROWN，DARYL.IEA's World energy outlook 2013：renewables and natural gas to surge through 2035 [J]. Power，2014，158（1）：8-9.

[97] CARLSSON B, ACS Z, AUDRETSCH D, et al. Knowledge creation, entrepreneurship, and economic growth: a historical review [J]. Industrial and Corporate Change, 2009, 18 (6): 1193-1229.

[98] CHAN-YUANWONG, MOHAMAD Z F, ZI-XIANG KENG, et al. Examining the patterns of innovation in low carbon energy science and technology publications and patents of Asian emerging economies [J]. Energy Policy, 2014, (73): 789-802.

[99] CHENERY H B, ROBINSON S, SYRQUIN M. Industrialization and growth: a comparative study [M]. New York: Oxford University Press, 1986.

[100] CHUNG JANG-SUP. KEMCO leads Korea's energy conservation efforts [J]. Business Korea, 2002, 19 (1): 39.

[101] HAMILTON C, KNIEST P. Trade liberalisation, structural adjustment and intra-industry trade: a note [J]. Review of World Economics, 1991, 127 (22): 356-367.

[102] CHAMINADE C, FUENTES C D. Competences as drivers and enablers of globalization of innovation: the Swedish ict industry and emerging economies [J]. Innovation and Development, 2012, 2 (2): 209-229.

[103] GEORGE E H, NICKOLAOS G T. The Effect of electricity consumption from renewable sources on countries' economic growth levels: evidence from advanced, emerging and developing economies [J]. Renewable and Sustainable Energy Reviews, 2014 (39): 166-173.

[104] GOE R. Factors associated with the evelopment of nonmetroplitan growth. nodes in producer service [J]. Rural Sociology, 1990, 67 (3): 416-441.

[105] GOURINCHAS, REY. From world banker to world venture capitalist: US external adjustment and exorbitant privilege [R]. NBER Working Paper, 2005.

[106] BENECKE G. Varieties of carbon governance: taking stock of the local carbon market in India [J]. The Journal of Environment and Development, 2009, 18 (4): 346-370.

索引